作为人物，荣登封面

满满都是荣誉

担任《绝对挑战》评委嘉宾

作为嘉宾做客中央人民广播电台

与牛根生合影

中国最佳人力资源典范企业评选评委之一

作为嘉宾，出席各种论坛

担任中国移动全球通VIP名家讲堂主讲嘉宾

担任云南沃森生物咨询顾问

与新恒顺地产管理团队合影

在美国与孙先红及美国小肥羊武总合影

与伊舍服饰公司罗总及管理人员合影

赢在顶层设计

纪念版

决胜未来的中国企业转型、升级与再造之路

高建华 著

北京联合出版公司
Beijing United Publishing Co.,Ltd.

图书在版编目（CIP）数据

赢在顶层设计：纪念版 / 高建华著 .-- 北京：北京联合出版公司，2018.3（2023.9重印）
ISBN 978-7-5596-1501-5

Ⅰ . ①赢… Ⅱ . ①高… Ⅲ . ①企业管理－研究－中国 Ⅳ . ① F279.23

中国版本图书馆 CIP 数据核字（2018）第 005385 号

赢在顶层设计：纪念版

作　　者：高建华
出 品 人：赵红仕
选题策划：北京时代光华图书有限公司
责任编辑：昝亚会　夏应鹏
特约编辑：郄军席
封面设计：新艺书文化
版式设计：曾　放

北京联合出版公司出版
（北京市西城区德外大街 83 号楼 9 层　100088）
北京时代光华图书有限公司发行
文畅阁印刷有限公司印刷　新华书店经销
字数 268 千字　787 毫米 ×1092 毫米　1/16　20 印张
2018 年 3 月第 1 版　2023 年 9 月第 4 次印刷
ISBN 978-7-5596-1501-5
定价：98.00 元

版权所有，侵权必究

未经书面许可，不得以任何方式转载、复制、翻印本书部分或全部内容。
本书若有质量问题，请与本社图书销售中心联系调换。电话：010-82894445

目录

推荐序一 / Ⅶ

推荐序二 / Ⅸ

自　　序 / Ⅺ

第一章　危机：中国企业的顶层设计严重缺失

对环境变化不敏感，缺乏危机意识 / 003

越成功的企业，往往越固执 / 004

管理者忙于低头拉车，忘了抬头看路 / 005

固守抄袭、模仿模式，扼杀了创新的萌动 / 006

视线之外的危险：iTV必将再次改变产业格局 / 007

顶层设计缺失导致企业战略模糊 / 011

误把"想法"和"梦想"当战略 / 012

企业战略缺失的4大表象 / 015

很多人习惯"从前往后看" / 019

顶层设计不到位导致企业转型失败 / 021

转型失败的企业有8大共性 / 021

企业转型过程中普遍存在的两个思维误区 / 024

把握不好企业发展的"火候"是不行的 / 026

互联网时代的商业思维 / 029
　　互联网时代的 10 大特征和趋势 / 030
　　互联网时代传统企业的转型 / 034
　　小米与 360 的商业逻辑解析 / 036
　　如何拥抱互联网时代 / 040

第二章　出路：注重顶层设计，实现企业转型升级

什么是顶层设计 / 047
　　顶层设计，就是系统规划 / 047
　　为什么要进行顶层设计 / 053
　　顶层设计的 6 个宏观要素 / 054
　　顶层设计从哪里入手 / 061
　　用顶层设计的思维根治社会难题 / 066

把握企业成功转型的基本逻辑 / 068
　　打造智慧型企业：企业转型的终极目标 / 068
　　企业转型是有先后顺序的 / 071
　　企业家转型是企业转型的原动力 / 072
　　树立员工利益至上的企业理念 / 073
　　没有满意的员工，就没有满意的客户 / 074

第三章　起点：企业转型从企业家转型入手

高瞻远瞩：未来 10 年的经济环境 / 077
　　经济总体增速放缓已成必然 / 077
　　市场正从商品经济转向产品经济 / 078
　　小众化消费时代已经来临 / 080

中产阶层将成为主流消费群体 / 082

低成本战略将难以为继 / 084

企业员工将以"80后""90后"为主体 / 086

企业家转型的10个方面 / 087

指导思想：从"后知后觉"到"先知先觉"/ 087

经营理念：从"利己主义"到"利他主义"/ 090

经营模式：从"摸着石头过河"到"借力腾飞"/ 093

经营策略：从"微利经营"到"厚利经营"/ 097

企业追求：从"股东利益最大化"到"员工利益最大化"/ 101

领导风格：从"军事化管理"到"人性化管理"/ 105

决策机制：从"感性决策"到"系统化思考"/ 109

管理模式：从"粗放式管理"到"精细化管理"/ 113

关注重点：从"看得见的成本"到"看不见的成本"/ 117

工作模式：从"做应用题"到"做选择题"/ 132

第四章 核心：战略转型是企业转型的关键

战略转型到底意味着什么 / 139

确保领先竞争对手半步 / 139

找到新的业绩增长点 / 142

设计创新的商业模式 / 146

重塑品牌定位和价值诉求 / 151

夹心品牌的升级换代 / 156

要想提高利润，首先提高成本 / 159

战略规划：清晰定位，系统制胜 / 164

战略规划的4项基本原则 / 164

战略规划是一套内外沟通的文件 / 165

战略规划以提高组织智商为目的 / 171

组织架构必须为战略目标服务 / 174

中国企业战略转型的 7 种途径 / 177

延伸式转型：按照 T 型发展模式，找准支点，进行延伸 / 177

多元化转型：从单一业务转向其他行业或领域 / 180

聚焦式转型：从大而全、小而全转化为大而专、小而专 / 184

兼并式转型：通过兼并其他企业提高竞争力 / 188

升级式转型：从低端产品为主转向中高端产品为主 / 191

差异化转型：从大众化产品转向小众化产品 / 195

特区式转型：通过试验田降低整体转型的风险 / 198

企业战略转型成功的两大标志 / 202

化解根本性矛盾，实现鱼与熊掌兼得 / 202

真正理解分配才是第一生产力 / 206

用"小众化思维"化解房地产行业的困局 / 211

免费模式的前世今生 / 214

免费模式：营销史上的一个"古老游戏" / 214

免费模式的本质：搭配与组合管理 / 220

中国企业的隐忧与希望 / 224

第五章 配套：企业转型需要管理体系全面升级

管理升级必须落实到各个职能部门 / 231

人力资源部门 / 231

财务部门 / 232

采购部门 / 232

研发部门 / 233

　　生产部门 / 234

　　销售部门 / 234

　　市场部门 / 235

　　质量部门 / 235

用系统的员工培训体系为转型做支撑 / 237

　　警惕"浅思维"培训误导员工心态 / 237

　　健全适合企业特征的培训体系 / 239

第六章　沉淀：文化转型，打造智慧型企业

变口号文化为行为文化 / 243

　　理解企业文化的内涵 / 243

　　把理念落实到行为，才是文化 / 245

创建激发员工创新热情的宽松环境 / 246

　　创新必须有高额回报 / 247

　　员工迫切需要"跨界学习" / 248

　　从压力式管理到动力式管理 / 249

努力摆脱官场文化的深刻影响 / 250

　　不搞"一把手"政治 / 250

　　"执行力"不等于高压政策 / 251

　　淡化"权力意识" / 252

　　避免短期机会导向 / 253

　　凡事不能"一刀切" / 254

　　允许员工犯错，但不允许撒谎 / 255

　　反对口号文化，根除空谈弊病 / 255

误入歧途的绩效考评体系 / 256
　　绩效考评的目的是什么 / 256
　　绩效考评从哪里入手 / 259
　　实施绩效考评的前提条件 / 263
　　为什么实施 KPI 考评发挥不出效益 / 266
　　经营人心从哪里入手 / 268

附录一　企业短板诊断工具——经营管理水平测试系统 / 271

附录二　读后感 / 286

后记 / 300

推荐序一

基业长青需要顶层设计

我与建华在中国惠普公司共事多年,他的那本畅销书《笑着离开惠普》清晰阐述了企业文化对企业竞争力的影响,企业管理体系对企业健康成长的重要性,得到了国内企业界的一致好评,成为很多企业人力资源管理方面的教科书。后续几部著作的推出以及多年管理咨询顾问的经历,使他积累了更加深厚的理论功底和实战经验,对影响企业经营管理的关键因素有了更深刻的理解及认知。这次《赢在顶层设计》的出版,再一次彰显了他在经营管理方面的真知灼见,以及对中国企业变革升级的远见卓识。

我创立"致行教育科技"的目的是希望为企业及职业人士提升绩效。在与众多企业家接触的过程中,我深刻感受到中国企业所面临的挑战非同一般。改革开放后,中国企业曾以惊人的速度成长扩张,这种粗犷式发展的成功,促成了多数企业家相信"捉住机会先做大再做强,先求量再求质""重视产出忽视效率,重视增量忽视优化存量""摸着石头过河""强人领导"等经营管理理念。

但是随着国家经济增长速度的放缓,人口红利逐渐消失,人力成本不断上升,市场逐渐饱和,竞争不断加剧,那种追求机会、速度、规模,但忽视核心竞争力、质量及效率的经营管理模式已经逐渐受到挑战，甚至到了不得不终结的时候。中国企业的经营模式及管理理念必须升级换代，这就要求中国企业的领导者在管理能力方面要从创业能力、运作能力往组织能力建设的方向提升。

尽管企业成功的模式不断推陈出新，但万变不离其宗，总是围绕着核心竞争力、领导能力、企业文化、组织结构、管理体系、人才素质几个大元素，而中国企业面临的这场管理变革也必须从这几个大元素着手。过去中国企业提升领导管理的方式，更多强调个人的发展，而从个人管理能力转变成组织管理能力又将是一项系统工程，需要考虑到每一个关键要素以及相互之间的逻辑关系。一方面，要继续关注"个人"的要素，这里包括企业家思维的转变及管理者领导力的提升；另一方面，更要加强对"系统"要素的建设和优化，包括文化、策略、组织、管理体系和长期的人才培养。

基业长青是每个企业追求的最高境界，持续的变革与升级以适应环境的变化是保持基业长青的核心要素。建华撰写的这本《赢在顶层设计》，系统性地解析了企业变革升级的方法论，通过企业家转型、策略转型、管理体系转型和文化转型等一系列模块，剖析了企业在变革与升级中面临的困惑，对企业如何应对当今经营环境的挑战，提出了清晰有效的模式并给出了解决问题的对策，对当前中国企业的升级换代无疑有很强的借鉴意义。

中国惠普公司原总裁
孙振耀

推荐序二

从后往前看，掌握制高点

2013年春节前夕，我跟运营总监讨论工作，探讨公司下一步的发展问题。其实，沃森的方向和目标都是明确的，问题是该如何落地。我知道，我们肯定不能像创业时那样零打碎敲，或只是凭感觉、靠想象和热情，沃森未来的经营和管理都应该要上台阶，要有前瞻性，最好是能从根本上解决问题，比如能有一个科学的"顶层设计"，这个顶层设计能帮我们把很多关键环节想明白、弄透彻，也就是我们对沃森未来的发展做一次科学、系统的梳理和规划。

运营总监跟我说，要解决好这个问题，只有请一个人——高建华老师。他的那套战略规划方法论就是顶层设计，一定能帮沃森系统地规划未来的发展蓝图，并且是基于战略目标的"从后往前看"，根据目标去配置资源，真正能做到缺什么补什么。因为之前我看过高老师的书，所以我就欣然接受了这个建议。

与高建华老师的第一次见面虽然只有三个小时，却让我感受到了他与众不同的思维模式，谦卑诚恳的工作态度，以及帮助中国企业成为世界级企业的那种使命感。高老师帮沃森做的顶层设计已经结束，过程和结果我们很满意，对高老师的这套顶层设计方法论，总结起来有三点感受：

一是科学性、系统性强。高老师的顶层设计方法源于惠普，又高于惠普。源于惠普确保了这套方法论的科学性和系统性，是一套非常成熟的体系。而能高于惠普，是因为高老师多年来将跨国公司提炼出来的科学方法论与中国国情，以及中国企业的实际情况相结合，并在十多年的企业管理咨询实践中不断升华与优化，确实是中西合璧的一套战略规划体系。

二是"能上天、能入地"。因为是顶层设计，所以这套方法论能站在企业的最高层面和未来五年的时间跨度去考虑问题，有高度、有广度和深度。同时，又能深入到企业最具体的操作层面发现问题，解决问题，很实用。高老师既能从管理科学上升到管理哲学，把很多制度背后的逻辑讲透彻，让大家发自内心地认同；又能把管理哲学变成具体的制度规范，把理念变成了一个个工具和流程，固化为沃森以后的"规定动作"，统一了大家的思想和认识，使困扰沃森的战略落地问题得以完美解决。

三是可操作性强。在顶层设计的第三阶段，高老师手把手地教沃森的团队成员，如何把顶层设计的战略目标、战略任务分解为具体的一个个动作，确保每周都可以检查计划的进展。在这个过程中，让大家学会像编剧一样去思考问题，有动作、有人物、有时间，做到在脑海里有画面感，能够看到未来和结果。我以前接触过很多知名的培训师和咨询师，从来没有见过像高老师这样，把咨询和培训结合得如此之好的做法，通过这套方法论，真正做到了"授之以渔"，在不经意之间改变了管理团队的思想，让沃森团队的管理水平有了质的飞跃。

希望高老师的这本《赢在顶层设计》和他的顶层设计方法论，能让更多的中国企业受益，从而批量制造具有国际竞争力的优秀企业，为中国企业在国际市场上集体突围奠定坚实的基础。

云南沃森生物技术股份有限公司董事长

李云春

自序

最近一段时间，大家开始谈论"顶层设计"这个话题，这是我期盼已久的时刻，我等了很多年，总算等到了这一天。我坚信这将是中国企业转型与升级的突破口，因为有了"顶层设计"，才能让中国企业少走弯路，少缴学费，逐渐从微利经营转向厚利经营，从后知后觉到先知先觉，才会涌现一大批具有国际竞争力的中国企业，实现质的飞跃。

"顶层设计"这个概念并不是什么新鲜事物，只是过去大家忙于低头拉车，而忘了抬头看路，更不愿意花时间做基础性工作，什么"大鱼吃小鱼"，什么"快鱼吃慢鱼"，大家把关注点都放在了规模指标和速度指标上，而忽视了质量指标，结果必然是欲速则不达，付出沉重的代价。"顶层设计"这个源于工程学的概念，30多年前已经被跨国公司普遍采纳，作为经营管理的指导方针，通过"顶层设计"这样一个系统性思考的方法论，可以有效地解决错综复杂的市场问题和企业内部的经营管理难题，为企业健康发展奠定坚实的基础。

简单说来，"顶层设计"就是用科学的方法论对企业未来5年的发展做出系统性的规划，即按照"以终为始"的原则，基于对目标市场的理解，对用户需求的把握，对竞争格局的认知，通过系统分析把经营管理目标设定好，把用户心目中理想的完整产品描述清楚，把实现目标的关键要素和主要挑战罗列出来，把潜在的问题和风险预见到，从而根据目标去配置资源，缺什么补什么，倒排时间表，形成一个通俗易懂的"剧本",然后让各个职能的管理者按照"剧本"上的分工扮演好自己的角色。

那么,企业"顶层设计"的最终目的是什么?我想只有一个,那就是成为目标客户心目中值得尊重、值得信赖的品牌,成为真正的智慧型企业。要做到这一点,仅仅让用户满意已经远远不够了,必须想办法让用户愉悦,让用户感受到人文关怀,要超出客户的期望。

当然,仅仅意识到"顶层设计"的重要性还不行,必须让更多的中国企业掌握进行"顶层设计"的方法论,顺利实现企业的转型与升级。转型就是变革一切,重新寻找企业活下去的理由和价值。当然,转型意味着中国企业不得不经历一次痛苦的"蜕变",这是成长过程中最艰难的时刻,因为在某些方面甚至要否定自己过去的成功,这是很多人不情愿做的一件事。

因此,企业"顶层设计"的三要素是动力、能力、方法论。这三个要素相辅相成,缺一不可。进行"顶层设计",需要企业家既要具备前瞻的眼光,先知先觉,还要具备顽强的毅力和执着的精神,更要掌握科学的方法论。

接下来的问题是,企业转型从哪里入手?将涉及企业经营管理的哪些方面?如何才能高效稳妥地完成转型与升级?这是本书要探讨的核心话题。

在我看来,企业转型最重要的无非是四个层面:企业家转型、战略转型、管理体系转型与企业文化转型。这是一个有先后顺序和逻辑关系的系统,其中企业家转型是"顶层设计"的第一步,属于远见和动力系统,是前提条件。也就是说,我们的企业转型首先要解决企业家自身的思想意识转变问题,因为企业家是企业的领头羊,只有领头羊想清楚了,想透彻了,转型才不会迷失方向,才不会走弯路。

换句话说,"顶层设计"的难点是思维模式的转变。由于历史原因,中国企业家已经习惯于"摸着石头过河",很多人误以为"计划赶不上变化",虽然大家都知道"没有远虑,必有近忧",但是却经常为自己无法把握未来找借口,为自己不做战略规划找理由。一方面大家不愿意陷入被动挨打的境地,急于扭转现状,杀出重围,另一方面却深陷其中,自己给自己画了一个圈,无法摆脱困境,到头来年复一年地跟在别人后面走,始终没有掌握竞争的主动权和主导权。

套用一句时髦的话来说,"顶层设计"如同企业的导航仪,是引导企业走向成功必不可少的关键部件。大家可以试想一下,一艘没有导航仪的船,在大海上航行将会是什么结局?运气好的话,可以像《少年派的奇幻漂流》中的主人公那样,最终有一个美好的结局,但是运气不好的话,必然葬身于惊涛骇浪之中。

需要强调的一点是,"顶层设计"绝不能沦为空谈,也不能闭门造车,更不能甩手外包。过去这些年,很多企业为了省事,总是委托咨询公司替企业做战略规划,结果战略制订出来之后有一种隔靴搔痒的感觉,虽然说得都对,但却难以落地。当然,十几年前就有很多优秀的中国企业意识到了"顶层设计"的意义和价值,愿意花时间进行"顶层设计"。就拿我自己来说,从1997年开始,先后帮助国内几十家企业做"顶层设计",从最早的伊利乳业到万科地产,再到后来的雷士照明、海洋王照明、中国银联等,这些企业之所以成为所在行业或者细分市场的领头羊是有道理的。其实,企业的成功在很大程度上都取决于老板的眼光和境界。

希望通过这本书,让大家明白如何进行系统性思考,如何转型成功,如何摆脱疲于奔命、整天"救火"的状态,让更多的企业家和高级经理人抓住问题的本质,学会用巧劲解决问题,看清楚企业"顶层设计"背后的逻辑,知道转型从哪里开始,到哪里结束。我相信,少数企业一旦掌握了"顶层设计"的方法论,就能够在本行业中鹤立鸡群,从而带动整个行业洗牌,加速优胜劣汰,尽快提高产业集中度,增强企业获利能力,只是看谁先迈出第一步。

从改革开放之初的"摸着石头过河",到今天的"注重顶层设计",中国企业迈出了可喜的一大步,是第二次跨越,但愿这是中国企业集体觉醒的时刻。我坚信,一旦中国企业学会了用国际化的视野看问题,用国际化的语言去沟通,用国际化的方法论来设计企业的未来之路,就会有一大批中国企业集体突围,成为征服世界的生力军,中华民族的伟大复兴才有了实实在在的"着力点"。

改革开放30多年,造就了一大批成功的企业和企业家。尽管中国目前并没有统一的标准,我还是尝试着把中国的企业家分成三代,仅供大家参考。

第一代企业家:善于抓机会,敢为天下先,在政策不明朗、法制不健全的市场环境中大胆尝试,摸着石头过河,造就了一大批成功的企业。当然,企业的命运取决于政策的连续性和稳定性,很多人为此付出了沉重代价,甚至成为牺牲品。第一代企业家的成功至少证明了一点:早起的鸟儿有食吃。

第二代企业家:依靠拼体力,不怕吃苦,整天起早贪黑,没有休息日,没有节假日,每天工作十多个小时,透支了身体健康,甚至为了企业的发展鞠躬尽瘁。尽管如此,企业的命运却往往寄托在老板一人身上,还没有从"人治"走向"法治"。第二代企业家的成功至少证明了一点:有志者事竟成。

第三代企业家:发展凭智慧,系统思考,能够居安思危,总走在时代的前列,成为先知先觉的一批人。通过企业愿景吸引、留住人才,通过战略规划和商业模式设计把握未来商机,通过管理体系激发团队正能量。不管做什么,都会坚持三项基本原则:基于利他的理念,依靠创新的产品,去赢得满意的客户。第三代企业家的成功将会证明:系统制胜的时代已经来临。

面对全球化的市场,面对不确定的未来,有人欢喜有人忧,我坚信前两代企业家已经到了谢幕的时候,现在登台的是第三代企业家,他们将担负起征服世界的重任，让中国企业，让中国品牌走向世界。而要实现这个目标，必须改变头疼医头、脚疼医脚的惯性思维，用系统性思考对企业进行"顶层设计"，必须尽快完成企业转型、升级与再造，从微利经营的泥潭里走出来，逐渐进入厚利经营的状态，成为智慧型企业，实现真正的产业升级。

衷心祝愿越来越多的管理者成为第三代企业家，越来越多的中国企业成功变革为决胜未来的世界知名品牌企业！

高建华

第一章

危机：中国企业的顶层设计严重缺失

■经过30多年的高速发展，中国的很多企业已经完成了资本的原始积累，到了发力腾飞的阶段，但是能否飞起来，还取决于是否有腾飞的翅膀。在我看来，转型与升级就是给企业插上腾飞的翅膀，到国际市场上去翱翔。

但是转型不能停留在口头上，必须落实到行动上。然而中国企业现在普遍存在着顶层设计严重缺失的问题，企业没有可以操作的方法论，只能"摸着石头过河"，不断地试错，这样就会让企业面临很多问题，于是很多美好的愿望也可能只停留在纸面上。

对环境变化不敏感，缺乏危机意识

十几年前，《谁动了我的奶酪》风行世界，成为超级畅销书，可惜那本书流行的时机不对，那时整个世界经济一派繁荣，没有人担心自己的"奶酪"会真的不见。十几年过去了，柯达的"奶酪"不见了，摩托罗拉和诺基亚的"奶酪"不见了，惠普的"奶酪"也正在面临挑战。这些曾经称霸世界的行业巨头为什么会走下坡路？这是值得中国的企业家和高级经理人思考和警醒的一个严肃话题。我们千万不要幸灾乐祸地看人家的笑话，以为这些挑战离我们很远，要知道这些问题早晚有一天也会发生在中国企业身上，只是有一个"时间差"而已。

我坚信美国的今天就是中国的明天，中国与美国之间的差距在缩小，发生问题的时间差也在缩短。当初我们曾经嘲笑过美国的"黄、赌、毒"，以为我们不会受侵蚀，可是随着改革开放的深入，好的、坏的，苍蝇、蚊子都进来了，现在这些问题我们并不比美国少多少，有些方面甚至更严重。其实，出现问题并不可怕，可怕的是人们对问题视而不见，或者认为别人的问题与自己无关，要知道企业发展到一定程度，就会发生那个阶段所特有的问题，这里面是有其必然性的，是绕不过去的，所以我们必须有充足的思想准备。

◎ 越成功的企业，往往越固执

奶酪为什么会不见了呢？因为没有预见到环境的变化，缺乏危机意识，躺在成功上面睡大觉，结果必然是"温水煮青蛙"，等感知到威胁的时候已经晚了，这是一种正常的"异化"，属于自然规律，否则怎么可能长江后浪推前浪。

换句话说，一个企业越成功，往往越固执，就越不愿意改变自己，结果昨日成功之原因有可能成为明日失败之根源。毕竟大多数成功者都没有勇气否定自己过去的成功，很难把自己"归零"，很难客观地、理智地看待市场的变化，看待自己的问题，看待未来的趋势。往更深层次去探究，这个问题源自中国人没有信仰，没有反省的时间和场合，不会去忏悔，不会去检讨自己，所以很容易在错误的道路上越走越远。

大家都认同"失败乃成功之母"这个概念，但是却很少有人认同"成功乃失败之父"。前者是因为失败而反思，所以有积极意义，后者是因为成功而骄傲，所以有消极影响。为什么中国人常说"富不过三代"，因为第二代很难有创业家的热情和奋斗精神，在衣食无忧的优越环境中长大，其工作动力会下降。另外，坐天下本身就比打天下难，所以不转型的话，很难超越第一代。等到了第三代的时候，热情和奋斗精神已经消耗殆尽，企业内部的各种矛盾也积累到一定程度了，一旦处理不当，企业就会轰然倒下。

所以说，一个企业要想实现可持续发展，就要有经常"归零"的心态，要敢于"革自己的命"，即勇于否定自己过去的成功，唯有这样才能战胜自己。如果市场环境是不变的，那么过去那一套就是可行的，如果环境是不断变化的，那么企业的经营管理体系每隔几年就要有意识地做出调整，与时俱进，否则就可能走向衰败。

俗话说，不进则退。要想把握住未来，就要从"后知后觉"转变为"先知先觉"。我坚信一个企业也好，一个人也好，聪明与否其实取决于能够看多远，看得越远，准备时间越充分，就能更好地把握未来的机遇。其实，市场环境的演变是大势所趋，是企业无法抗拒与改变的客观事实。企业唯一能做的就是认识到这种趋势，及时对经营模式进行调整，对管理体系进行升级，这样才能掌握主动权和主导权。

◎ 管理者忙于低头拉车，忘了抬头看路

过去这些年，很多企业都在谈论"变革管理"，大家都相信"唯一不变的就是变"。但是面对这样一个错综复杂、瞬息万变的市场，很多企业家和经理人感到茫然。虽然知道要变，不变不行，可是却不知道应该往哪个方向变，如何变。作为企业的管理者，我们每天要面对很多事先没有想到的大大小小的"突发事件"，所以各级管理者不得不把大量的时间用于"救火"，总是感到很疲惫。

其实，聪明能干的管理者绝对不是那些整天低头拉车的人，而是善于借力的人，甚至是那些不喜欢努力工作的"懒人"。正是因为这些人"懒"，他们才会想出"懒办法""巧办法"，从而以小博大，用最低的成本和代价达到理想的效果。

可以说，一个人在工作中管理的变量越多，压力就会越大。而要释放工作压力，就要从减少变量入手，把一些看似没有规律、没有头绪的变量，转换成相对不变的常量。当然，如果企业家或经理人能借助外部的力量去减少变量，则可以达到事半功倍的效果，因为"术业有专攻，行行出状元"，市场经济讲究的是交换，而不是什么事都自己做。

人的能力是有限的，一个人要想出类拔萃，就要把关注点放在自己擅长的领域，不断发扬光大自己的优势，而在其他方面会"借力"就行了，不要指望自己什么都会。所以越是成功的企业家往往越不是

某领域的专家，因为他们不是专家型的，所以善于借力，他们会把专业化的工作交给专业的人去做，自己的工作重点就是整合资源，做一个刘备式的人物，创造环境去吸引诸葛亮、赵云、关羽、张飞这样的专业人才。

◎ 固守抄袭、模仿模式，扼杀了创新的萌动

中国市场从大众化转向小众化，是未来10年的大趋势。这是市场经济从"初级阶段"进入"中级阶段"的标志，而推动社会往小众化市场转变的原动力有两个：一是中产阶层的不断扩大；二是"80后"逐渐进入主流消费群体，成为一支不可忽视的力量。对于中国企业来说，不管是营销体系还是研发设计体系，都要随之改变，从过去关注温饱层和小康型消费者逐渐转变到关注中产阶层消费者，否则很容易被淘汰出局，过去一直在享受的"奶酪"就不见了。

可以说，小众化市场对于广大中小企业来说，是天赐良机，也是改革开放30多年来的第二个大机遇。谁能把握住小众化市场的精髓，谁能及早做好准备，把握先机，谁就是未来市场上的佼佼者。面对小众化市场的出现，企业的市场营销体系必须做出重大转变，以适应小众化市场的需要。

从产品的角度看，过去是生产大众化的商品，不同的企业生产相同或类似的同质化商品，决定胜负的关键是看哪家企业的成本低；从定价的角度看，过去是一味的低价策略，中国制造成了低档产品的代名词，绝大多数中国品牌陷入了低端定位的误区，无法走向世界；从宣传与沟通的角度看，过去是地毯式轰炸，只要在电视台大做广告，敢忽悠，敢炒作，敢赌博，生意自然就来了，品牌自然就起来了，因为温饱型消费者选择品牌的依据就是广告；从渠道的角度看，过去是比哪家企业的渠道数量多，只要有足够的地域覆盖，有足够的店面，

就自然成为知名品牌，所以才有"渠道为王"一说。

但是，随着小众化市场的出现，企业过去那些行之有效的营销手段和销售方法开始失灵，因为环境变了，主流消费群体变了。过去是大众化的商品，将来是差异化的产品；过去消费者是价格导向，未来消费者是价值导向，不再是什么便宜买什么；过去企业在策划人的影响下，总是假定消费者无知，可以随便忽悠，未来一定是面对理性的中产消费者，必须以理服人，通过体验营销让消费者自己说服自己；过去是粗犷式地跑马圈地建渠道，未来是精耕细作上台阶，提高单店效益，让每一个店铺会说话。

俗话说：人无远虑，必有近忧。如果中国企业不能预见到市场上将会发生哪些革命性变革，危机意识与主动转型就无从谈起，只能是被动应对。很多人都认为预见未来是遥不可及的，好像计划赶不上变化，或者认为自己没有那种前瞻性，根本做不来。其实，改革开放30多年来，我们一直沿着抄袭、模仿、跟随的模式惯性发展，尽管取得了令人瞩目的成就，但是这种惯性思维也阻止了中国企业走向成熟，走向世界，征服世界。

可以说，中国企业要想靠实力在竞争激烈的市场上站稳脚跟，一是立足中国，把企业做大做强，二是从抄袭到超越，能够像当年的日本企业和近年的韩国企业那样，全方位超越欧美企业。而要真正做到这一点，有一个前提条件，就是必须用科学的方法论预知未来，知道未来某个行业、某个产业的走向和发展趋势，从而始终站在潮头，引领市场，而不是一直跟在别人后面走。

◎ 视线之外的危险：iTV必将再次改变产业格局

当中国市场刚刚开始从大众化消费转向小众化消费的时候，欧美发达国家的企业已经悄然进入到了下一个阶段，那就是推动整个社会从小众化消费转向个性化消费，其领头羊就是苹果公司。我相信等到苹果的 iTV 问世的时候，大家会觉得耳目一新，明白到底什么是个性化消费，到那时现有的电视机制造企业和传统的电视台都会受到冲击，而苹果公司必将带动整个世界从小众化消费走向个性化消费，再一次推动整个产业的转型和升级。

其实，苹果公司的战略是很清晰的，过去二三十年都在做同一件事，那就是打造一个健康的"生物链"，也就是国人常说的"产业链"，是一个"生态系统"的概念。这才是苹果公司的核心竞争力。国人通过 iPhone、iPad、iTunes、App 商店已经感受到了苹果公司的魅力和威力，就算你把它解剖透了，也拿苹果公司没办法，这才是真正意义上的竞争优势，即靠"生物链"制胜，达到不战而胜的境界。

伴随着苹果公司一起成长的软件开发商，得益于苹果公司的开发商支持部门，使得一些小公司也能在苹果平台上开发软件，只要你有好的创意就行。这是一个典型的"双边市场"，即苹果平台上的软件越丰富，客户利益就越大，买苹果的人就越多；而买的人越多，软件开发商的利益就越大，就会吸引更多的软件开发商加入，从而形成良性互动，交错上升。

纵观中国的电视机制造企业，很少有企业从产业链的角度看问题，尽管大家已经意识到了智能电视机是未来的趋势，开始研制智能电视机，却没有把个性化消费当作主题，还没有实现内容提供商、播出机构和设备提供商的整合。

苹果的 iTV 将会是什么样呢？没有人能完全猜得出来，但是循着苹果产品创新的轨迹和思维模式，我们不妨大胆地猜测一下，也许能给大家一些启发，猜错了也请大家原谅。其实，早在 1998 年出版我的第一套培训光盘《市场营销与可持续发展》时，我就谈过"寻找产品创新的源泉"这个话题，任何一个改变世界的好产品都是按照这个思路去开发的。

我们不妨问问自己：现在的电视机存在什么问题？我们每天看电视的时候有什么不满意的地方？

在我看来，至少有以下显而易见的不足。

一是做不到想看什么就看什么，依赖于电视台播出什么才能看什么，所以是被动地接受，不是主动地寻找。

二是做不到用户定制，无法根据用户的年龄、爱好、健康状况、生活习惯等要素得到相应的个性化节目和服务。

三是清晰度不够高，就算是全高清的1080P，也跟去电影院看电影存在很大差距，视听效果欠佳。

除了看电视之外，如果是玩游戏，同样有不满意的地方。拿微软公司的体感游戏来说，目前采用光盘或者硬盘作为媒体，体感游戏的反应速度还有点慢。我相信苹果公司也会针对这个问题有所突破，一方面利用App商店或iTunes下载软件，用户可以得到物美价廉的软件，另一方面会采用更先进的互动模式。除此之外，还有很多其他问题，大家不妨想一想，拉出一份清单来，找到了这些不满和困惑就等于找到了产品创新的源泉。

也许苹果的iTV诞生后，会给整个电视产业、互联网游戏、视频等领域带来革命性变化：

第一，传统的制播分离模式也许会被打破，人们想看什么就可以看到。

第二，观看电视的费用低廉，同时不被广告骚扰。

第三，也许苹果的iTV会成为知识管理的平台，人们把自己的有关信息输入进去之后，可以按照个人的特殊需要得到想看的节目，比如有某种疾病的人不能吃什么，应该吃什么？鱼香肉丝怎么做？孩子出现某些症状怎么办？后台的知识管理系统会根据每个用户的需求进行加工处理，从而给出最接近的答案，那样的节目也许是很多人梦寐以求的。

第四，苹果的 iTV 分辨率也许会远远超越现有的 1080P 标准，从而对蓝光体系造成冲击，再一次拉高人们的期望值和客户体验。

可以说，个性化消费时代的一个典型特征是"大规模定制"，也可以称为是"个性化定制"或"一对一营销"，即对企业来讲是批量制造，而对每一个消费者而言是定制，这样就解决了大规模生产与个性化需求的矛盾。

现在互联网上的信息鱼龙混杂，可信度不高，针对性不强，就算找到了答案，人们也不敢轻易相信，不知道应该信任哪些网站。换句话说，就是还没有形成类似"支付宝"那样的从事知识管理的中介机构和保障机构，能够撮合互不相信的双方进行交易。

说到知识管理，很多人也许很陌生，记得 2002 年我在北京大学光华管理学院的"华商名人堂"上担任主讲嘉宾时，曾经讲过这样一番话：15 年之后，知识管理这个岗位，会成为很多企业最重要的岗位。因为我相信中国企业早晚有一天会实现从"中国制造"到"中国创造"的转型，唯有完成这个历史使命，中国企业才能跻身于优秀跨国公司的行列。

据我所知，当今世界伟大的 IT 企业无一例外都在投入巨资从事知识管理方面的研究，而到目前为止，中国企业中还没有听说哪些大型 IT 企业正在做这方面的长远规划和产品研发。我坚信，未来世界一定是大的越来越大，小的越来越小，大家观看影视剧、玩游戏的屏幕会越来越大，而沟通用的工具会越来越小，两者可以实现互联互通。未来的大趋势一定是移动互联和大屏幕显示，即电脑的尺寸逐渐缩小，而显示器的尺寸逐渐变大，小的电脑连上大的显示器就做到了鱼与熊掌兼得。

其实，苹果公司真正厉害的是 iTunes 平台、App 商店，以及 iCloud 云服务，这是苹果公司与诺基亚公司及其他手机制造企业最大的不同。我坚信未来是一个基于客户价值而跨界整合的时代，跨界整合与中国人熟悉的多元化经营完全不同。在中国，很多做食品的企业去做服装，做电器的企业去做房地产，类似的例子比比皆是，都是多元化经营。哪个行业的利润率高，企业就进入哪个行业，但是不同的产品和服务之间却没有交集，没有互动，无法形成产业链，到头来企业就变成了大杂烩式的集团公司，没有了定位。

十几年前，我曾经给《销售与市场》写过一篇文章，谈的是"平台制胜时代"，我相信优秀的企业一定是搭台唱戏，筑巢引凤，调动全社会的资源为自己的目标消费者服务，谁会整合社会资源，谁就能成功。

既然预见未来如此重要，那么如何才能做到呢？方法很简单，那就是顶层设计——战略规划和商业模式设计。战略规划是从过去看现在，从现在看未来。因为：昨日之选择，今日之结果；今日之选择，明日之结果。战略规划就是预见未来，看清未来，把所有可能的变化预测出来，就像开战之前的沙盘演练和电脑兵棋推演一样，要考虑到各种可能的变化，预见到视线之外的潜在危险。

所以说，一个企业要想取得长久的成功，就要在产业链上做文章，通过多年的不懈努力，打造一个令竞争者难以抄袭、模仿和跟进的产业链，唯有这样才能保持领先地位，拥有核心竞争力。

顶层设计缺失导致企业战略模糊

如果你说一家企业没有战略，企业老板一定不高兴，好像是对他过去多年经营成效的一种否定，是对企业经营状况的一种蔑视。但事实的确如此，因为绝大多数老板都对"战略"二字有误解，并不了解其内涵。

5年前我被一家企业邀请去做战略规划培训，开场前跟那家企业的老板打了一个招呼，然后我就开始讲。到了中午吃饭的时候，老板和人力资源总监单独跟我在一起吃饭，老板说了几句话："高老师，你安排一下时间，尽快来帮我们做一个战略规划，我不跟你讨价还价，你说多少就多少。"当时我听了并没有当真，因为早上刚刚见了第一面，三个小时后就决定要做战略规划咨询，有点太突然了。但一星期之后果然签了合同，我就开始帮这家企业做战略规划。

等跟他们的管理人员混熟了，我才得知事情的来龙去脉。原来在我去讲课前，这家公司请了一家咨询公司做其他方面的咨询，整体感觉很不错，因为企业很健康，各项指标基本正常，可是最后总结时得出一个结论，企业没有清晰的战略，令老板很不爽。因为这家企业在业内是龙头老大，从创业到那时一直做得非常成功，得到了市场和客户的认同，怎么叫没有清晰的战略？于是老板要求人力资源总监，找一个能把战略讲清楚的人来给他们的高管团队做培训，他要听一下，到底真正意义上的战略是什么。当他听我讲了半天以后，才发现我所讲的战略与他所理解的战略真的不一样，于是二话不说马上就让我开始帮他们做战略规划，设计企业未来5年的发展战略。

国内这种经营很成功，却未必有清晰战略的企业很多。过去这些年，中国经济高速成长，大家都赶上了好时候，即使没有战略也能混口饭吃。但是说句难听的话，靠小聪明、好点子赚钱的时代一去不复返了，靠关系做生意永远做不大，随着中国经济从高速增长转向中速增长，未来10年一定是优胜劣汰，大浪淘沙。在中国，一个非常典型的问题是很多企业处于"重战术，轻战略"的状态。大家都把精力用在了"招"和"术"上，而忽视了对真正意义上的战略的掌控。

◎ 误把"想法"和"梦想"当战略

人们常说，"有梦想就有希望"。此话不错，但是"有希望"并不意味着希望就能够"成真",甚至说大多数希望不会成为现实。因为要成功,需要有"梦想",更需要有"逻辑"。没有"逻辑"的企业和个人,是不会"梦想成真"的,除非运气好得不得了,瞎猫碰上了死耗子。可以说,每个人都想获得成功,但是为什么社会上成功者总是少数,甚至是极少数?因为大多数人尽管有"梦想",却没有找到成功的"逻辑",即不具备成功的前提条件,或者没有清楚地找到成功的必要条件。

我们不妨从日常生活中的一些简单例子谈起。比如说大学生想找一份好工作,比如说经理人希望自己的薪水每两年翻一番,比如说创业者希望把握好市场机会,能找到风险投资,或者能成为千万富翁。这都是很多人的正常"梦想",那么如何才能实现呢?天天做梦是解决不了问题的。我们只有知道了实现目标的前提条件和必要条件,能做到逆向思维,根据目标来配置资源、制订计划,才能明确成功的"逻辑",才有希望从偶然成功走向必然成功。成功的"逻辑"对于一家企业来说就叫作战略,而寻找成功的"逻辑"的过程就叫作顶层设计。

由于企业缺失顶层设计,很多企业老板都误把"梦想"当战略,这是中国企业的通病,甚至是中国企业致命的问题,它是影响中国企业腾飞的主要障碍。我们走访一些企业的时候,经常问老板这样两个问题:您的企业有战略吗?您的战略是什么?调查结果令人震惊,因为99%的老板认为自己的企业有战略,可是他们心目中的战略却只是一些"想法",或者说是目标和追求,即"想干什么",比如希望公司5年内营业额达到多少,比如希望用几年的时间进入行业前3名,比如希望开拓国际市场,等等,这些是战略吗?当然不是,这些都是"想法",或者是我们所说的"梦想"。

"战略"这个词对大多数企业老板来说一点都不陌生,但是它的确切含义到底是什么却非常混淆,很多企业老板误把经营目标当成战略,把梦想追求当成战略,把点子策划当成战略,把想法思路当成战略,结果出现了这样那样的误解和误读。另外，很多老板误以为战略就意味着放弃，说服自己放弃很多赚快钱的机会很困难，不舍得。

那么战略到底是什么？

第一，它是基于对未来5年行业发展趋势的前瞻性预判。你要对未来市场进行分析，把握好市场的发展趋势，知道消费者的需求会往哪个方向转移，防止跑偏，更不要与大趋势相背离。这就要求我们认真回答几个问题：未来5年市场会朝着哪个方向转化？未来五年市场上将会发生哪些事情？消费者的关注点会转向哪些要素？很多人认为"计划赶不上变化"，这是不会做计划的人给自己找的借口，因为好的计划一定是预见到可能的各种变化，并根据这些变化来制订的，一个不考虑变化的计划是毫无意义的。

第二，战略意味着聚焦。为了聚焦，你要暂时放弃一些会分散精力，与聚焦领域不相关的业务，从而集中精力做大事，避免"捡了芝麻丢了西瓜"，让自己懂得如何放弃，从此不再纠结。要知道每个企业的资源都是有限的，不可能什么都做，更不可能同时做很多项目，必须有一个先后顺序和优先级，必须把好钢用在刀刃上，集中优势兵力打歼灭战，在局部市场形成相对优势，抓住一个点进行攻关，形成突破口，建立根据地。

第三，战略是一个带有阶段性里程碑的实施计划。它探讨的是路径问题，是一个作战地图的概念，即把如何实现目标，分几步走，先做什么后做什么想清楚，做好规划，然后一步一步地去落实。战略不是一个虚无缥缈的概念，不是一个激动人心的目标，而是非常务实、非常现实的做法。所以每一项战略任务都必须有明确的责任人，评估标准，评估时间，评估人等。

第四，战略是针对竞争对手设计的，是为了壮大自己，削弱敌人。如果连自己的竞争对手到底是谁都弄不清楚，怎么可能设计战略？要知道，并不是生产同类产品的企业都是竞争对手，明确竞争对手的前提是有目标市场的概念，即企业首先要明确自己为哪部分人服务，自己选定的小众化群体是哪个，然后看看谁跟自己争夺这个目标客户群体，找出真正的竞争对手。可以说，没有小众化的概念，企业很难界定谁是竞争对手。

因此这里所说的战略，可能与很多人理解的战略完全不同。我所说的真正的战略，应具有以下特征：

首先，战略的目标是壮大自己，削弱敌人，必须有清晰的竞争对手描述；

其次，战略就是进行若干项选择，明确企业的目标客户群和产品的差异化定位等；

最后，战略是实现目标的计划，强调的是如何才能做到，必须有具体的路径和可操作的方法论，有明确的里程碑和检查站。

◎ 企业战略缺失的4大表象

头痛医头、脚痛医脚，从表面上看是对的，但是很多时候却不能解决根本问题。举例来说，一个人如果胳膊麻，手指麻，人们首先想到的是什么？对于没有任何经验也不曾看过医生的普通人来说，有几个人会想到可能是颈椎出了毛病？几年前我被检查出来是颈椎病时，才明白了这个道理，原来手指麻仅是表面现象，而导致这个现象的原因是颈椎出了问题。

同样的道理，现在很多企业的执行力不够，业绩下滑，产品开发周期长，团队配合不好，表面上看这些问题互不相干，其实背后都有一个共同的原因，就是战略缺失。

表象之一：执行力不够

这是民营企业的老板和高管与我沟通时最常谈论的一个热门话题，

因为很多企业的老板和高管都有很多非常好的想法，但是却无法落地，很多事情强调了很多次，也尝试了几次，结果无疾而终，不了了之。这令企业的老板和高管非常失望，以为是企业的执行力出了问题，于是找讲执行力的老师来做培训，让员工看执行力的书，大会小会都强调执行力，但是结果却不尽如人意。

几年前，"执行力"曾风靡神州，一夜之间大家似乎找到了制约中国企业发展的核心问题，各种书籍、光盘、培训应运而生，但是热闹了一阵之后，结果如何呢？中国企业的执行力真的提高了吗？显然没有！很多人只是在管理字典里多了一个"执行力"的概念而已。我认为，中国企业现在还没有到谈论执行力的阶段，因为谈论执行力的前提条件是企业有清晰的战略，即执行的人要明白执行什么，为什么执行，执行了有什么好处。可以说，没有清晰的战略和计划，光有一些好想法是没有意义的，所以执行力并不会单独存在。

其实，执行力的提高涉及几个方面的问题。

首先，企业的发展是阶梯式成长，而不是爬坡，所以随着公司业务量的提升，管理体系必须跟着提升，要从量变到质变，这时候就不得不否定很多过去给公司带来成功的一些做法。

其次，老板和高管的想法不是普通员工能够理解透的，很多都是一知半解，甚至根本不明白，稀里糊涂地按照自己的想象去做。所以必须经过"翻译"才能成为普通员工可以理解、可以操作的战术，而这个"翻译"的工作就是战略设计。

最后，执行力来自员工发自内心的认同，知道为什么而战，知道做好了对自己有什么好处和利益，这样才能把老板和高管的好想法落地、落实。

所以说，没有真正意义上的战略，必然没有执行力。遗憾的是，很多员工把执行力简单地理解为"听话"，理解为按照老板或者高管的思路去做就行了，那真是大错特错了。

表象之二：业绩下滑

由于大多数企业到目前为止依然停留在生产同质化产品的层面，所以市场竞争越来越激烈，广告战、价格战、关系战成为必然。表面上看是销售力不够，于是一些企业为了扭转局面，试图通过打造"狼性团队"来提高战斗力，一时间"狼性团队"成了带有褒义的好词，人们趋之若鹜。其实，销售力不够是战略缺失的一种表象，当一家企业没有清晰战略的时候，产品就没有清晰的定位和差异化特征，不管什么样的团队都不可能把一个没有价值的产品说成是有价值的产品，除非是"忽悠加催眠"，把客户给迷惑了，但是客户早晚有清醒的那一天，到那时，企业必然要面临客户流失的局面。

所以一家企业要想从根本上解决业绩下滑的问题，就要有明确的、科学的战略规划，回归到营销的本质和基础，在产品定位和竞争力上下功夫。忽视产品力而只在销售力上做文章是本末倒置，事倍功半。

从1996年开始，这样的话我一直在讲：**企业要想提高竞争力，必须有一支独立于销售部门之外的市场营销队伍，唯有这样才能把企业的经营模式从推销上升到营销，才能从根本上提高企业的竞争力，掌握主动权和主导权**。所以，战略规划是推动市场部建设的起点。

表象之三：研发与销售脱节

研发团队与销售团队隶属于不同的分管领导，各有各的目标和想法，各有各的计划和流程，二者缺少交集。结果会导致各种问题，比如：研发团队主导并强力推动的产品，销售人员不愿意卖，或者卖不动；销售人员提出的新产品创意，研发团队却做不出来，或者研发团队按照销售人员的要求做出来了，产品却达不到要求，销量达不到预期；新产品的研发周期过长，错过了市场的机会窗口；企业的产品品种数量越来越多，但是真正畅销的品种却很少。

这一切都是因为缺乏顶层设计。顶层设计的作用之一就是把不同部门之间的关系理顺，让各个部门共同为企业的目标而战，用有效的计划来推动工作，用协作的方式来开展工作，因为大家的利益是一致的，避免各行其是。企业有了顶层设计，也就有了真正意义上的战略，企业就可以打造一个（或几个）产品研发平台，从而明确品牌的基因，减少元素，增加共性，加快产品开发周期，降低采购与开发成本，提高新产品的稳定性和品质，明确未来 3~5 年的产品开发路线图。

表象之四：部门之间扯皮现象严重

团队配合意识差，很多问题绕了一圈，似乎大家都有理，又都有错，却不知道从哪里下手去解决。因为传统的组织架构设计就是这样运作的，不同的职能隶属于不同的分管领导，大家很容易互相不买账，各自为政，令老板头疼。

有些人认为，这是因为企业越大员工越自私，所以有必要通过严格的规章制度来约束员工，或者通过各种监控手段给员工施加压力，逼员工就范；有些企业则寄希望于通过团队合作训练来改善部门之间的合作关系，通过洗脑让员工改变思想。其实，部门之间不配合是因为利益不一致，无法形成合力。

要想解决这个问题，就要通过清晰的战略规划，把员工的利益绑在一起，唯有这样，员工才会明白：帮别人就是帮自己。要知道，自私是人的本能，是天经地义的事情，这就要求**企业正视人性，尊重人性，不要跟人性较劲，把员工的个人利益与企业的整体利益有机地结合起来，让员工为了个人目的而努力奋斗，这样才能实现共赢**。通过规范化的流程帮助每个人实现个人目标，让每个人都能够看到，一旦公司战略实现了，个人有什么好处。

所以说员工也好，经理人也好，在看不到未来的情况下只能是当一天和尚撞一天钟。相反，有顶层设计、清晰战略的企业则能凝聚人心，让大家为了共同的目标而通力合作。

◎ 很多人习惯"从前往后看"

在中国，大家已经习惯了"摸着石头过河"。对于环境不熟悉、情况不了解的事情，只能以身试水、摸索着走一步看一步，等逐步摸清情况后再想办法安全涉水，好像这样做最稳妥。

其实，这是中国人在传统教育方式影响下形成的"从前往后看"的思维习惯，即根据自己现在有什么资源，决定做多大的事情，而且是走一步看一步，不断摸索着进行改进与优化。这种思维逻辑造就了一大批机会型的成功企业。西方人的思维方式则是"从后往前看"，即把目标设定清楚之后不断问自己：什么情况下能够达到目标？如果想达到目标，就目前情况来看，缺什么资源？资源在哪里？如何去配置资源？这是一种"逆向思维"模式，以达到目标为关注点。

思维方式没有对错之分，但是就目前的市场经济环境来说，"从后往前看"的思维方式显然占据了上风，因为更加拥有主动权和主导权。

这里有一个案例。

很多年以前，我帮一家知名的微波炉企业做培训时，与这家公司的老板谈到了如何提高微波炉的市场占有率，如何提高微波炉在家庭里的利用率。当时的客观事实是微波炉的使用量赶不上电磁炉的使用量，因为大家把微波炉当作热饭的工具，而把电磁炉当作烹调的工具，二者的定位不同。我当时曾用"从后往前看"的方式反问这家公司的老板：在什么情况下微波炉的销量可以与电磁炉持平，甚至超过电磁炉？如何才能做到？

表面上看，企业无力改变用户的消费习惯，无法劝说用户把微波炉当作烹调的工具，但其实这里存在一个思维误区，如果大家能够"从后往前看"，就会走出困境。不妨这样假设：当超市里到处都是微波炉专用食品，尤其是各种各样的半成品，大家买回家按照规定的温度和时间去加热，美味的红烧肉、狮子头等菜肴就做好了，会是什么感觉？对于那些家里没有保姆，小两口又不会做饭，同时也不想整天在外面吃饭的人来说，就是一个非常好的选择。

遗憾的是，这么多年过去了，市场环境依然没有发生大的变化。因为生产微波炉的企业给自己的定位就是家用电器制造商，并没有站在用户的立场考虑问题，去整合生物链，自然就不会涉足微波炉食品行业。大家不妨问自己，苹果公司是什么行业？很多人的第一反应是IT行业，可是它却提供音乐、视频、游戏、通讯、娱乐、教育等多项服务。"站在用户立场看问题"这句话说起来很容易，做起来却很难。千万不要把自己的手脚捆住，更不要把自己的定位搞错。

当然，**企业顶层设计最大的价值是让大家学会"从后往前看"，即把终点想清楚了才开始去做，把问题想透彻了才开始去做**。记得1990年我刚刚担任市场部经理不久，参加公司的新经理培训，当时的中国惠普总裁一再给我们强调这样一个理念：看书、看电影是从前往后看，而经营企业是从后往前看。这与中国人提倡的"摸着石头过河"是截然相反的理念。中国企业与跨国公司最本质的区别，就是思维方式的不同。

可以说，思维方式的不同导致了经营模式的不同、工作方法的不同。举例来说，同样是遇到困难和挑战，很多人的第一反应是找一个理由和借口去说服上司，告诉领导这个问题解决不了，没有办法，除非上司能给出好办法。而受过专业训练的经理人会反复问自己：什么情况下能？然后按照从后往前看的思维逻辑，提供若干套方案供上司选择。这样一来经理人的积极性和主动性就被调动起来了，而上司的工作变成了做选择题，自然就简单了很多，轻松了很多。

这种思维方式和工作方式不是天生就会的，是训练出来的，而企业顶层设计的过程就是推动思维方式转变的最佳途径，即用潜移默化的方式让大家心服口服，自己说服自己，从而形成一支有战斗力的团队。

顶层设计不到位导致企业转型失败

最近几年"转型"成了企业界的热门话题，从上到下都在谈转型。许多企业老板和高级经理人已经意识到：应对宏观经济的转型和微观环境的变化，企业的唯一出路就是主动转型。但是到底什么是转型，转型的终极目标是什么？怎么转型？转到哪里去？如何才能降低转型的痛苦？如何摆脱现有的困境？这些问题从来没有标准答案，所以大家按照自己想当然的理解去转型，自然是八仙过海，各显神通。

对很多企业老板和高级经理人来说，转型是一个充满了诱惑和悬念的概念。大家一方面幻想着转型成功带来的好处，另一方面又担心转型不可控，不知道会发生什么问题，所以大家再一次陷入"摸着石头过河"的误区。由于顶层设计不佳，许多企业转型与升级的思路不清醒、途径不正确，往往陷入了"不转型是等死，转型是找死"的困境。

◎ 转型失败的企业有 8 大共性

根据这些年做管理咨询的观察和实践，我总结出来转型失败的企业普遍存在的 8 大共性。

转型战略不明

很多企业在过去十几年做得很成功，很多人白手起家造就了一个个有社会影响力的品牌。但是随着市场的演变、竞争对手的增加，过去行之有效的很多经营管理方法开始失灵，他们开始感到困惑，找不到感觉。很多老板已经感到跟不上时代的步伐，觉得越做越累。这类企业老板面临的问题是要想清楚从哪里突围，从哪里下手去解决制约企业发展的瓶颈问题，实现二次创业。

团队认识不同

大多数企业老板是社会精英，他们对行业的发展和未来，对市场的演变趋势有着深刻认识，他们是一批有远见、有思想的企业家。但是这些人往往与高管团队在思想意识及前瞻性预判方面存在着巨大的差距，很多老板感到很孤独，觉得自己的想法没有人理解，最后在企业里成为孤家寡人。因为他们不知道如何才能有效地说服高管团队接受自己的想法，如何才能让大家明白自己的心，如何让大家跟着自己往前冲。

执行不能到位

公司的转型战略思路是清晰的，方向是明确的，很多想法都是正确的，但是却难以执行到位，只能眼睁睁地看着机会流失、问题出现，令最高决策层很纠结。很多人把这种现象归结为员工素质不高，执行力不强。其实背后的真正原因多是员工对公司新战略的认知有限，员工激励措施和沟通措施跟不上，导致无法将最高决策层的想法和决策传递到基层，上下衔接不起来，结果就出现了断层、脱节的问题。

客户大量流失

企业的市场促销与策划水平很高，有很多好点子，各种活动搞得有声有色，让客户心动，但是产品创新能力却跟不上。虽然品牌知名度很高，但是美誉度和忠诚度却有限，因为品牌的内涵不足。这种情况持续下去就会在消费者心目中留下一个印象，企业想得好，说得好，却做不好，因此很难黏住客户，不得不靠持续的市场促销活动来推动市场，激发消费，一方面不断开发新客户，一方面不断失去老客户，影响了企业的利润率。

部门本位主义

公司经营业绩的好坏与研发设计人员没有关系，与生产、采购、质量控制等部门的管理人员也没有关系，所以大家都习惯了站在某一个职能的立场上看问题，只要确保自己部门不出事，能按时完成上级交给的任务就可以了。由于缺乏有效的机制来形成团队合作，所以大局意识缺失。部门间各自为政，谁的日子都不好过，你若找我麻烦，我就找你闹别扭，你不给我添乱，我也睁一只眼闭一只眼，直到形成"恐怖平衡"为止。

企业内耗严重

很多企业的组织架构都是按照传统的职能来划分的，各个职能部门因隶属不同的分管领导，便逐渐形成了一个一个的山头或帮派。由于没有基于客户价值链来进行组织架构设计，更没有建立内部客户制度，因此不同的职能部门之间并不清楚谁是自己的内部客户，应当对谁负责，相互之间的关系没有理顺，结果导致内耗严重，办事难，办事烦，管理者的精力不是花在满足市场需求上，而是花在了内斗上。

内部管理滞后

很多公司经营业绩很漂亮，在外界看来是光鲜亮丽的成长型好企业，但是内部管理却严重滞后，内部管控跟不上自身发展节奏。正所谓"萝卜快了不洗泥"，由于企业的高速发展、迅速扩张，外表漂亮的经营业绩掩盖了深层次的问题，所以经常出现"掉链子"的状况。这种经营超前、管理滞后的问题在环境好的时候不突出，顶多是侵蚀了企业的一些利润，但是一旦环境恶化、竞争加剧，麻烦就来了。

企业文化缺失

企业文化建设误入歧途。很多企业都把企业文化建设当作是轰轰烈烈、热热闹闹的运动，把响亮的口号、标语挂在墙上，写在公司的宣传手册里，目的是让客户、供应商和官员看，让别人觉得自己的企业有文化。这种喜欢做表面文章的风气促成的企业文化，到头来就是说一套，做一套，墙上贴的都是冠冕堂皇的口号——永远正确的废话，而员工做事的时候却是另一套，言行不一，大家没有共同的价值观和行为准则，企业文化形同虚设。

当然，转型期的中国企业普遍存在的共性问题还有很多，只要大家静下心来，带着谦卑的心态去学习，就不难发现问题，解决问题。

◎ 企业转型过程中普遍存在的两个思维误区

在我看来，中国企业转型过程中普遍存在两个思维误区：一个是盲目悲观，另一个是盲目乐观。

盲目悲观

所谓盲目悲观，是说很多人误以为转型没有前车之鉴，更没有可以学习与参照的对象，只能自己去摸索，认为"交学费"是肯定的，出现问题是必然的，由于担心转型失败，因此不敢大胆地去调整。过去十多年中，我与很多老板、高管打过交道，大家在最初与我沟通的时候，往往非常固执地认为自己的行业存在的问题是特殊的，是其他行业所没有的，自己企业的问题也是特殊的，是其他企业所没有的，所以不认为有现成的方案可以参照，更不相信有"鱼与熊掌可以兼得"的两全其美的方案。

我在这里想借用通用电气前 CEO 杰克·韦尔奇的一个说法：

当你遇到经营管理难题的时候，不要关起门来思考，而要走出门去交流。我坚信你现在遇到的各种难题都发生过，作为一名管理者，你的任务就是找到别人解决问题的方案，你的问题自然就解决了。

我认为，这种开放的思维模式是企业转型的基础，没有开放的心态，就很难从困境中走出来。以我十多年从事管理咨询的经验来看，不同行业的企业所面临的挑战其实都是相通的，深入挖掘之后就会发现这些问题存在共性。其实这里同样存在一个"二八法则"，即 80% 的问题都是普遍存在的、类似的，而解决这些问题的办法也是相通的，只要你用科学的方法论去寻找问题的本质，找到导致表面问题的根源所在，不难发现解决办法，从而实现标本兼治。

盲目乐观

所谓盲目乐观，是说很多人对转型过程中可能遇到的问题缺乏认知，过于自负。这一点不难理解，不管是多大规模的企业，从小做大都不是一件容易的事，每个老板和高管都是身经百战，都有骄傲的理由和资本。但是随着企业规模的扩大，经营管理的难度呈几何级数上升，问题变得越来越复杂，驾驭起来越来越难，这是很多人没有意识到的，也是导致问题的根源。

面对错综复杂的问题，有些人过于乐观，容易"想当然"地用过去的经验和别人的说法去做判断，这些人大多信奉这样的理念：没吃过猪肉，还没有见过猪跑吗？他们往往把复杂的问题看简单了，要知道看过猪跑和吃过猪肉是两个层次的概念，没有吃过猪肉的人尽管看到过猪跑，但是猪肉到底是什么滋味他们并不清楚，而只能停留在对猪肉的幻想阶段，不可能找到感觉。

我坚信这样一个逻辑，对老板来说，真正的危险既不是那些整天令你头疼和困惑的难题，也不是那些让你纠结的现实麻烦，而是你意想不到的很多潜在问题，即你视线之外的危险。所以转型前一定要明白这个道理：真正的危险均在视线之外。为了避免陷入误区，就要请明白人（过来人和有经验的人）帮忙挖出企业里存在的"死角"，找到"盲区"，发现"陷阱"。换句话说，就是把所有可能发生的潜在问题都列举出来，把可能导致问题的环节都想到，这样才能在脑海里成像，防患于未然，并将解决方案在自己脑子里进行预演，像放电影一样从头到尾多走几遍，直到看清最终的结果为止。

过去这些年，很多企业推出的政策之所以朝令夕改，很多制度之所以得不到基层员工的拥护，就是因为事先没有进行足够的调研，没有进行预演，更没有按照设想的流程排练，所以推出后不久就被迫终止，令当事人非常尴尬，被员工耻笑，政策和制度也渐渐地失去了权威性和严肃性。这一切都是过于自负导致的，所以建议大家今后不管是制定什么制度，一定不要盲目乐观，更不能高高在上，以为自己拥有制定规矩的权力，想怎么办就怎么办，必须把问题的复杂度想清楚，把各种可能发生的问题想清楚，要认真听取所有利益相关者的意见，而不是仅仅围着老板转。

转型需要有一颗谦卑的心，需要摆脱过去的惯性思维，要学会用巧劲，进行微创新，用最省力的方式来完成。

◎ 把握不好企业发展的"火候"是不行的

不同规模的企业，由于所处的发展阶段不同，工作重点也是不一样的。企业在转型时期，尽管很多事情都该做，但是企业经营与管理方面的很多事情都有先后顺序。

很多企业老板和经理人在参加了各种管理培训以后，不但没有变清醒，反而更糊涂了。因为不同的专家从不同的角度看转型问题，他们所说的理论都是有边界条件和前提条件的。这个专家告诉你往东是对的，另外一个专家则告诉你往南是对的。结果呢？你不知道该听谁的，觉得他们说的好像都有道理，又好像都有问题。其实这个问题并不难解，因为企业的经营与管理是一个动态过程，在不同的阶段要做不同的事情。换句话说，这两年往东走是对的，过两年再往南走也是对的。

我们不妨把中小企业的成长分成三个阶段来分析，这样可以让大家对号入座，根据实际情况选择不同的转型道路。

千万元级企业

企业年营业额在千万元的阶段，最主要的任务就是抓机会，把握好商机。因为这个阶段企业的实力与大企业没法比，只能先在局部市场站稳脚跟。这个阶段一定要用科学的方法论去分析市场机会，而不是拍脑袋做决策。唯有这样，才能把很多工作流程、工具模板、行为准则、操作方法等事宜固化下来，变成员工的规定动作，再通过强化培训提高执行力。可以说，一个企业要想实现业绩倍增，先决条件是有商业模式。有了商业模式，就可以把点的成功上升到面的成功，比如开一家店成功后，先要总结出成功背后的逻辑，然后才可以开连锁店，随着连锁店的不断增加，企业的业绩也会持续增加。

因此，千万元级企业最重要的工作是设计好商业模式。与其同时开几十家店去试错，不如把一家店成功的逻辑总结归纳出来，把成功的道理说清楚，然后再去批量复制。这样做可以加快企业的发展速度，减少企业犯错误的概率，降低企业的运营成本，其价值是不言而喻的。一旦千万元级企业有了清晰的商业模式，就很容易跨入亿元级企业的行列，从生存期过渡到成长期。

亿元级企业

企业处在年营业额上亿元的阶段时，就不能再靠抓机会去发展了。

因为在这个阶段，企业的心态要从小型企业往中型企业转化，思维方式也要从个人英雄往团队作战转变，靠老板一个人的智慧已经不行了。因此必须有清晰的品牌定位，有明确的目标客户群，这样才能让用户对号入座，有归属感，有忠诚度。一个品牌要想出类拔萃，必须与众不同，要用目标客户听得懂的语言，站在客户的立场上给他们充足的理由去选择你，因为客户关心的永远是自己的利益。不管从事什么行业的企业，作为一个品牌，要想得到目标客户的认同，要么能给客户带来快乐，要么能减少客户在工作中、生活上的痛苦。

10 亿元级企业

企业进入年营业额 10 亿元的阶段时，工作重点将再次转移，企业老板的头等大事就是设计好未来 5 年的发展战略。

通过战略规划，一是要明确企业在不同的细分市场上如何去操作，即如何用不同的产品系列（甚至不同的品牌）去满足不同小众化市场的需要，为成为百亿元级企业奠定基础，打好地基；二是在品牌定位的基础上，强化、完善产品的客户体验，从卖产品上升到卖思想；三是建立以市场为导向的研发设计体系，打造产品创新的流水线，把新产品源源不断地推向市场；四是形成一支训练有素的管理团队，分工合作，提高组织智商和执行力。

战略规划与设计可以培养企业的造血机制，即帮助企业打造一支有战斗力的团队，让每一个团队成员参与规划与设计，深刻理解战略规划与设计背后的思维逻辑，从而达到"授之以渔"的目的。由于高管团队参与了整个战略规划与设计的全过程，相当于是一个更有针对性、更有实战性的小型 EMBA 训练课程，所以这样的战略规划执行力就特别高，不会变成束之高阁的摆设。

互联网时代的商业思维

过去一段时间,互联网思维成为一个热门话题,有人大力宣扬,有人大肆追捧,有人不屑一顾,有人嗤之以鼻,更多的人则是摸不着头脑,搞不清楚互联网思维到底是个什么玩意,但面对铺天盖地而来的信息,不能置之不理,结果很多人(包括知名的企业老板和经理人)陷入了恐惧、纠结、迷茫的困境。要知道,一个人或几个人的成功只能说是偶然经验,所以不应把某个人的成功经验拿过来直接用,因为经验里面的偶然性太多。

其实,本来没有所谓的互联网思维,这只不过是少数人为了炒作而发明的一个概念。直到今天,关于什么是互联网思维,尚无定论,大家不妨想一想,一个连定义都没有搞清楚的概念意味着什么?我问大家几个问题:一个成功的企业是否愿意把自己的秘诀告诉竞争对手?成功的企业愿意或者希望竞争对手成功并超越自己吗?中国人最可怕的一个特点就是集体无意识,缺乏反思和质疑精神,这在过去几十年中已经充分表现出来了。希望大家能回归市场营销的原点,不要再次陷入浮躁的怪圈。

现在很多扛着互联网思维大旗拼命炒作的品牌,如雕爷牛腩,黄太吉玩的都是当年蒙牛玩过的游戏,即先建市场,再建工厂,通过炒作把品牌知名度立起来,从而吸引客户,形成良性循环。只不过宣传的阵地发生了变化,过去是电视广告和线下促销,现在变成了互联网炒作和线上互动,本质是完全一样的,甚至可以说是如出一辙。

炒作互联网思维的大佬玩的都是高水平的策划,即从过去的"王婆卖瓜"到现在的"卖王婆",把王婆的形象树立起来,成为大家顶礼膜拜的典范，大家自然会去买王婆的瓜。这种营销策略的确高明，可谓一举多得：一是有利于品牌塑造，可以低成本（无成本）宣传和传播；二是打击传统型企业的自信心，让大家焦虑、迷茫；三是诱导对手误入歧途，走火入魔。别忘了，雷军不是雷锋！当你去小米公司取经的时候，他会告诉你什么？他为什么要告诉你？告诉你对他有什么好处？没有好处的事他为什么去做？

为了理清思路，首先，我们探讨一下互联网时代的特征是什么，有哪些趋势，只有懂得了这些趋势才能看懂很多企业的玩法。其次，我们对比一下传统型企业的做法与未来型企业的做法，看看新旧企业之间的差距在哪里。再次，我们分析一下目前炙手可热的小米和360——这两个互联网思维的宣扬者，解剖一下他们的商业逻辑，看看他们的葫芦里到底卖的什么药。最后，我们将探讨传统型企业如何拥抱互联网时代，摆脱迷茫，走向时代的前列。

◎ 互联网时代的10大特征和趋势

在线化

进入3G时代之后，Wi-Fi开始普及，大多数手机客户如果愿意的话可以永远在线，移动互联网将成为未来10年，甚至更长一段时间的主旋律。消费者得到各种信息（好消息与坏消息）的速度更快，时效性更强，信息量更大，尤其是年轻一代，互联网成为他们获取各种信息的首要来源，各种攻略、点评、分析随时可以查到。而不同观点的分析和碰撞为整个国家的民主进程奠定了基础。在互联网时代之前，由于历史原因，普通百姓获取信息的通道相对较少，时效性也不够强，更不敢奢望不同观点的碰撞。

小众化

随着消费水平的不断提高，中国市场已经进入小众化消费阶段。

消费需求开始离散，大一统的市场格局开始分化，互联网在这个过程中起到了推波助澜的作用。不管你的需求多么特殊，不管你想要什么样的产品，在淘宝上几乎都能找到。这给众多中小企业带来了机会，过去那种靠规模经济取胜的大而全的模式，被灵活多变的小而专的模式替代。只要中小企业懂得聚焦，懂得走差异化道路，就能做出比大企业更好的小众化产品，得到某个特定群体的偏爱。可以说小众化思维是现代市场营销的前提，不理解小众化的概念，就谈不上市场营销。从这个角度来看，中国的小众化时代比美国的小众化时代晚了整整30年。

透明化

由于互联网的存在，买卖双方的信息变得对称，一旦某个客户发出声音，就会迅速传播到全国各地，形成社会压力。而在过去，因为有广告合作关系，传统媒体与大企业之间往往都有默契，不会互相拆台，媒体在曝光大企业问题之前会跟大企业打招呼，名义上讲是核对一下，实际上是给大企业一个公关的机会，这样，很多问题就被压下去了，大企业慢慢形成了一整套危机公关体系，就算产品出了问题也没有什么可怕的。但是到了互联网时代，一切都变了，买卖关系趋于正常，中国的消费者开始享有与发达国家消费者一样的平等待遇，开始有了话语权，企业对客户不得不产生敬畏之心。随着各种差评系统的问世，商业环境日趋公平公正，正在回归到市场经济的本质，也就是给消费者选择权和话语权。

故事化

这是一个信息过剩的时代，过度竞争导致注意力分散，如何吸引消费者的眼球成为互联网时代企业的主要挑战。于是为了搏出位，企业或个人一定要有生动的故事，能激发大家的热情和好奇心（就像最近的马佳佳一样）。在中国市场上很受"草根"阶层欢迎的成功学大师正是利用了消费者的这种心理去激发大家的奋斗热情，各种励志的故事，各种致富的奇迹，各种成功的案例，英雄不问出处，都在不断挑动着"草根"阶层内心深处那种急于成功的欲望，让一无所有的"草根"看到了成功的一线曙光。其实这一切只不过是一种传说，是一个个精心编造的故事，而受益者是那些成功学大师和编造故事的人。

娱乐化

随着中国人民生活水平的提高，互联网时代的消费群体主要是"80后"和"90后"。他们与"60后"和"70后"有本质区别，不管是工作还是生活，他们既要有意义，更要有意思，他们不想活得太累，他们需要放松，所以不管做什么事都追求娱乐，这是正常的需求。因为在衣食住行之后的第5个需求就是乐，娱乐的乐，快乐的乐，这是消费升级的必然趋势，所以文化类的消费必然会腾飞，一部电影在中国有10亿元的票房变得很常见。我相信，在不久的将来，中国会出现票房过百亿的电影，不是因为电影好看，而是因为市场需求上来了，大家不再满足于看过，而是要看好，要到影院去享受视听盛宴。所以，不管哪个行业的企业，要想赢得消费者的认同，就要在娱乐上做文章，在各种产品的销售、使用、服务过程中加入娱乐的成分。

平民化

互联网时代的到来就像改革开放之初一样，给有本事而没有关系和后台的"草根族"带来了翻身的机遇，只要你懂得如何挖掘目标客户未被满足的需求，并根据这些需求做出好的创意，再把创意变成令消费者愉悦的好产品，就有机会成功。不管是一篇好文章，还是一首好歌曲，或者是一个好创意，只要大家喜欢，就能广泛地传播。

过去10年是中国"拼爹"最严重的10年，打击了很多草根阶层的奋斗精神。但是，如果大家真正懂得了互联网时代的特征，就能发现机会，把握机会，"草根"阶层只要抓住机会，努力奋斗就有可能成功实现梦想。

平台化

互联网把大家聚合在一起只是第一步，下一步一定会形成各种各样的平台，所以，平台经济将会是未来10年的经济主旋律。在我2006年写的《2.0时代的赢利模式》中有这样一篇文章——《未来是一个平台制胜的时代》。这几年不管是互联网新秀还是传统企业转型的成功者基本上都是平台型的，百度、阿里巴巴、腾讯、小米、360、京东、苏宁，等等。今后的创业者要么从一开始就想好去打造一个平台让别人来参与，要么加入已有的平台，通过特许经营等方式借别人的平台做生意。不过平台经济的特点是一个市场上最多容纳两个平台类品牌，让大家二选一，而不会像过去那样，一个产品品类里出现几十个品牌。

数字化

互联网开启了数字化时代，令过去很多天方夜谭式的创意变成了现实。这个世界离智慧地球、智慧城市、智慧生活越来越近，各种远程诊断、远程操控、远程监控成为现实，稀缺资源得以被充分利用和优化。随着各种穿戴式设备在未来几年逐渐进入人们的生活，大数据（知识管理）也会像云计算一样，不再是少数人的专业术语。各类公司通过穿戴式设备收集用户的各种资料，通过技术处理使这些资料成为非常有价值的信息。

2002年，我作为"全球华商名人堂"的嘉宾，曾经在北京大学光华管理学院做过一次演讲。当时有人曾友好地挑战我：放弃热门的市场营销工作，去做所谓的知识管理（首席知识官）是不是被贬值了？我当时说：在今天看来，大家觉得市场营销比较风光，但是10多年之后知识管理一定会成为中国社会的热门话题。事实证明，知识管理现在已经引起了很多人的重视。

直通化

未来受互联网冲击最大的企业莫过于各类中介机构、代理机构。除非这些企业能演变成平台型企业，形成双边市场，对买卖双方有明显的平台价值，否则就会面临很大的挑战。互联网的威力在于把渠道压扁，厂家与最终客户之间可以直通，企业可以直接与最终客户打交道，听取客户的声音，得到客户的反馈，让客户参与进来，对中间环节形成压力。虽然厂家不可能100%通过电子商务去卖所有的产品，在销售环节可能还会使用中介机构，但是厂家的市场控制力将明显提升。

廉洁化

互联网在各行各业的广泛运用，迫使很多权力部门改变工作方式，去掉很多不必要的人为干预。将来与各类机构打交道时，都可以通过互联网进行预约，很多事情都可以在网上办理，包括网上申请、网上交费、网上审核等，这样将大大减少权力寻租的机会，使整个社会的廉洁水平不断提高。同时，互联网作为监督约束的一种工具，可以方便地举报一些不法分子的行为，越过很多人对传统媒体的控制，令一些握有权力的人害怕，一旦做坏事被人拍照并上传到网上，就离东窗事发不远了。所以，互联网必将加速中国社会的转型，对规范市场秩序有很大的帮助。

◎ 互联网时代传统企业的转型

互联网时代的到来，使得传统企业的转型已经迫在眉睫，这种紧迫感在没有找到具体的路径之前自然会转化为焦虑和纠结。在我看来，企业转型最重要的无非是四个层面：企业家转型、战略转型、管理体系转型与企业文化转型。这是一个有先后顺序和逻辑关系的系统，其中企业家转型是企业转型的第一步，属于远见和动力系统。也就是说，传统企业的转型首先要解决企业家自身转型的思想意识转变问题，因为企业家是企业的领头羊，只有领头羊想清楚、想透彻了，转型才不会迷失方向。

企业家转型主要涉及10个方面，具体说来就是：指导思想从后知后觉到先知先觉；经营理念从利己主义到利他主义；经营模式从摸着石头过河到借力腾飞；经营策略从微利经营到厚利经营；企业追求从股东利益最大化到员工利益最大化；领导风格从军事化管理到人性化管理；决策机制从感性决策到理性决策；管理模式从粗放式管理到精细化管理；关注重点从看得见的成本到看不见的成本；工作模式从做应用题到做选择题。

我们不妨对比一下传统型企业与未来型企业有什么本质区别，为了通俗易懂，下面用一个表格来描述（见表1-1）。

表1-1 传统型企业与未来型企业对比表

	传统型企业	未来型企业
营销思路	地毯式轰炸，名人代言，广告开路，把用户捧为上帝	精准式营销，塑造"王婆"，口碑传播，把用户当伙伴
采购原则	低价中标，价格导向，压榨供应商，甲方心态	质量领先，价值导向，战略联盟，共同成长
价值观念	胜者为王败者寇，英雄莫问出处，居高临下，赚钱为王	活着就要改变世界，有敬畏之心，平等相待，利他主义
思想意识	摸着石头过河，没有战略规划，相信计划赶不上变化	注重顶层设计，战略规划科学，有清晰的目标和路径
人才管理	压力式管理，艰苦奋斗，提倡奉献精神，提高个体智商	动力式管理，快乐工作，提倡利益驱动，提高组织智商
竞争战略	大众化，关系营销，面面俱到，没有壁垒，迎合需求	小众化，挖掘需求，单点突破，建立壁垒，引导消费

(续表)

	传统型企业	未来型企业
企业追求	跟在别人后面走，抄袭，模仿，差不多就行，靠规模垄断市场	走自己的路，开辟新品类，把产品做到极致，赢得用户
市场地位	在微笑曲线的底部，没有主导权和话语权，微利经营	在微笑曲线的上部，拥有主导权和话语权，厚利经营

◎ 小米与360的商业逻辑解析

小米的虚荣心营销

首先我们看看小米的玩法。不管从哪个角度说，雷军都是营销高手，是与史玉柱一样的奇才，他们对人性的理解非常透彻，对消费心理有深刻的洞察，他们对中国国情非常清楚（中国人喜欢炒作概念，喜欢出位，喜欢赶时髦），所以能在精神层面满足大家的需求（而不是人们看到的、谈论的产品层面需求），这是其他企业需要学习的地方（很难学会，因为需要天赋）。当然，雷军超越史玉柱的地方就是可以做到不花钱做广告，史玉柱是靠上亿元的广告费把品牌知名度打出去的，而雷军靠炒作互联网思维这个概念，不花一分钱就得到了品牌知名度和部分人的偏爱。雷军借助互联网思维这个概念免费大做广告，把自己和小米手机宣传出去，表面上看小米是靠口碑效应来做宣传和传播的，其实这是另外一种高层次的"公关行为"。按理说，一家企业的经营战略和经营模式是企业的核心机密，是严禁对外透露的，更不要说通过媒体广泛宣传了，因为一旦把自己的真实战略意图透露出去，就会成为竞争对手的靶子，这是商场大忌。可是小米等互联网企业，以及海尔、苏宁等传统知名企业为什么乐此不疲地对外公布自己的战略呢？难道他们不知道透露战略的风险吗？他们肯定不傻！

在我看来，小米玩的是虚荣心营销。小米手机恰到好处地满足了某些社会阶层的心理需求——既物美价廉又很有面子。小米最精明的一个地方,是把"草根"标签换成了"发烧友",让消费者感觉非常有面子,甚至引以为豪,尽管大多数人并不是真的"发烧友",但是却喜欢这顶帽子(就像很多人不是老板,却喜欢别人称他为老板一样)。我们不妨来探讨一下什么是真正的"发烧产品","发烧"二字是从音乐爱好者那里借用并延伸出来的一个概念,所谓的"发烧产品"是指一类产品中的顶级产品,其价格是高高在上的(比小众化的优质产品还要贵),技术往往并不成熟,但是却代表了时尚和未来,只有经济实力雄厚的消费者才有能力消费这类高档产品。

"发烧友"在整个市场上的比例不会超过1%,属于极小众;一旦超越了1%市场份额这个临界点,产品就不再是"发烧产品",而称为小众化产品;一旦超过10%的市场份额,就不再是小众化产品,而变成大众化产品。小米公司把一个物美价廉的手机说成是"为发烧而生"的确有创意,但是中国人喜欢这一口,喜欢被忽悠,只要感觉舒服就好。从这个意义上讲小米很精明,这种玩法无可厚非,是借力使力,符合中国国情。

为了把问题搞清楚,我们不妨进一步剖析一下"草根"阶层的特点:这些人收入不高,生活艰难,工作忙,压力大,没有社会地位(甚至受歧视),活得比较累,所以这个阶层的人特别需要解脱、放松,甚至是发泄,需要有人平等地对待他们,尊重他们,聆听他们的声音,接受他们的意见。而小米在这几个方面满足了他们的需求:产品简单易用、功能齐全,是大家的随身娱乐中心;最重要的是拥有成本低,因为很多软件和游戏都是破解版、越狱版(这样做将来是否会惹麻烦不得而知),不需要花钱就能看电影,玩游戏,客户有占了便宜的感觉;再加上"发烧友"这个名分和参与的机会,他们自然乐此不疲,就算某些人的社会地位有所提升,摆脱了困境,也不会抛弃小米。这是小米最成功的一个"虚拟定位"。

要知道没有人愿意当草根,更没有人愿意停留在草根这个阶层,草根阶层的人希望摆脱窘境，一旦收入有提高，工作有进步，职位有提升，他们就不再消费任何带有特定标签的产品。所谓"得草根者得天下"，只能说是某些人的一厢情愿，因为这是一种暂时过渡状态（当然中国市场太大，有人进来，有人出去，所以这是一个特定历史时期的产物，草根阶层还会存在很多年。追求物美价廉是这个阶层很无奈的选择，他们绝对不会以当草根为荣，更不会以消费带有"草根"标签的产品为荣，因为这样的产品会让大家在内心深处有低人一等的感觉）。一旦企业把产品定位在草根，就不要指望消费者有忠诚度。最重要的是草根阶层不具备向上辐射的能力，精英阶层不会看着"草根"阶层玩什么而纷纷效仿，倒是"草根"阶层会看着精英阶层玩什么而努力效仿，只是收入达不到，他们不得不买高仿的 A 货。

尽管在小米的互联网思维"七字诀"当中有"极致"二字，我们却很难从其产品上感受到这一点，除了产品品种少（学苹果），简单易用之外，我们在外观、工艺、材料等方面都没有看到极致的影子。所谓极致，就是挑战极限，包括思维的极限，技术的极限，材料的极限，想象力的极限，比如做出世界上最薄的手机，最轻的手机，最炫的手机，最酷的手机，最快的手机等，唯有世界之最才能称得上是极致。

360 的诱饵式营销

接下来我们看 360 的商业逻辑，不妨从周鸿祎的一些讲话谈起。周鸿祎说：什么叫用户体验？举个例子，我打开一瓶矿泉水，喝完之后，发现它确实是矿泉水，这叫体验吗？这不叫体验。只有把一个东西做到极致，超出预期才叫体验。比如有人递过一个矿泉水瓶子，我一喝原来是 50 度的茅台，这就超出了我的预期。

这种说法可取吗？靠谱吗？假如我在开车，口渴了打开一瓶矿泉水喝，结果却是白酒，那会怎样？水就是水，不是水变成酒就是好的体验，如果他对体验的理解是这样的，那么必定把企业引入绝境，因为这种想法简直匪夷所思，是对客户体验的歪曲和亵渎。

再来看另外一段周鸿祎的讲话：在过去，厂商把产品销售给消费者，拿到了钱，厂商就希望这个用户最好不要再来找自己。

然而，在这个重视用户体验的时代，厂商的产品递送到用户手里，产品的体验之旅才刚刚开始。比广告等各种营销更重要的是顾客在使用你的产品时产生的感觉。其实，10多年前，我写的那本《不战而胜》就指出，市场营销的基本理论告诉我们：销售的结束是市场营销的开始，这是前端市场最重要的工作，即明白客户为什么消费，当初看上了什么，用了之后有什么不满，等等，然后前端市场将这些信息整理好反馈给后端市场，成为未来产品开发与改进的依据。只可惜到现在，还有很多人没有搞清楚销售与营销的区别，不愿意静下心来好好学习市场营销的基本理论。

其实360的免费模式是一个伪概念，是一个时间差和空间差的概念。任何一样产品都不可能永远免费，免费是为了降低门槛，迎合人们喜欢占便宜的心理，是让人先上瘾，再掏钱，就像毒品一样，一旦上瘾就没救了。有很多人玩过免费游戏，比如免费体检、义诊，但是随之而来的是卖产品——既然诊断出问题了就一定要医治。再比如培训行业的免费试听，免费是为了先把客户吸引来，一旦客户坐到培训会场里面，就不得不接受各种销讲，最后还是要掏钱买后续的培训课程，因为羊毛出在羊身上，世界上没有免费的午餐。

另外一个家喻户晓的案例是微软起初进入中国市场时也是免费模式，纵容大家用盗版，等中国人都用上了Windows操作系统，就没有话语权了，因为切换操作系统成本太高，所以微软后来通过正版计划把过去赔的钱都赚回来了。在这个过程中微软的产品如入无人之境般地统治了中国市场，占据了90%以上的市场份额，因为中国人没有设置任何防火墙（日文版的Windows系统就由日本人控制），没有防范意识，甚至可能会影响国家的信息安全。

我认为 360 的成功到目前为止还属于最佳管理实践范畴,还没有上升到理论体系,因为有行业局限性,还有很多偶然性。360 的这种玩法,软件行业可以做到（因为后续成本接近于零）,但是却很难复制到其他行业。大家试想一下,卖衣服的（衣）、开饭馆的（食）、搞房地产的（住）、卖汽车的（行）,能让大家免费使用吗？通过免费使用把大家吸引来了,企业能换来明天的回报吗？显然不能!

◎ 如何拥抱互联网时代

可以说,互联网时代真正开启了中国的市场经济,因为竞争的加剧和消费者的觉醒,更重要的是互联网实现了市场透明化,中国企业不得不与国际接轨,按照市场经济的游戏规则办事,按照市场营销的思维逻辑开发产品和开拓市场,这是一种纠偏和回归,并不像很多互联网大佬所说的那样是颠覆。因为在发达国家,大多数企业都是以消费者为导向,对消费者有敬畏之心,为了赢得消费者的信赖,静下心来仔细研究消费者未被满足的需求,再通过技术创新和模式创新,开发出令消费者难以抗拒的好产品。

目前,很多企业都是竞争导向,总想打败对手,所以一些人喜欢探讨互联网老二能否打败老大的问题,可以说这种好战的思维已经深入国人的骨髓,总是想着要么维持自己的老大地位,要么把竞争对手拉下来,自己成为老大。这是中国人内心深处抹不去的"皇权思想"在作怪,以为成为独一无二的供应商,就实现了垄断,就掌握了话语权,就可以让客户臣服,这种"有我没他"的思维模式限制了中国企业的健康发展。企业之间为什么不能和平共处？各做各的目标市场,各有各的特色,从竞争导向转变为客户导向不是更好？为什么非要争老大？看看中国人熟知的宝马、奔驰,他们谁是老大？谁都是,谁都不是,因为他们都是自己所选定的目标客户心目中的首选,这就是小众化思维，为目标客户创造独到价值，这才是正路。要知道市场经济的终极状态是有限选择，各有特色！

我从1996年开始做市场营销战略的培训，到现在已经讲了10多年了，可是大家对市场营销的理解还是没有到位，大多数中国企业没有真正理解4P的内涵，更没有做到4P的均衡发展，大家把关注点放在市场宣传（Promotion）和渠道建设（Place）上面，而忽视了产品创新（Product）和市场定位（Pricing），多少有点本末倒置。就是小米和360，也同样没有摆脱这种倾向。大家习惯了抄袭、模仿、跟随，有些人甚至走向了山寨化的不归路。很多企业信奉"差不多就行"，误以为传统的营销4P之首——产品就是做一个跟别人一样的同质化产品，这是大错特错的误区。真正的产品应当追求差异化创新，是基于利他理念做出的一款令消费者无法抗拒的极致产品。真正的产品能够创造独特的客户价值。当然这里说的产品是指完整产品，既包括核心产品（功能与性能），也包括外围产品（服务与配套），还包括外延产品（感觉与体验）。只有企业把产品做到极致（即远远超越对手，让对手无法接近），才能赢得粉丝，甚至信徒。

当然，要做到让客户追捧，就要聆听客户的声音，过去我们做产品创新时，有标准化的流程和节点，一共要跟客户有5次正式的互动：从市场调研到产品概念，从概念测试到产品定义，从雏形设计到客户试用，从第一批样品到小批量试产，我们始终让选定的目标客户全程参与，提供反馈意见，以确保产品功能、性能、外观、体验、操作达到或超越客户的期望值。在这方面，传统企业基本上没有体系和流程，而小米却做得非常出色，与传统企业相比，有了质的飞跃。苹果开发一款产品要5年，而小米只需要半年，为什么呢？因为小米强调快，用的是巧劲，是微创新。

总之，从营销4P的角度看，360通过免费模式把定价做到了极致，小米通过模式炒作把宣传做到了极致，腾讯通过全民微信把渠道做到了极致。但是到目前为止,还没有一家中国的互联网企业把产品做到极致,能成为苹果公司那样在世界范围内拥有众多信徒和粉丝的卓越企业。企业不要把希望寄托在运气上,有谁能保证买彩票可以中大奖?有谁可以在赌场一直赢钱?那都是可遇不可求的事!

从改革开放到现在,与国际接轨程度最高的就是IT行业,所以这个圈子里的人的思维方式与其他行业不同,自然走在了各行各业的前面。由于历史原因,中国人潜移默化地喜欢把一个普通人变成神仙或超人,而一旦失去学习的榜样(主要是抄袭和模仿的对象)就觉得别扭,所以现在小米的雷军一时间成了大众心中的"男神",令很多成功的企业老板顶礼膜拜。

那么,为什么IT行业会走在时代前面呢?因为这个行业竞争充分,客户选择余地多,高层次人才密集,是一个典型的以白领员工为主导的行业,所以尊重知识,崇尚创新,环境宽松是自然而然的事情。而在这种文化氛围内,年轻人的创新热情得到了释放和发挥。中国的互联网企业除了顶层设计和核心技术外,其他方面与美国企业已经没有太大差距。

其实,在大家看来**超级成功的企业都有其偶然性,就算你掌握了他们90%的成功秘诀,也不会成为超级成功的企业,因为那10%的机密才是成功的关键**,只不过他们永远不会告诉别人。不管哪个专家分析成功企业的案例,那都是局部的、片面的。所以不要总想着成为别人,只有坚持做自己才会成功。**成功者的经验可以借鉴,不可以照搬,可以学习,却不可以迷信。**

随着特斯拉电动汽车今年进入中国,中国企业面临的选择是再一次被整合,成为他们的合作伙伴。不管是渠道方面,还是服务方面,或者是部件制造方面,尽管大家可以分到一杯羹,却没有话语权和主导权。为什么中国的电动汽车企业缺乏话语权和主导权?因为他们从一开始就没有顶层设计,没有想好未来5年或10年的路怎么走,不是没有能力，不是没有资金，也不是没有技术，而是没有思想，没有战略。

我坚信，一家没有顶层设计的企业肯定走不远，即使能取得短期的辉煌，也不会持久，那种认为互联网时代看不清未来，半年之后的市场情况都无法预测的人一定是短视的，他们会因为对战略规划的误读和急功近利的思维模式付出代价。在我看来，中国的互联网企业中，腾讯公司是有顶层设计的，也是行事最低调、说话最保守的一家企业，他们是那种多干少说的类型，尽管他们没有告诉大家将来怎么做，但是我相信他们自己一定很清楚。

只要踏踏实实地把基础打好，基于利他的理念去善待客户，把市场营销的各项工作做好，给客户提供具有创新精神的优质产品，中国企业就有希望。一家企业在学习优秀企业的做法时，首先，要搞明白别人这么做背后的逻辑是什么，即为什么这样做；其次，要知道前提条件和边界条件，明白什么情况下才能做；最后，要根据行业，对企业自身特点进行评估，懂得如何借鉴和学习。

第二章

出路：注重顶层设计，实现企业转型升级

■针对中国企业缺乏应对未来变化的危机意识，以及战略缺失、转型失败等困境，我认为唯一的出路是从顶层设计开始，系统性思考企业的发展问题。它能帮助企业老板和经理人打开心门，从现象到本质，彻底明白在企业里一些事情发生背后的逻辑是什么，从而找到"根本解"，标本兼治，实现转型升级，最终进入智慧型企业的行列。

什么是顶层设计

◎ 顶层设计，就是系统规划

多年来，我一直认为解决企业经营管理问题的起点是管理哲学，中间是管理科学，最后的终点再回到管理哲学。就拿企业转型升级来说，我认为首先应从企业老板自身入手，侧重于理念和意识的转变，属于管理哲学的层面，然后是战略转型和经营管理体系转型，属于管理科学的层面，最后沉淀为企业文化升级，再一次回到管理哲学的层面。

可以说，管理哲学涉及的是理念、文化、信仰和自律，而管理科学涉及的则是制度、流程、方法和工具。有了科学的方法论，理念和文化才可以复制，才可以重复，才可以延续，而科学的东西是没有国界的，不存在中国式管理科学，也不存在美国式管理科学。

我坚信，中国的企业老板和经理人目前最紧缺的不是管理哲学，而是管理科学，不补上管理科学这一课，再好的管理哲学也不会变成现实，只会成为永远正确的、高高在上的口号。

那么，管理科学与管理哲学到底是什么关系呢？**我认为管理科学上升到管理哲学才有生命力，管理哲学落实到管理科学才有执行力！因为管理科学探讨的是"是什么"（What），而管理哲学探讨的是"为什么"（Why）。

顶层设计，可以说是从管理哲学到管理科学，再到管理哲学的过程。企业无论是制定发展目标、战略规划，还是设计管理制度，都要描述背后是基于哪些特定的管理哲学，即我们到底是基于什么假定，基于什么理念，基于什么信念，想达到什么目的，等等。企业家在没有弄明白管理哲学，没有想清楚到底希望得到什么样的结果之前，就匆匆忙忙制定管理制度的做法一定是徒劳的。因为没有管理哲学做基础，任何制度都是没有生命力的，甚至有可能违背人性。

就拿我曾经工作过多年的两家美国公司惠普公司和苹果公司为例，他们都是把管理哲学与管理科学有机地结合起来。

"惠普之道"是惠普人普遍认同的管理哲学，假定人性本善，相信每个人都有做好本职工作的愿望，而各项严谨的规章制度则是管理科学。要知道，尊重人、相信人并不意味着纵容，千万不能把人性化管理误解为人情化管理，制度一定是无情的、严格的，但处理人的方法却是有情的、合理的。确切地说，要让每一位员工明白，自由是有边界的，没有出界之前充满了自由，出了边界就失去了自由。

苹果公司的理念则是：做跟别人一样的产品是一种耻辱。乔布斯信奉的是：活着就要改变世界。这些都属于管理哲学，接下来就是把这些管理哲学变成产品概念、新产品定义等可以操作的方法论，让每个员工都知道如何去寻找产品创新的源泉，如何才能改变世界、征服世界。有了具体的、可操作的方法论，产品创新就成了员工日常工作的一部分，所以苹果人永远不会走抄袭、模仿、跟随的道路。

可以说，惠普、苹果等著名跨国公司是将管理哲学与管理科学有机结合的企业，更是顶层设计完美的企业。他们通过系统性思考的方法论，有效地解决了错综复杂的市场问题和企业内部的经营管理难题，为企业实现基业长青奠定了坚实的基础。

那么，顶层设计到底是什么？我将从以下5个维度给大家介绍顶层设计的内涵。

第一，从后往前看的思维逻辑。这是一种以终为始的"逆向思维逻辑"，即把整个计划想好了才做，通过预演等手段进行试验，降低风险，少走弯路，少缴学费，与"摸着石头过河"的理念正相反。2005年，我帮雷士照明做战略咨询时，就不断地反复问大家：什么情况下能达成目标？比如说，几年以后我们希望把年营业额提高到现在的10倍，那么需要多少产品门类？需要多少销售网点？需要多少业务人员？需要什么样的生产基地？一旦理解了这个逻辑，就很容易从后往前看，运用资源倒推的方式设计组织架构，整合社会资源，缺什么补什么。

第二，系统化思考的经营理念。这种经营理念以打造有利于"企业健康发展的生物链"为目标，营造有利于建立竞争壁垒的生态环境，走厚利经营的新路，避免头疼医头，顾此失彼，与"鱼与熊掌不可兼得"的思维模式正相反。2010年，帮助大庆北岛冷饮公司做战略咨询时，我与各个职能部门的人谈如何提高质量和效率，当时负责仓储物流的经理带着我到仓库去考察。她告诉我，由于装一辆车耗时两个小时，同时可以装六辆车，所以一天也就装30多车，一到夏季就会形成瓶颈，供不应求。我问他们，如何才能提高装车的速度，他们说已经尽力了，没有办法再提高了。我到他们的装车现场一看，发现了一个严重的问题，由于不同冷饮的包装箱大小不一，最后需要不断地尝试不同尺寸的包装箱，以便把整个货车装满，提高保温效果。我就问她，为什么不用一样的包装箱，她说，研发部设计的产品为了满足市场需求，本来就大小不一，形状不一，结果内外包装都不一样，浪费严重，库存加大，装车麻烦。于是我要求研发部门从源头入手，设计产品包装时要考虑装车的问题，只有系统性思考才能治本。

第三，利他化驱动的共赢策略。就是基于"利他主义"的核心理念去做企业，挖掘目标用户未被满足的需求，帮助用户解决实际问题，从而达到引导消费的境界，摆脱一味求着用户的被动局面，这种理念与"用户是上帝"的误导正相反。2013年，我给浙江舜宇光学做咨询的时候，与负责显微镜业务的老总和研发人员一起拜访了北京一家医院病理科医生，他们关注的是产品方面和竞争方面的问题，而我关心的是医生目前最头疼什么，我如何能帮助他们解决难题。经过几个小时的沟通，医院病理科的老领导（专家）告诉我们，医院病理科存在三个问题：一是收入低（就那么点工资），二是工作强度大（整天趴着看显微镜），三是风险高（一旦判断失误就会引发医患纠纷）。找到了医院的困惑，问题就解决了一半，于是站在"利他"的立场上我给浙江舜宇光学提出了建议，即改变目前的商业模式，从卖产品到卖解决方案，把移动互联、平台化运作、Wi-Fi、4K显示、图像处理等技术整合起来，形成完整的解决方案。目前，此项目尚在进行中。

第四，剧本化分工的操作模式。战略设计能否落地取决于"执行力"是否到位，而提高执行力的关键是战略任务的分解，即把实现目标的各项任务分解到具体责任人，让每个员工都清楚自己在总体战略中扮演什么角色，担当什么责任，知道在什么时间做什么事情，应当作成什么样子，这与"喊口号、做样子"的做法正相反。过去两年，我帮助洛阳新恒顺地产做战略规划和管理咨询，教他们学会了如何分解任务，即把一项任务分解成20多个步骤，通过动词开头的表达方式，很清楚地描述出每一步该做什么。有了详细的动作，就很容易监督检查是否做到位了，同时在做的过程中不断地与平级、上级、下级进行沟通确认，征求意见，达成共识，唯有这样才能从根本上提高执行力，形成团队配合的企业文化。

第五，图形化描述的沟通方法。提高沟通效率是"让全体员工达成共识"的关键，通过图形化的描述和生动的图片，形成通俗易懂的视觉语言，激发员工的主人翁精神，让全体员工知道为何而战，但是要求图形化描述一定接地气，让员工的脑子里有画面感。我给云南沃森生物做完战略规划后，针对企业文化与高管团队一起进行了梳理，通过角色扮演让大家理解企业文化的内涵。然后把企业文化做成剧本，通过Flash的方式，形成场景教学片，让大家在有趣的故事情节中理解哪些行为是公司提倡的，哪些行为是公司反对的。为了让大家对未来有一个清晰的认知，我们做出了第一版企业愿景图，不用过多解释，不用培训员工，员工一看就懂，一目了然。

很多人听到顶层设计这个概念，马上就理解为以前那种设定目标，分解任务，认为自己的企业早就有顶层设计了。我想从几个方面来澄清一下顶层设计的概念：第一，设定目标仅仅是顶层设计的一个环节，在整个顶层设计中，最多占1%的分量。就像苹果是水果的一种，是其中之一，但是水果不仅包括苹果，还包括橘子、梨、香蕉等。第二，顶层设计的大量工作是设定目标之前的事，即凭什么设定这样的目标？凭什么能达成这样的目标，背后的道理、逻辑和依据是什么？第三，目标的设定是根据过去的经验走老路、抄袭、模仿、跟随，还是走新路，实现商业模式的创新？还是以是否有利于企业建立竞争优势，从而居于主导地位为标准？第四，很多企业老板是根据自己目前的资源设定目标，看看自己有多少钱、有多少人、有什么样的技术、有什么样的客户，等等。还有一些企业老板是根据自己的理想设定目标，拍脑袋做决策，缺乏科学依据，所以关键是目标设定的过程，而不是结果。第五，目标设定之后，要进行预演和推理，把具体的路径想清楚，即如何做才能达成目标，而不是自由发挥，简单地把目标分解下去完事。第六，目标的设定会牵扯到很多职能部门的配合，所以必须进行系统思考，考虑周全，把利益关系协调好，而不是顾此失彼，各行其是，否则目标设定时想得很好，一旦执行起来就会走样。

一家企业的老板对顶层设计的认知决定了这家企业的未来，没有顶层设计必定会被动挨打。当然做不做顶层设计是由企业老板决定的，如果老板意识到了顶层设计的重要性，他就会愿意花时间、花钱去做这样一件前瞻性工作，否则他会不断地试错，交了几百万元、几千万元，甚至几亿元的学费之后才弄明白这些道理。俗话说："磨刀不误砍柴工"，选择比努力更重要。如果没有正确的方法论，仅仅靠一帮人的努力拼搏很可能会事倍功半，到最后，老板筋疲力尽，高管垂头丧气。不过，做顶层设计对企业老板来说也是一种约束，老板是否愿意用科学的决策机制来约束自己？是否愿意改变那种拍脑袋做决策的方式？这会让老板减少甚至失去发号施令的机会，失去很多"自由"。老板是否愿意把一件事情想清楚了再做？那是让人非常伤脑筋的一件事，需要反复考量，把可能发生的各种问题想清楚，有些老板会担心错失良机。企业老板是否有成为优秀企业家的强烈愿望？是否愿意自我加压，成为同行中的佼佼者？是否在乎企业的健康发展和竞争优势的建立？是否有长远的打算和更大的目标？是否愿意从后知后觉到先知先觉地转变，这些都是一家企业是否愿意做顶层设计面临的挑战。

顶层设计作为一种战略管理手段，具有以下特点：

首先是严密的逻辑性。系统性思维讲究严密的逻辑性，所以，顶层设计不仅要清晰描述企业的"终极目标"是什么（管理科学），更要明确回答"获得成功"是因为什么（管理哲学）；不仅要有合理的经营理念与愿景，更要有具体可操作的方法论。要按照发展愿景和战略目标，有针对性地提出系统、步骤清晰、分工明确的实施计划，并按需要组织的人力、物力、财力等资源条件配套安置，实施、管理、监督、检验，环环相扣，纹丝不乱。

其次是明确的可操作性。顶层设计必须从实际出发，最终还要回到实际中来，所有的设计方案及每一方案的所有措施，都要能归结到可执行的要素"5W2H"上，即明确要执行的是什么任务（What）、为什么做（Why）、何时开始（When）、从哪里入手（Where）、由什么人负责（Who）、如何去做（How）及要花费多少时间和资源（How much），以此确保执行者能够充分把握战略落地的要领，保证执行不出偏差。同时，还要充分估计各种执行风险，做好相应的预案准备。

此外，因为顶层设计针对的是系统工程，所以从设计构想到评议决策，再到管理、执行、监督、检验，整个过程是一个群策群力的合作过程，需要从高层管理者到基层员工的全员式参与。同时，由于顶层设计具有突出的重要性和风险性，所以，对企业决策层、管理层和执行层都提出了相当高的要求。

可以说，中国企业要实现转型、升级，成长为智慧型企业，如果只有理念，没有措施，就一定会沦为空谈。即使企业的每个人都认同转型的价值，领导大会小会都在谈转型升级，电视镜头前我们整天看到领导在说"进一步完善……""进一步提高……""进一步加大……"等等，人们却从来不谈如何才能做到，更别说转型的具体方法和途径了。这种空谈的文化把关注点放在了不可量化的目标上面，而从来不谈实现目标的途径，这些就是永远正确的废话，最后导致企业在转型道路上停滞不前，永远不可能真正地实现转型、升级。

◎ 为什么要进行顶层设计

中国企业要想在未来获得发展，必须实行顶层设计，主要基于以下原因和考虑。

中国企业的转型、升级已经迫在眉睫，没有顶层设计就如同失去航标灯的轮船，只能随波逐流，渐渐失去控制力。

改革已经进入深水区，竞争环境越来越复杂，"摸着石头过河"的方式让企业付出了沉重代价，交了很多学费，走了很多弯路。

过去那种靠一个好点子、一个好想法就能战胜竞争对手的时代已经一去不复返了，企业没有核心竞争力就一定没有未来。

没有话语权、主动权、主导权的经营模式使很多企业陷入窘境，只能委曲求全，被动挨打，靠微利经营勉强活着。

多数企业执行力低下，部门之间扯皮推诿，各唱各的调，各走各的路，无法形成合力，令老板筋疲力尽。

让企业从偶然成功转向必然成功，即找到企业初期成功的逻辑，提炼出成功的核心要素，让成功可以复制，让成功可以延续。

从机会型成功转向实力型成功，不能永远停留在抓机会层面，必须完成从游击队到正规军的蜕变，靠实力赢得竞争。

从单打独斗转向生态系统建设，企业要做大做强，必须借助社会的力量，通过整合社会资源，打造一个有利于企业发展的生物链。

从个人英雄主义到规范化操作，企业大到一定程度后，就不能只靠几个销售明星，几个设计精英打天下了，必须形成标准化运作流程和创新体系，批量制造优秀人才。

让员工从本位主义到大局意识，企业内部的管理一般都是按照职能部门划分的，很容易导致条块分隔，各个职能部门利用自己的"立法权"保护本职能的利益。

◎ 顶层设计的6个宏观要素

前瞻性预判

顶层设计首先要做的就是把未来5年（10年）企业面临的外部环境和各种挑战用通俗易懂的语言描述清楚，把市场的演变规律和技术发展趋势总结出来，形成一套标准化的文本，并告诉企业的每一位员工，让其明白企业面临什么样的机会与挑战，如何做才能把握住机遇，掌握主动权和主导权，唯有这样才能始终领先竞争对手半步。我认为这是企业高层领导者最核心的工作，即面对未知世界，面对不确定的未来，能够高瞻远瞩，从"后知后觉"到"先知先觉"。俗话说：人无远虑，必有近忧。一家企业如果看不清未来，就无法形成有凝聚力的团队，即便是员工在一起工作，也是同床异梦，仅仅是为了养家糊口而不得不工作。

如果企业能对未来做出科学的前瞻性预判，就可以打消很多员工的顾虑，让他们看清未来，激发员工的主人翁精神，为了共同的理想和目标而奋斗，为了自己的事业和前途而努力工作。

我认为，过去几十年，中国最缺的就是未来学家，所以市面上很少出现研究未来的本土原创书。从上大学开始，我就对未来学感兴趣，有着强烈的好奇心，直到今天我依然记得30年前令我痴迷的一本书是《第三次浪潮》。遗憾的是，多数中国人喜欢研究过去，很多畅销书都是研究过去多少年来的成败得失，人们希望从前人那里学到驾驭市场经济的本领，学会管理现代企业的技能。可是大家忽略了一个非常清楚的事实，那就是古人的经验是基于当时的经济基础之上的，与当今世界的市场经济并不匹配。想用过去那一套经验来管理现代企业，管理"80后""90后"员工，基本上是徒劳。

从后往前看

有了前瞻性的预判，接下来要做的就是从后往前看，把终极目标描述清楚，形成一幅令人向往的蓝图，给企业设计一个令人向往的愿景。一个好的领导者必定是一个好导演，可以给部下"说戏"，可以把自己心目中的那幅蓝图传递给员工，让员工明明白白地去做事，引导员工发挥出自己的最高水平。

学会从后往前看，对于一个管理者来说至关重要，说穿了就是要定目标，找差距，选路径。当然目标必须激动人心，让大家喜欢，让大家向往，让大家清楚实现目标对自己意味着什么。有了清晰的目标，接下来要弄明白自己现在离目标有多远，还缺什么资源，没有人就去找人，没有钱就去找钱，没有技术就去找技术，总之，缺什么补什么。这与很多人传统的思维模式正好相反，很多人都是根据现有资源去设定目标，有多少资源做多大事，而从后往前看是一种逆向思考，是根据目标配置资源，所以这是一种思维的革命。

从后往前看侧重于做选择题，而不是做应用题。换句话说，当企业面对一个不确定的未来，不可知的市场时，有哪些选项？要把所有的选项都列出来，然后针对每一个选项进行推演，首先是在自己的脑子里"放电影"，看看按照这个选项能否行得通，然后是沙盘推演，管理团队坐在一起，从头到尾地对每一个选项进行演练，看看结局是什么。很多人往往是决策前不做认真细致的调研，初步选定方案后又不做预演和排练，结果很多政策或制度推出后遇到强烈的反弹，然后朝令夕改，逐渐失去政策或制度的权威性和可信度。

系统化思考

有了清晰的终极目标，接下来就是系统地思考：什么情况下能达成？必须满足哪些前提条件和边界条件？要实现终极目标，哪些要素是充分条件，哪些要素是必要条件？

前文举过一个例子，我在给一家冰激凌企业做培训时遇到了这样的情况：企业一到夏天产品就供不应求，而装车速度慢成为制约发货量的主要问题。我到装车点一看，就发现了装车慢的原因。一是建造厂房时没有考虑到装车的顺畅性，车的高度与厂房的平台之间有落差；二是买车时没有系统思考，不同的车长短不一，高矮不一；三是产品包装五花八门，大小不一，为了把车严丝合缝地装满（保温效果好），需要反复调整，搬上搬下，影响了装车速度。

掌握了原因，我们就针对三个问题来解决，这时候物流部的领导发现三个问题都不是他们可以解决的，前两个问题是历史遗留问题，需要改造厂房装车平台，需要调整车辆，而第三个问题则涉及研发设计部门。于是我们把老板和研发设计部门的人召集在一起，探讨解决之道。其实只要有系统性思考，这个问题很容易化解。只要设计人员在设计产品时考虑到包装和装车，问题就迎刃而解了。虽然说为了迎合市场的需求，产品的外观设计必须五花八门，但是从小包装，到中包装，再到大包装的尺寸，却可以统一设计，形成标准结构，就像砖头一样，有三个尺寸，不管是横着放，还是竖起来，或者放平了，它们是互相兼容的，长是宽的两倍，宽是高的两倍，可以任意组合。

所以说，系统性思考就是努力寻找"根本解"，从源头上做文章，绝不能头疼医头，脚疼医脚。大家在日常工作中看到的问题往往是表面现象，如果根据表面现象去采取对策，往往事倍功半，治标不治本，容易反复，必须找到背后原因，即为什么出现这种现象。找到了背后的原因，还需要再继续深挖，才能找到深层次的核心问题，所以遇到问题时要多问自己几次为什么，千万不要被表面现象迷惑。比如说从表面上看，团队的执行力不强，其背后的原因可能是激励机制的问题，也可能是沟通机制的问题，而深层次的核心问题则可能是企业的用人机制问题，导致能干的员工不愿干（缺乏动力），不能干的员工不愿意学（缺乏能力），想干的员工不会干（缺乏方法论）。

方法论支撑

唯有把系统性思考上升到理论的高度，企业才可以重复成功的模式和做法，才能够基业长青。所以优秀的企业一定要有方法论做支撑。就企业而言，方法论包括企业战略规划、产品创新体系、产品研发体系、商业模式设计等。注重方法论，注重过程控制，是西方企业的特点，因为他们相信只要过程正确，结果一定正确，如果结果不正确，一定是过程中某个环节出了问题。很多成熟的方法论已经在发达国家广泛应用了很多年，并在开拓中国市场时起到了重要作用，通过实践验证了这些方法论的有效性和适应性。我坚信，学会了方法论就掌握了做好某一件事的本领，虽然不能说一劳永逸，却可以在相当长的一段时间内运用自如，从而提高组织智商，减少重复劳动。

方法论的价值无处不在，就拿大家普遍关心的经营业绩来说，很多企业都是靠人海战术，靠关系，靠能人。其实这些都靠不住，唯一靠得住的是系统。企业要想提高与客户沟通的效率和质量，就需要提炼品牌的价值诉求，用 FAB 这个方法论来形成"统一说辞"。可以说优秀企业与普通企业的区别很多时候体现在市场营销方面，而市场营销的终极目标就是让销售成为多余。一旦市场营销做到位了，销售工作就变得非常简单。过去这些年，很多企业误入了歧途，纷纷扛起"打造狼性团队"的大旗，以为产品没有竞争力，可以靠狼性团队弥补，把本该用在产品创新上的资源和资金用在了销售上，把本该用在市场调研上的功夫也用在了销售上，这种做法无异于本末倒置。我相信，中国企业早晚有一天会认识到唯有"打造人性化团队"才是走正路，因为人性化团队可以用专业、敬业、职业的行为打动客户，可以在心情愉快的环境中创造出有独到价值的好产品，这一切都需要方法论做支撑。

其实，只要市场营销工作做到位了，客户就会主动找上门来，甚至把客户变成粉丝，把粉丝变成信徒，这就是苹果公司的玩法。记得当年我在苹果中国公司担任市场总监时，苹果公司的市场部门人员是销售部门人员的 3~4 倍，苹果公司从上到下都把关注点放在市场营销上，并把产品创新当作市场营销的重中之重，把给客户提供独到的价值和体验当作企业不懈的追求。反观国内企业，往往是销售人员多，市场营销人员少，就算有一些市场营销人员，也主要是做市场宣传和活动策划的，真正做产品市场和市场开发的非常少，这从根本上制约了企业健康发展。

数据化分析

仅有方法论是不够的，企业要想成为行业中的佼佼者，必须形成一套科学的决策机制和运营管控体系，学会用量化的语言去沟通、分析、决策，不再使用永远正确的废话。

比如"有了较大的提高或改善""市场机会非常看好""市场成长

率很快""客户需求非常旺盛""产品前景非常看好"这类定性的分析对于企业来说，没有任何意义，无法让大家看懂、看透。久而久之还会形成一种"差不多"的企业文化，你用定性的语言问我，我用定性的语言回答，到头来谁也没说错话，谁也不负责任，很多事情都是不了了之。

可以说，一个追求卓越的企业，要从小事做起，把一件一件的小事做到极致。要知道精细化管理是建立在信息化基础之上的，没有信息化系统，是不可能实现精细化管理的。而信息化系统包括很多分支，比如决策支持系统、运营管控系统、人力资源系统、知识管理系统等等。

决策支持系统主要是掌握市场信息（包括宏观和微观信息）、客户信息（包括CRM、销售漏斗）、竞争信息（竞争情报）。过去大家都信奉这样一个理念：没有调查研究，就没有发言权。企业要形成一种用数据说话的文化，做决策不能基于感觉，必须基于数据，而数据的获取一定是来自认真细致的市场调研，这是做顶层设计的前提条件。没有客观数据做支撑，任何决策都是苍白无力的，无异于赌博。我在给企业做战略规划之前，都要求企业方的所有与会人员（包括非业务人员）在会前进行市场调研，回答30多道题，以对市场环境、用户需求、竞争格局有一个大致了解。不过，有一点需要强调，有了数据支撑之后，还必须遵循一个基本原则，那就是**"在决策前一定要民主，在决策后一定要独裁"**，这是真正意义上的民主集中制。

运营管控系统侧重于实时监控，从人治走向法治，这是顶层设计的终极目标。不能过度依赖个人的能力和责任心，必须用严密的体系、标准化的流程、统一的工具进行管控。要知道，公司规模越大，越需要用制度管人，靠体系做事，避免随心所欲。而**运营管控的奥妙就是把管控融于服务当中，用服务来实现管控，把生硬的、令人反感的管控隐藏于优质的服务当中**。我认为这是很多大型企业管理升级的核心内容。一旦大家明白了这个道理，集团公司各个职能的管理人员就会调整心态，逐步树立服务意识，对下属企业提供优质的服务，甚至成为内部咨询师，把挂在嘴上的"转变职能"真正落地。大家所熟悉的预算管理、产品创新体系（IPD）、生产管理、供应链管理等都属于运营管控体系。有了这些系统，企业就可以在"人、机、料、法、环"等方面实现全面管理，从而提高运营质量，强化运营管控。

科学化分解

再好的想法只有落地了才有意义，顶层设计也需要"临门一脚"，就是执行力。那么执行力从哪儿来？凭什么员工愿意尽心尽力地去做，员工努力工作的动力在哪里？这是很多企业常常忽视的问题，以为任务布置下去就完事了，其实不然。要想把工作任务完成好，首先要懂得分解任务，如果分解得不科学、不清楚，接受任务的人就不知道该怎么做。老板在布置工作后都会问部下有没有听懂，大家的回答往往是"听懂了"，这是给老板面子，其实很多人没有听懂。所以布置任务时一定不能偷懒，必须掰开了，揉碎了，说清楚，如果没有人提出问题，往往是没有听懂的表现。必须把任务变成"动作"，再把"动作"用标准化的流程和工具变成"规定动作"，借助动力式管理激发员工的主动性。

我在中国惠普的最后一项工作，就是负责惠普公司与康柏公司的合并事宜。从惠普向全世界正式宣布两家公司合并那一刻开始，从上到下成立了"兼并与整合办公室"，我负责中国内地和香港地区的兼并整合事宜。大家可以想象，一家十几万人的公司，要整合在一起，那是一个海量的任务，而要在一年内圆满完成，更是一个大挑战。为了把每一项工作落实到位，我带着兼并与整合团队到亚太区领任务，首先是把整个兼并整合分成16大类，由每一大类的负责人介绍工作任务和要求，包括产品整合、办公室整合、团队整合等各个方面，然后把每一大类分成若干项重要任务（一般是 10 条左右），最后再把每一条任务分成若干项具体的"动作"（一般是 8 条左右）。这样一来，看起来无从下手的海量任务就变成了一个个可以布置下去、可以考评、可以监控的"动作"，共 1200 多项，形成了一份完整的项目分解报告 CIPOR（Country Integration Plan of Record）。

有了 CIPOR，我的主要工作就是每周检查各项"动作"是否完成，并向亚太总部的兼并与整合办公室进行汇报，谁没有按时、按质、按量完成"动作"，都会被拿出来"晒晒"，让全公司人知道，是谁拖了后腿。记得当时我们采用"红绿灯"制度，凡是圆满完成的"动作"就用绿色表示，凡是差了一点点，但是可以补救的"动作"就用黄色表示，凡是项目停滞不前，卡在那里没有进展的"动作"就用红色表示。这些用"红绿灯"表示的报告让各级领导一目了然，一旦出现红色的"动作"，不用我们兼并与整合办公室过问，当事人上司的上司也会马上询问部下，为什么出现红色。因为谁也不想成为影响兼并与整合进程的人。

◎ 顶层设计从哪里入手

顶层设计涉及企业管理的方方面面，我认为最重要、最紧迫的是 6 大方面：企业战略规划、商业模式设计、产品创新体系、内部管控体系、沟通激励机制、企业文化建设。这些系统性体系搭建起来之后，企业在未来 5 年往哪里走，通过什么样的模式赚钱，如何开发出有独到价值的拳头产品，如何建设完善的内部管控体系，如何激发全体员工的主人翁精神，如何形成经营人心的土壤等问题就有了清晰的答案，就会形成一套科学的经营管理体系，把企业家从事无巨细的日常工作中解放出来，把精力用在把握未来商机和宏观节点的控制上。我常说，一家经营好的企业赚钱，一家管理好的企业健康，一家文化好的企业快乐。

企业战略规划

战略不是很多人所误认为的目标，也不是把目标分解的过程，而是实现目标的路径和具体的方法，就像一个企业的导航系统，负责引导企业沿着正确的航向前进，通过制订企业的5年战略规划，让大家看到未来和希望，减少决策的变量和不确定性。

商业模式设计

商业模式设计是企业进入一个新行业，开发一类新产品，或者进行转型升级时才会用到的一个方法论，旨在用严密的逻辑说服自己、投资者和用户。通过商业模式设计，明确企业把产品或服务推向市场的模型，即通过什么样的渠道或者中间环节，以高质量、高效率、低成本的运营模式实现赢利目标，让客户得到更多的利益和便利，从而找到一家企业建立竞争优势的着力点。

产品创新体系

产品创新体系是一个企业的硬件系统，也是绝大多数中国企业最不重视的一个方面。因为过去30多年，大家对营销的理解出现了偏差，以为广告、宣传、促销就是营销，而把营销最重要的工作"提高产品力"甩在了脑后，所以必须尽快纠偏，让企业回归到市场营销的本质，回到原点，即根据客户未被满足的需求，开发有独到价值的好产品，给目标客户一个无法抗拒的理由。

内部管控体系

内部管控体系是一个企业的保障系统。人性化管理离不开规范而科学的制度、流程和方法。企业需要建立一整套"规定动作"，让大家有章可循，避免出现越位或缺位。通过建立内部客户机制，明确不同职能部门之间的相互关系，通过握手协议解决"掉链子"问题。

沟通激励机制

沟通激励机制是一个企业的动力系统，通过系统化、规范化的沟通和激励机制调动大家的主观能动性，让大家为了实现个人的利益最大化而努力工作，让大家都看到未来，知道自己的职业生涯规划，知道只要自己努力就会取得成功，这才是真正意义上的"中国梦"，即激发大家的主人翁精神，焕发正能量。

企业文化建设

企业文化建设是一个企业的平衡系统。根据企业老板的价值观念和企业的发展战略，企业要形成可以落地执行的、非常具体的行为规范，千万不要把企业文化建设变成"群众运动"，更不要把企业文化变成挂在墙上的"口号"。要知道，企业文化是根植于员工内心深处的一种信仰，是一种自律行为，需要自上而下的传承，因为员工不关注领导怎么说，只关注领导怎么做。所以，企业文化不是说出来的，而是做出来的。

顶层设计要从转变企业老板的思维方式开始，因为在过去，大家已经习惯了"摸着石头过河"，走一步看一步。在浮躁的环境驱使下，大家一味地追求快，什么快鱼吃慢鱼，先开枪后瞄准，都是奇谈怪论。于是，企业老板过分地追求速度而忽视了质量，过分地追求结果而忽视了过程。很多企业老板可能会找借口进行自我安慰，对没有顶层设计导致的问题进行辩解，美其名曰不断地改进与优化，这与我当初进入跨国公司时接受的理念截然相反。西方企业注重过程控制，相信过程正确，结果必然正确；而且西方企业注重顶层设计，不管什么事情一定是想周到了再做，磨刀不误砍柴工。他们提倡的理念是：第一次做就要做对。从短期看花时间进行顶层设计耽误了一些时间，但是从长期看可以少走弯路，少缴学费，到头来速度更快，甚至可能后来居上。

从目前的社会舆论看，大家刚刚开始谈论顶层设计，还处于概念普及阶段，很多企业老板还没有真正意识到顶层设计的重要性和紧迫性。由于大家忙于解决企业面临的困难和问题，一直低头拉车，而忘了抬头看路，没有意识到企业今天面临的这些困难或问题，根源大多与企业没有顶层设计有关。在《活法》一书中，稻盛和夫有一个重要的观点：**一个人要想成功，需要天赋、知识、技能，这三个要素的得分是 0 到 100 分，分越高越好，但是还有一个要素比这三个要素更重要，那就是思维方式，因为其得分是从 –100 到 +100，一旦思维方式错了，结果就是负的。**不过，他没有详谈改变思维方式从哪里入手。

理解了顶层设计的定义和内涵之后，就要对企业进行诊断，即找出制约企业健康发展的短板，明确下一步的着力点；然后聘请做过顶层设计的实战专家（高级职业经理人）深入企业进行一对一咨询，通过"传帮带"的方式让管理层掌握做顶层设计的技能，或者参加高品质的顶层设计特训营，通过实战演练学习顶层设计的方法论；最后是把任务进行分解，通过常态化的检查制度，确保各项任务达到预期目标，进行动态调整，实时纠偏。

企业在进行顶层设计的过程中，一定要避免出现三个问题：赶时髦、跟错人、想当然，否则很容易进入雷区或掉进陷阱，最后走向反面。

首先是"赶时髦"。这是企业无法摆脱的一个问题，一旦某个概念成为社会热门话题，很多企业会沉不住气，生怕自己落伍，在没有搞清楚原因之前盲目跟风。比如，前段时间大家热衷于谈论"互联网思维"，很多企业老板就把"互联网思维"挂在嘴边，要求大家用"互联网思维"做事，唯恐别人说他 out 了，可是大家却不清楚什么是互联网思维，只是几个单词的拼凑，结果必然是无从下手。在我看来，根本就不存在"互联网思维"这个概念，而是到了互联网时代，人们的思维方式要随之改变，所以正确的说法是"互联网时代的商业思维"。

其次是"跟错人"。随着顶层设计的概念开始流行，社会上很多培训公司、大学商学院、培训师纷纷开办顶层设计的课程，很多"伪专家"看了别人写的书，听了别人讲的一些观点，然后采用"新瓶装旧酒"的方式进行拼凑，甚至直接把别人书上的内容借过来，变成自己的观点。其实这些"伪专家"有一些共同特征，很容易识别，那就是他们从未在企业做过顶层设计，甚至没有在规范化的大公司里担任高管的工作经历，是一些"只看过猪跑，没吃过猪肉"的人。虽然没有吃过猪肉，他们却敢在大家面前大谈猪肉如何好吃，猪肉如何烹制，让大家听得垂涎欲滴。如今，中国的培训业也陷入了跟随、抄袭、模仿的怪圈，"假冒伪劣"产品横行。由于一些企业老板的辨别能力有限，很容易被敢说大话的销售人员误导。一旦老板在认知上出现了偏差，很容易误入歧途，贻误战机。

最后是"想当然"。在中国实行多年的应试教育，让大多数人失去了质疑的能力，社会上反复上演着"集体无意识"的悲剧。人们在不了解情况的前提下，仅凭媒体（网络）上的一些片面信息就急于下结论，所以很容易被煽动、被误导。这种思维模式体现在企业里就是做事想当然，很多企业老板做决策时根本不做市场调研，也没有数据做支撑，只是拍脑袋做决策。面对不同观点，很难静下心来倾听，而是主观臆断，到头来很多决策都是顾此失彼。很多人虽然对顶层设计感兴趣，但是在没有搞清楚概念之前就按照自己的理解去做，容易跑偏，就像近年来企业文化红火过，国学红火过，执行力红火过，企业大学红火过，最后都不了了之了。

◎ 用顶层设计的思维根治社会难题

市场经济发展到今天,已经积累了很多社会矛盾,如何从源头上去化解?如何根治多年来形成的顽疾?是很多人非常关心的热门话题,但是如果沿用过去那种头疼医头脚疼医脚、摸着石头过河的老路走,就找不到根本解,可能转了一圈又回到原点。那么解决问题的根本出路在哪里?那就是用"顶层设计"的方法论去化解和根治难题,必须从过去那种被动的倒逼(Reactive)转化为积极的破解(Proactive),不要等到发生问题了再去处理,而是防患于未然,唯有这样才能掌握主动权,形成威慑力。不要等到事情发生之后再去严惩,因为事后追究的方式固然必要,但是毕竟是亡羊补牢。

那么,什么情况下才能形成足够的威慑力?让大家望而生畏,不敢轻举妄动去做不该做的事情呢?首先要把威慑力的公式搞清楚,在我看来,威慑力 = 违法成本 × 被发现的概率。所以要两手一起抓,既要通过立法、监督,提高违法的成本,加大打击的力度,又要形成一个科学的、可以重复的、便于操作的方法论,以便及时暴露各种问题,让人不敢去做违法的事。当然,制订严格的法律和制度绝不是为了罚款,而是希望没有人被罚款,一旦在这个环节上跑偏了,整个体系就背道而驰了。

具体怎么操作呢?首先要进行科学的"顶层设计",也就是学会"从后往前看",反复问自己:什么情况下某个事情不会发生?就拿大家普遍关心的食品安全为例,我们可以问自己:什么情况下企业不敢制作假冒伪劣产品?不敢添加违禁原料?不敢使用过量添加剂?不敢使用过期变质原材料?答案很简单:一旦违法成本远远大于违法所得,而且容易被发现,每一个人都会为了自己的个人利益而明算账,除非是缺心眼的傻瓜才愿意冒巨大的风险获取一点蝇头小利。这就是市场经济的"利益驱动"原则，一个人可以不考虑别人的利益，但是一定会考虑自己的利益，只有在个人利益上做文章，才能从源头上解决问题。

按照过去传统的做法，不管有多么严格的法律，有多少"食药警察"，都无法及时发现企业内部的食品安全违法问题，可以说是防不胜防，这是困惑了大家很久的一个社会难题。而解决问题的简单路径就是进行"顶层设计"，从根上抓起，只要我们立法设计一套机制，让企业的员工实名举报，并给予举报者高额奖金，对举报者进行严密的保护，就能形成有效的制约机制。因为最了解情况的人就是企业的一线员工，他们知道产品里都添加了什么材料，只要有这样一套利益机制，就会激发大家的热情，从企业内部监督各级管理人员，让违法者陷入"人民战争的汪洋大海"之中。比如说，一旦实名举报后被核实，企业被罚款200万到1000万不等，举报者得到100万到500万（一半的罚款归举报者）。这样的奖励对企业的普通员工来讲，是一个很大的诱惑，相当于很多人多年的薪水，所以有足够的吸引力。

接下来要设计一套严格的保密制度，让举报者无后顾之忧。老板即使被举报了，被罚款了，却永远不知道是谁举报的。而作为受理举报的机构必须严格保密，一旦工作人员泄露出去，要10倍于企业被罚款的数额进行惩罚，并坐牢10年以上。这样一来，企业的员工为了得到这个奖金，就会睁大眼睛，想尽办法去查找企业的食品安全问题，并设法取证，然后通过合法的渠道去举报。而受理单位的工作人员为了保住自己的饭碗，不被罚款，不蹲监狱，一定会严格保密。

也许有人会说，一旦有了这样的制度，会助长某些人作假，有意识地添加违法材料，然后诬告老板。这是很多国人的负面思维模式，喜欢钻空子，上有政策，下有对策。但是"顶层设计"的逻辑是把各种可能发生的问题事先想好，然后一个一个地去化解，形成严丝合缝的制度，没有空子可钻。大家试想一下，一旦老板知道有人可能会举报他，就会百倍地小心，不仅自己不会添加违法材料，不会使用过期变质材料，更会想各种办法防止员工造假、有意识地添加违禁材料，这样一来，用不了多久，企业就会为了自己的利益而形成一套严密而科学的防范体系和监控系统，从采购环节到加工环节，从包装环节到物流配送，层层设卡，严格管控。

可以说，仅仅依靠食药执法部门的力量是无法根治中国的食品安全问题的，需要全社会的大力配合，需要激发国人的主人翁精神，让每一个人为了自己的利益而做善事，这样才能让国人吃上放心食品，彻底解决目前食品安全领域存在的问题。当然从更长远的角度看，可以让中国食品企业走出恶性竞争的怪圈，把关注点从降低成本转到提高产品质量上来，重塑中国食品品牌在国人心目中的形象。我相信用不了几年，中国食品企业就可以重回国际市场，赢得世界的尊重。所以说"顶层设计"不是什么高深莫测的理论，而是无处不在，只要大家学会了这种思维模式，很多类似的问题都会迎刃而解。

把握企业成功转型的基本逻辑

◎ 打造智慧型企业：企业转型的终极目标

有人说2011年是中国企业转型的元年，因为大家开始关注转型、谈论转型，可是真正意义的转型将会发生在未来5~10年，因为前两年是预热，大家需要把很多问题想清楚、看明白，然后才能发力。可以说，过去30年成功的企业主要是抓住了机遇，而未来30年成功的企业肯定要靠实力。企业的实力体现在哪些方面呢？看你是否拥有这4项权力即主动权、主导权、话语权、定价权。企业的转型要围绕着这4

项权力做文章，通过转型来提高企业的竞争力。

那么企业转型升级的最终目标是什么？我想只有一个，那就是打造智慧型企业，让企业基业长青。

智慧型企业具有哪些特征？我们不妨从以下几方面来分析。

远见卓识

智慧型企业一定站得高、看得远，具备前瞻性预判能力，可以走在时代前列，在别人还没有动作之前先知先觉、抢占先机的企业。它是站在未来的立场上看机会、看问题，不是一味地迎合市场，而是主动引导市场，这就从根本上转变了经营模式，从小聪明转向大智慧。企业不会占小便宜，也不会投机取巧，一旦看清了未来，就有充足的时间去排兵布阵，抢占制高点，赢得主动权。

深刻洞察

智慧型企业一定有一个完善的市场情报系统，能对外部环境的变化有敏锐的感知，对产业发展趋势、未来竞争格局、市场演变态势以及客户需求变化有深刻的理解。企业有了竞争情报系统，最高决策层在做决策的时候就有充分的依据，量化的数据，可以做到精密制导，把握未来商机，摆脱抄袭和模仿的窘境，实现厚利经营。

基础牢固

智慧型企业具有"十年磨一剑"的心态，能够静下心来从长计议，愿意花时间、精力打基础。智慧型企业的增长方式已经从追求数量转变为追求质量，在"强"的基础上追求"大"，在营造竞争优势上做文章。这样才能钻得深、扎得牢。所以智慧型企业不会看重"短、平、快"的项目，而是追求可持续发展，不管做什么，都有耐心、恒心，执着地追求长远目标。

关系明确

智慧型企业就像一个大家庭一样，能够和睦相处。俗话说"家和万事兴"，当企业内部的各个职能部门像一家人一样相互帮衬，形成良性竞争，自然会营造积极向上的氛围。所以智慧型企业各个职能部门之间的逻辑关系非常明确，没有上下层级管控，只有相互服务。大家都知道自己是为谁服务的，自己部门对其他部门有什么样的承诺，从而用制度来保证团队合作关系。

精细管理

智慧型企业肯定是一个精细化管理的企业，企业内部从上到下都有追求完美、追求极致的精神，他们不满足于60分，而是追求90分，甚至95分。在这样的主导思想下，就会形成"第一次做事就要做对"的习惯，就会逐渐摆脱传统思维的束缚，改变"差不多就行"的行为模式。智慧型企业的岗位职责描述、绩效考评体系、培训课程体系等管理制度不是摆设，而是成为各级管理人员提高工作质量和效率的有效工具。

实时管控

智慧型企业一定要有信息化系统做保障，因为这是打造智慧型企业的必要因素和前提条件。有了现代化信息系统，就可以大大地提高工作效率，同时让各级管理人员在千里之外就能掌握各种动态和信息，以便及早采取对策纠偏。信息化系统建设也是推进企业知识管理的重要步骤，有了它才可能做到实时管控，并把管控隐藏在服务背后，通过服务来实现管控，让员工感到被服务得很舒服。

当然，**企业转型升级为智慧型企业是一个漫长的过程，更是一种痛苦的蜕变，需要企业老板具备顽强的毅力和执着的精神，更需要勇**

于否定自己过去的成功,转型成功意味着企业的重生,而转型失败则意味着企业的消亡。

◎ 企业转型是有先后顺序的

我们认识到了转型的终极目标,接下来的问题是:企业转型从哪里入手?转型将涉及企业经营管理的哪些方面?如何才能高效稳妥地完成转型?

关于企业转型升级的这些问题,不同的人有不同的解读,但是在我看来,不管什么样的企业,要想彻底转型成功,必须把握好转型的三个要素:动力、能力、方法论。这三个要素是相辅相成,缺一不可的。在此基础之上,我认为企业转型有四个层面是最重要的:企业家转型、战略转型、管理体系转型与企业文化转型,其中管理体系转型又可细分为营销转型、研发转型、生产转型、运营转型、组织转型等。所以我们谈论转型就要在这四个层面上做文章,并把关注点放在大家最容易忽视的方法论上。

需要强调的是,这些转型不处于同一层面,因此它们之间不是线性关系,同时它们有先后顺序和逻辑关系,所以不是彼此孤立的。高层次的转型没有完成之前,低层次的转型也无法开展,而低层次的转型不到位,会直接影响高层次转型的效果,所以它们之间是相辅相成的一个系统(见图2-1)。

企业家转型是第一步,属于远见和动力系统。企业家转型完成后,就要在战略转型上做文章,把企业未来5~10年的发展目标与路径想清楚,写清楚,说清楚,让每一位员工都能明白和接受。战略转型完成后,需要各个职能部门的转型,以便与公司的战略衔接上,根据公司战略调整各个职能部门的定位和工作重点。最后是企业文化转型,当各个职能的转型完成后,需要把很多共识沉淀与固化下来,成为大

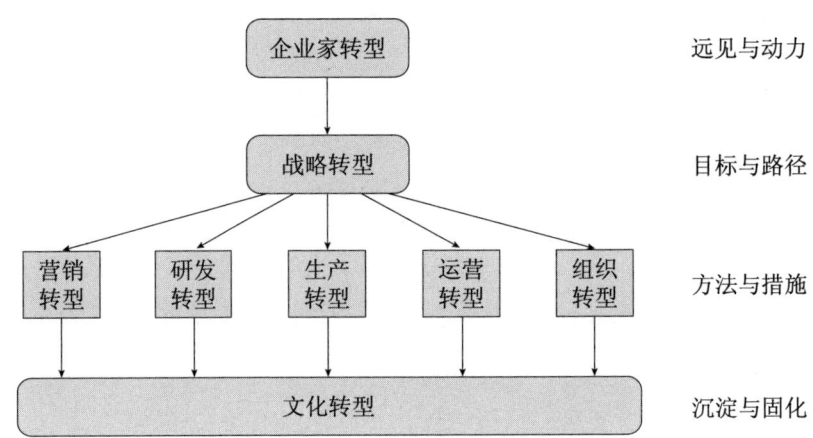

图 2-1　企业转型的四个重要层面

家日常工作与生活的一部分，逐步升华为每个人自觉自愿遵守的行为准则和价值观念。这是企业家和高级经理人在为公司转型进行顶层设计时应当遵循的基本逻辑，本书的重点内容也是按照这一逻辑展开的。

◎ 企业家转型是企业转型的原动力

企业家转型是企业转型的第一步。它来自企业家对未来市场不确定性的敏锐感知，来自企业家对国家和国际经济形势以及宏观走向的前瞻预判，来自企业家对竞争环境的演变和技术发展趋势的理性分析，来自企业家对个人事业和组织追求的境界眼光。

企业家的转型是需要条件的。首先，一个好的企业家是基于"利他"的理念去经营企业，对外琢磨客户、对内琢磨员工，把经营人心当作头等大事来抓，从而给所有的利益相关方带来独到的价值；其次，一个好的企业家必须告诉员工未来会变成什么样，跟着他走会到达哪里，到了那里大家能得到什么，让员工心甘情愿地追随；最后，一个好的企业家一定是居安思危的实干家，他有能力推动企业的转型以适应环境的变化，始终走在潮头，引领行业的创新和发展。

企业家转型就是把自己从创业家改变为思想家、预言家、漫画家、宣讲家。所谓思想家，就是把很多问题想清楚，想透彻，形成自己独到的见解和理论体系，能结合宏观经济形势、行业发展特征，梳理出企业发展的逻辑，可以自圆其说，让人信服；所谓预言家，就是从后往前看，做出前瞻性预判，能看到别人看不到的趋势和未来，能在普通人还没有感知到的时候引领大家往前走，成为企业引路人；所谓漫画家，就是善于把复杂的问题简单化，把零散的问题系统化，并用通俗易懂的视觉语言和容易接受的漫画形式表达出来，使之一目了然，提高沟通的效率和效果；所谓宣讲家，就是通过各种宣讲和沟通，让企业的各级管理人员和基层员工理解未来是什么样子，知道具体原因或依据，明白实现的战略或途径，这样大家才会心甘情愿地追随你，努力执行并完成。

◎ 树立员工利益至上的企业理念

在过去 30 多年的改革开放过程中，中国企业在学习西方管理理论和管理实践的时候，往往看重硬件而忽视软件，注重硬实力建设而忽视软实力建设。一会儿把客户利益最大化提高到超越一切的"上帝"层面，结果变成了可望不可即、永远也实现不了的口号；一会儿又把股东利益最大化当作管理层的主要任务，误以为这就是西方企业遵循的第一要义，把利润最大化当作经营管理的指导原则。

其实不管是客户利益最大化，还是股东利益最大化，都有一个前提条件，那就是先要有员工利益最大化这个基础，否则就是违背人性的。如果一个企业能给员工提供这样一个平台，让每一个员工为了自己利益的最大化而努力奋斗，自然而然就会换来客户利益最大化和股东利益最大化。

到底什么是管理？管理的真谛是什么？我的理解其实很简单：**把员工的个人利益与企业的组织利益挂钩，这就是管理的真谛。**企业进行顶层设计时，所有的制度完善、流程优化都应当把员工利益放在第一位，尽量减少惩罚条款，增加激励条款，让员工心情舒畅地工作，企业家和经理人只需经常给那些优胜者更多的掌声和鼓励就够了。

◎ 没有满意的员工，就没有满意的客户

在我 2006 年出版的《笑着离开惠普》中，有一个章节的内容谈的就是"没有满意的员工，就没有满意的客户"，这是绝大多数跨国公司普遍认同的管理理念。如果你问跨国公司的老板，员工利益、客户利益和股东利益哪个最重要，他一定会说三个都重要！如果你坚持让他选出第一名的话，那一定是员工利益。因为这三个利益并不矛盾，但却有先后顺序。如果员工不满意，就不可能让客户满意；如果客户不满意，就不可能让股东满意，这是再简单不过的逻辑关系，但是却被很多人忽视了。

海底捞之所以成功，之所以受人尊敬，就是因为他们始终把员工利益放在首位。他们的做法与我推崇的"惠普之道"有着惊人的相似之处。可喜的是，海底捞把员工利益至上做到了极致，超越了竞争者；可惜的是，惠普在创始人去世之后的这些年，与"惠普之道"渐行渐远。

我认为，员工利益至上是整个企业顶层设计的核心，也是转型升级的核心问题，因为它是企业战略和商业模式设计的基础。没有满意的员工，没有充满激情的员工，再好的战略，再好的商业模式，也无法完美地实施和落地。

第三章

起点：企业转型从企业家转型入手

■企业转型的第一步，是企业家的思想意识转变问题，这是进行顶层设计的前提条件。因为企业家是企业的领头羊，只有领头羊想清楚了，想透彻了，转型才不会迷失方向，才会少走弯路。

高瞻远瞩：未来 10 年的经济环境

经济增速放缓，市场环境已开始步入小众化消费并以中产阶层为主体，同时企业员工逐渐转为以"80 后""90 后"为主体，这种外部环境与内部环境的悄然改变，决定了中国企业的转型已经迫在眉睫，中国企业的升级换代已经刻不容缓。

◎ 经济总体增速放缓已成必然

经过 30 年的高速增长，中国经济已经圆满完成了第一阶段的历史使命，缩短了与发达国家的差距。但是从总体水平来看，中国许多企业始终没有摆脱抄袭、模仿、跟随的局面，一直是跟在别人后面走。

未来 30 年，中国经济将进入第二个阶段，也是最艰难的攻坚阶段：需要从抄袭到超越，从制造到创造，从速度到效益。与此同时，中国经济随着总量的不断提升，增速肯定下降。按照经济学家的预测，在未来 10~20 年的时间里，中国经济将维持中速增长。这种总体增速的变缓，对企业来说意味着什么？是不是竞争加剧，需求下降，效益下滑？这些是企业家和经理人最关心的话题。中国经济的转型主要涉及哪些方面？这些转型对中国企业来说意味着什么？会给中国企业带来什么样的机遇和挑战？企业如何才能成为未来市场上的佼佼者？

这里不妨把几个关键问题梳理出来,让大家看出中国经济转型的大致脉络,以及一些基本的假设,以便做出相对客观准确的判断。

第一,GDP 增速变缓,将从过去的8%~10%下降到5%~7%。

第二,从出口拉动型向内需拉动型转变,国内市场成为主战场。

第三,从低档货为主导的产品结构向高、中、低档兼顾的结构转变。

第四,从中国制造转向中国创造,逐步提高附加值和话语权。

第五,从粗放式铺摊子、上项目和重复建设,向集约式发展转型。

第六,从商品经济向产品经济、服务经济和体验经济转型。

第七,从盲目扩张向可持续发展转型,追求效益和竞争优势。

第八,从单一经济指标驱动向人文关怀、环境和谐、共同富裕转型。

对企业来说,中国经济总体增速放缓,意味着过去那种粗犷式的扩张一去不复返了,市场机会越来越少,企业不得不转向精细管理,向管理要效益。随着人口红利逐渐消失,劳动力市场发生了逆转,从过去的供大于求转为供小于求,尤其是技工、技师等灰领阶层的短缺导致劳动力成本急剧上升。当然,最重要的是环保压力不断增大,生态文明被提到国家战略的高度,节能减排成为必然,企业再也不可能像过去那样无视环境污染,以污染环境为代价来降低成本的方式已经不可行了。最后,互联网的普及使得信息传递加速,透明度提高,企业再也不能像过去那样通过公关手段来搞定媒体,掩盖真相,瞒天过海,一切都暴露在光天化日之下。

◎ 市场正从商品经济转向产品经济

在谈论企业转型之前,有必要回顾一下改革开放 30 多年已经走过的路程,尽管这些观点在我的新版的《不战而胜》中提到过,但是为了把问题说清楚,让全书有严密的逻辑关系,在这里还是把相关内容简单地重述一下。最初是短缺经济阶段,然后是商品经济阶段,现在是产品经济阶段,未来是服务经济阶段和体验经济阶段(见图3-1)。

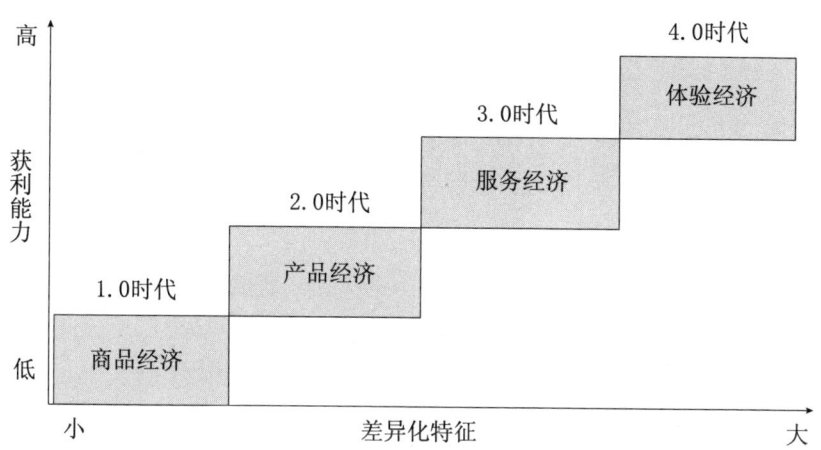

图3-1 市场经济发展的4个阶段

什么是商品经济阶段呢?就是不同企业生产的产品大同小异,是完全可以互相替换的一种产品,我们称它为商品。商品经济时代应当说是整个市场经济的初级阶段。抄袭、模仿、跟进是这个阶段的主要特征,只要价格低就行。

市场经济的第二个阶段是产品经济。到了产品经济阶段,不同的企业意味着不同的品牌,产品开始有自己的特色、个性和差异化,竞争强度不是上升而是下降,中国企业今天面临的一个选择或者说挑战就是如何从商品经济转向产品经济。

市场经济的第三个阶段是服务经济,所谓服务经济不是说提供好的服务、微笑服务或者令用户满意。服务经济是把服务当成企业利润的源泉,也就是说,卖服务送硬件,服务成为公司的利润源泉。我坚信,在不久的将来,越来越多的中国企业会走到这条路上。

市场经济的最高阶段是体验经济。到那时消费者在乎的是消费过程中的体验、感觉和印象，过程比结果更重要。现在越来越多的企业开始按照体验经济的思路来设计自己的产品，设计自己的服务，目的就是在同质化越来越严重的今天能够通过服务和体验体现差异化。因为核心产品的差异化越来越难，不同的企业只能通过设计与众不同的客户体验，来打造品牌特色。

在不同的历史时期，企业之间竞争的焦点是不一样的。在商品经济阶段，竞争的焦点是什么？是低成本、高质量，所以只要产品物美价廉就可以了。但是到了产品经济阶段，一切都变了，不仅要成本低、质量高，还要有特色，有差异。

到了服务经济阶段，更多的是靠服务来赢得消费者，让消费者觉得消费了这个产品之后没有后顾之忧，同时愿意付费来得到各种各样的增值服务。虽然到目前为止这种消费观念还比较淡薄，但是这种趋势是必然的。比如自己不会养花、养鱼，会有企业提供上门服务，甚至是租赁服务；有些人喜欢窗帘根据季节经常变换，会有企业提供上门服务，包括清洗、保存、安装；现代人住房面积不大，各种闲置物品不必放在家里，自然会有企业提供仓库服务。

而到了体验经济阶段，就是营造一个美好的客户体验，像星巴克、麦当劳、肯德基、迪士尼、好莱坞等等，这些企业其实都是按照体验经济来设计、经营的。所以，中国的本土品牌要想跟它们去竞争，不仅是在产品上竞争，在服务上竞争，而且要站在更高的层面上，在体验上跟它们竞争，否则即使产品做得比它们好也未必能赢，因为竞争的层次不一样。消费者之所以消费一些著名的品牌，是因为这些品牌给他带来了更高层次的完整体验。

◎ 小众化消费时代已经来临

当市场从商品经济转向产品经济的时候，消费群体也会发生重大转变,我们不妨站在客户的立场来看问题,与之形成呼应(见图3-2)。

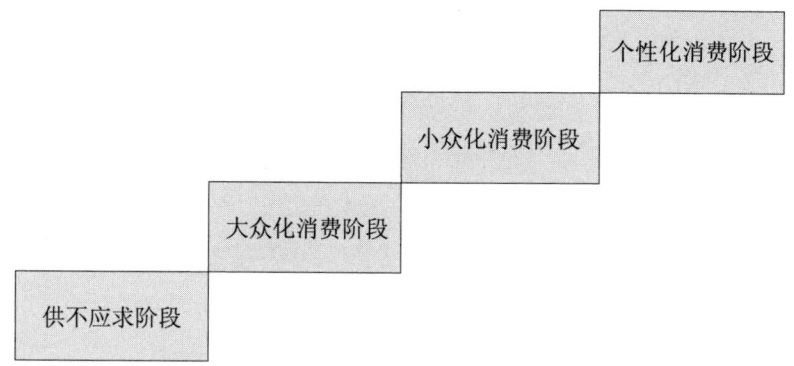

图3-2 与市场经济发展相呼应的4个消费阶段

短缺经济意味着处于供不应求阶段。我相信45岁以上的人可能有印象,在20多年以前很多产品非常紧缺,要凭证凭票才能买到。

商品经济意味着大众化消费阶段。企业通过社会化大生产降低了成本,使得产品达到了物美价廉的境界,使很多产品,尤其是耐用消费品能够进入千家万户,就像当年福特汽车大批量进入普通家庭一样,一种型号、一种颜色卖遍全美国,靠的是什么?靠的就是规模经济效应。

产品经济意味着小众化消费阶段。步入中产阶层的消费者不再满足于大路货,他们开始追求有个性、有特色、有品位的产品。到了这个阶段,企业要从服务大众转向服务小众,也就是说过去是"为人民服务",将来是"为部分人服务"。到了小众化消费阶段,企业与企业之间的竞争就是看谁能够把握小众化市场的独特需求,并根据这种独特的需求来制定企业战略,并开发出相应的产品和服务。

服务经济和体验经济意味着个性化消费阶段。当小众化消费发展到一定程度的时候,有些人就会提出更特殊的要求,这个时候就从小众化市场逐渐分化为个性化市场。比如说现在我收到的一些杂志封面上印着我的名字，比如说在我们定制的衣服上面绣着自己的名字，很多东西都可以把某些个人的特征加上去，以体现与众不同。

在这里，我们重点谈论一下大众化消费到小众化消费的转变。除了中产阶层大量涌现之外，推动小众化市场发展的另一个要素就是"80后"。那么"80后"跟以前的消费者有什么明显不同呢？我认为主要有以下几条：

第一，追求平等意识。不管你是领导还是家长，都要平等相待，以理服人。既不能居高临下地发号施令，也不能低三下四地乞求。

第二，渴望成名。这是好事，因为他们有动力努力地去做。很多人说"80后"比较懒，那是因为你没有激发出他们的工作动力。

第三，希望拥有话语权。他们要坐在驾驶者的位置上，而不是副驾驶位置上，不能任人摆布，什么事情他们要有发言权，你要征求他们的意见，而不是告诉他们要做什么。

第四，越来越注重品位。现在，很多学生都已经有这样一个特点，非名牌不要，很多产品即使质量不错，但如果没牌子，他们也不要。说明这一代很讲究生活的品位和质量。

第五，普遍迷恋网络。他们的上网时间远远大于看电视时间，很多电视剧尤其是电视连续剧对他们来说已经没有吸引力了，这些人喜欢按照自己的爱好和需求主动寻找自己想看的节目。

"80后"的以上特征决定了中国的小众化市场正在孕育之中，很多行业都会陆陆续续地开始出现这种小众化的市场态势。

◎ 中产阶层将成为主流消费群体

我们说中产阶层是推动小众化市场发展的一股重要力量。如果是十年前谈论小众化市场肯定不合时宜，而今天谈论小众化市场恰恰就合适了。因为中国的中产阶层在过去10年当中有了突飞猛进的发展，这个群体的总量已经达到了欧洲最大的发达国家的水平，消费能力相当可观。而中产阶层的消费心理、消费模式和过去的温饱阶层消费者有着本质的区别。具体说来有以下几点：

第一，独立思考，理性消费。这意味着他们不会轻易地相信忽悠、宣传或者过度的推销，他们凭着自己的脑子去做判断，而且是理性的判断。他们不再人云亦云，跟风模仿，而是走自己的路，有自己的独到见解，不是看到别人买什么，自己也跟着买什么，而是寻找彰显自己个人品位的产品。那种一窝蜂买LV（路易·威登）的时代即将过去。

第二，从追求价格到追求价值。这就是中产阶层为什么不买便宜车，不买便宜手表，不买便宜衣服的原因。因为中产阶层最关注的是价值，一个产品值还是不值，它的品质好不好，它的服务好不好，它能给客户带来什么感觉和体验，都会成为衡量一个产品价值的标准，这种完整产品的概念会逐渐深入人心。

第三，注重品位，注重搭配。也就是人们常说的小资情调，做什么东西都要讲究品位，与环境和谐，一个天天挤公交车的人拿着价值万元的手包，一个穿着价值千元衣服的人却系着爱马仕腰带，一个西装革履的人却穿着廉价的白袜子，一个浑身上下都是名牌的人却在公共场合大声喧哗，这些都是没品位、不懂搭配的具体表现。不是说收入低的人没有资格消费，而是说不管消费什么都要搭配好，上下一致，内外和谐。要知道，品位不是短时间内可以培养起来的，需要修炼，需要培训，需要观察。

面对中产阶层这个市场，企业做好准备了吗？如何去迎合市场需要？如何把握商机？我们说随着小众化市场的出现，中小企业时代正式开启了。在温饱型和小康型消费者为主的大众化消费阶段，明星企业是大企业，人们很自然地将"大"跟"强"画上等号。而在小众化时代就不同了，成功的企业往往是一些中等规模的企业。因为既然是小众化市场，它的需求量肯定是有限的，规模经济效益在小众化市场会被削弱，而满足不同小众化市场的需求，更多靠的是差异化产品，这就给中等规模的企业创造了机会。所以我们说，小众化市场的出现就是中国中小企业时代的开端。

当整个社会走向个性化消费的时候，小企业时代就会来临，我相信未来10年、20年，中国市场上会出现很多非常成功的中小企业。它们可能是某个行业的隐形冠军，并不太知名也不一定上市，但是却能凭借独到的差异化产品满足某个特定消费群体的需要，拥有非常稳定、忠诚的目标客户群体。

不过，大众化市场还会一直存在下去。即使20年以后，中国还会有一半的消费者是温饱型和小康型的消费者。但是中小企业却可以抓住这个机会，针对中产阶层甚至针对富裕阶层去开发产品。遗憾的是，很多人不明白这个逻辑，我们看到的是相反的做法：大企业做的是中高档的，小企业做的是中低档的。这种玩法是不对的，将来一定会倒过来。因为中小企业更应该在某个方面做得比大企业好，否则就没有生存的空间，但这个好不是全面的好，而是在某个方面针对目标客户的需求进行提升和强化，从而在某个非常窄的领域超越那些靠规模经济取胜的大企业。

◎ 低成本战略将难以为继

过去30多年，令很多中国企业取得成功的低成本战略现在已经过时了，如果大家还在"低成本"上做文章，将来一定会出问题。时代变了，环境变了，企业必须与时俱进，主动进行调整。

低成本战略会出问题的原因何在？大家只要看看中国制造在世界范围内面临的困难与挑战就清楚了：为什么中国品牌难于走出国门？为什么中国品牌即使走出去也是地摊货？因为以低廉的价格打开市场

这一战略只会在开始阶段奏效，却不能持续有效，所以现在到了检讨低成本战略的时候了。我坚信我们必须提高产品的价值，走高价值路线，在高价值战略的前提下尽量降低成本，这才是未来的出路。中国企业正面临着紧要关头，如果不主动变革，就无法继续领跑甚至会掉队。为了说明问题，我在这里提出几条论据，供大家参考：

第一个方面，劳动力成本上升。这是不可逆转的事实，即使是农民工的生活和收入水平也要不断提高，况且中国的人口红利正在逐渐消失，高素质劳动力短缺是早晚的事。靠残酷地剥削廉价的农民工来获得企业利润的时期已经过去了。企业只有对自己的员工负责，才会吸引更多好员工，这既是负责任的表现，也是凝聚人心的必由之路。同时，从宏观角度来看，提高工人工资是拉动内需、加速城镇化建设的必然趋势，只有中国的农民集体富起来了，中国市场才会出现下一个繁荣。

第二个方面，原材料成本的上升。我们可以看到，中国人大量购买哪种原材料，其价格必然上涨，中国人大量出口哪种原材料，其价格就会降低。所以，价格并非只由简单的供求关系决定，实际上它是可操纵的，只是中国人缺乏竞争意识，缺乏战略设计，才陷入了被动挨打的境地。但是，随着中国及各国新兴市场的高速发展，世界的能源和原材料已经无力支撑，生态环境已经透支了。所以从长远来看，原材料成本的上升是一种长期的、必然的趋势。

第三个方面，环保及节能减排要求越来越高。因为我们不可能继续靠污染生态环境，污染江河、土地为代价寻求高速发展，因为这种发展是不可持续的。我坚信环保要求会越来越严格，因为这样做对整个社会是有好处的。环境破坏了，生存环境恶化了，就算收入上去了又有什么意义？生活质量的提高不仅仅体现在收入方面，更重要的是能够享受更高品质的生活，所以环保、健康和安全（EHS）会变得越来越重要，节能减排必定是未来几十年的主流，而且是不可逆转的。

第四个方面，竞争的加剧。现在各行业的竞争对手越来越多，如果企业还在低成本上做文章，同质化的产品就会越来越多，假冒伪劣产品也难以杜绝。对于同质化的低档产品来说，参与竞争的两个要素就是价格战和广告战，这两招都会导致企业的利润减少。所以，中国企业要想发展就必须逐步放弃低成本战略，走差异化的价值驱动道路，尤其是中小企业。

哪些企业漠视上述四个变化，或者没有预感到变化，将来唯一的结局就是被淘汰。当然这些趋势不仅企业家和经理人要明白，政府官员更要明白。如果政府官员不懂市场经济是怎么回事，而他们手上掌握着大量的资源，就会瞎指挥，甚至把很多企业带进死胡同。

◎ 企业员工将以"80后""90后"为主体

更值得关注的是，中国企业面临的内部环境也正在发生巨大的改变。最主要的，就是企业的员工变了，过去的员工主体是"60后"和"70后"，现在开始转变为"80后"和"90后"。

首先，现在的企业员工更加讲究生活品质。他们在乎休闲娱乐，他们不愿意加班加点，希望在工作中找到乐趣。如果让他们千篇一律地每天做同样的事情，像机器人一样重复地劳动，那对他们来说简直是一种折磨。

其实这种情况并非中国独有，同样的事情，30年前在美国也发生过，这是经济发展到一定阶段的必然结果。完全重复性的工作逐渐被机器人替代，而人们从事的工作不再是简单地重复。

其次，现在的企业员工精神需求更高。他们需要活得有尊严，需要被平等地对待，需要被关怀，需要有发言的机会，过去那种居高临下的军事化管理已经不适合他们了。他们喜欢人性化管理，是动力式管理，而不是压力式管理。

最后，企业的管理氛围改变了。现在的企业员工开始觉醒，他们不再埋头苦干，而是学会了质疑，不管是哪个层次的领导都必须讲道理，你能说服他们，他们就跟着你干，说服不了他们，就会被他们看不起，甚至被员工炒鱿鱼。

越来越多的人开始问"为什么""凭什么"。企业老板不能再指望员工为企业无私奉献，以为企业为员工提供了工作的机会，员工就应当感恩戴德。要知道现在的年轻人不再像父辈那样任劳任怨，而是讲究利益的平等交换。他们喜欢"幸福企业，快乐工作""工作与生活两不误"等现代企业管理理念。他们向往的是优秀雇主，即那些把员工当作家人对待的好雇主，那些把员工培养成才的好雇主，那些能让他们引以为豪的智慧型企业。

企业家转型的10个方面

关于转型问题，企业家或高层经理人如何才能彻底想清楚呢？最有效的方式就是"走出去，请进来"，与各个领域的高手进行深度交流与沟通，千万不要关起门来思考。有人说，一个人能走多远取决于他与谁同行，我赞同这句话。只要找对人，问对话，做对事，就可以省时省力，事半功倍。

企业家转型不是说说而已，而是要从全方位进行综合转型，这些要素之间既是独立的也是相关的。这里列举出10个最主要的方面，希望能给大家一些启发。

◎ **指导思想：从"后知后觉"到"先知先觉"**

在过去30多年里，由于中国企业始终处于追赶阶段，因此跟随、抄袭、模仿，甚至山寨化成了中国企业发展的主流模式。只要能做出类似的产品，价格比竞争对手低很多，就能赢得那些对价格敏感的温饱型消费者。但这种"后知后觉"的思路等于把话语权和主动权拱手让给别人，自己对市场没有任何控制力。

如果一家企业不能预见未来的趋势，无法及早动手去准备，就只能满足今天的显性需求，而无法满足明天的隐性需求。等到明天的隐性需求变成显性需求的时候，再去跟风，就会慢半拍，结果必然是"别人吃肉，自己喝汤"，始终处于不利的位置。

那么中国的企业家能否借鉴中医"治未病"的理念，及时发现潜在的机会、潜在的问题，并用系统思考的方式及早做出准备和调整呢？我想只要思维方式转变了，先知先觉就会成为可能。比如说，今天企业家所看到的各种报表和数据都是"后置指标"，即在一个月、一个季度或者一年结束之后回头看过去一段时间的结果，当发现结果不好时往往就已经晚了，就如同西医的化验结果，一旦发现问题，有时候就来不及了。那么企业家能否看到"前置指标"呢？这是当今世界并未解决的一个极具挑战的管理难题。

几年前，我曾经与彼得·圣吉，还有一位中医大师一起作为某管理节目的对话嘉宾。那次是把完全不相关的三个人整合在一起进行对话和碰撞，一个是研究学习型组织建设的，一个是研究中医理论和保健养生的，一个是研究企业战略与系统化管理的。虽然大家的侧重点不同，却碰撞出了火花。当我提出"前置指标"这个概念的时候，彼得·圣吉听了频频点头，因为谁能破解企业管理的前置指标问题，谁就能成为企业的保健医生，在问题出现之前把问题化解掉。

其实，很多人都忽视了业已存在的前置指标。很多事情都是渐变的，是长期积累起来的问题，比如安全事故频发，客户投诉上升，优秀员工离职，扯皮推诿加剧，库存持续上升，销量持续下滑，市场份额下降，产品上市延迟，现金流持续紧张，等等。这些问题在恶化到不可救药之前，其实是有征兆的，关键是大家对这些看似不起眼的小事是否足够的敏感和重视，是否知道导致这些小问题背后的核心问题是什么，根源在哪里？

企业家有了"前置指标"这个意识，就能够对各种潜在问题及时做出判断，就可以建立一整套收集、分析"前置指标"的体系和制度，从而达到"先知先觉"的境界。一旦企业建立起了"前置指标"收集分析系统，就等于拥有了一套科学的远程预警系统，可以在危机到来之前及早发现问题，解决问题。

10多年前，我在中国惠普公司担任首席知识官（CKO）时关注过一个话题，那就是"知识管理"。即使今天谈论这个话题仍显得有点早，但这是中国的企业家和高级经理人绕不过去的话题，上面讲到的前置指标和预警系统都与知识管理有关。互联网时代的信息量越来越大，如何用最短的时间找到所需的信息就成了抢占先机的关键。现在我们面对着海量信息，靠的是"关键词搜索"——必须先清楚地知道想找什么人、什么事、什么物，才能键入关键词，有时候结果并不令人满意。而未来的搜索模式必将走向"语义搜索"，即根据人的思维模式逐次逼近，通过互动的方式迅速找到信息。

比如你键入"高建华"，电脑会问你：找高建华做什么？可能会出现很多选项，很多三维图标，很好看也很好玩。比如我想找他的书，我想请他去讲课，或者我想找他做咨询。当你选择了其中某一项，电脑会继续引导你去寻找答案，比如书有哪几本（可以出现封面图案），课有哪几种（可以出现链接的视频），咨询有哪几类（可以出现项目简介），等等。

我坚信，一旦企业家认识到先知先觉的价值，很多问题就会迎刃而解，因为我相信中国人的聪明才智和勤劳奋斗，更相信中国企业家的执着精神和执行力，关键是如何打开那扇门，从而走上一条可持续发展的道路。

◎ 经营理念：从"利己主义"到"利他主义"

很多人说，中国有很多成功的商人，却没有多少成功的企业家。这句话表面上看有点偏激，但是仔细想一下，的确有一定道理。为什么呢？我们不妨看看商人和企业家的定义。

商人是一家企业的老板，他的经营宗旨和目标就是赚钱，用什么方法赚钱不重要，只要能赚到钱就行，这就是典型意义上的商人，结果才有了那句"无商不奸"。为了赚钱，很多商人不择手段，哪怕侵害客户的利益，伤害社会的利益也不在乎，想尽一切办法赚钱，比如忽悠炒作，偷工减料，剥削员工，污染环境，等等。

那么企业家的定义是什么？首先是有理想有追求，想做点事情体现自己的价值，成为受社会尊敬的人；其次是基于"利他"的理念来经营企业，一切经营活动的起点是为客户创造价值，不断地问自己，我的存在给客户带来了什么；再次是有社会责任感，愿意打造一个平台，帮助员工成才，并给员工提供一个施展才华的舞台，给客户带来有独到价值的创新产品和服务，给股东带来可持续发展的稳定回报，给上游供应商带来双赢的成长，给社会带来就业机会和税收。总之，企业家如同一个十项全能的运动员，而不是一个单项冠军，他的思考是系统性的，而不是仅仅追求一个局部的突破。

我们说，企业存在的根本价值就是帮助特定的目标客户群体解决问题，即要么提高客户的幸福指数，给客户带来愉悦的体验，要么降低客户的痛苦指数，满足客户未被满足的需求，所以是一种基于"利他"的理念而存在的逻辑。没有这样的理念，企业的地基就不牢，不管规模做到多大都不会走太远，就像沙滩上盖楼，出问题是早晚的事。

遗憾的是，改革开放30多年，我们过分关注经济指标，过度关注经营业绩，而忽视了很多本质追求、核心价值和人文关怀。到头来，企业想的不是帮助客户解决问题，而是整天想着自己怎么快速赚钱、快速致富。做企业必须赚钱，这是天经地义的事情，不赚钱的企业对社会是负担。但是赚钱和帮助客户之间不矛盾，这两点是有先后顺序的，千万不能搞反了，为客户着想，替客户分忧必然换来客户的满意，赢得客户的尊重，赚钱是自然而然的结果。

中国绝大多数行业里的中小企业，在起步的时候，一般都是跟在别人后面走，采取低成本战略，通过提供相同或类似的同质化产品，靠价格上有优势去竞争，靠亲朋好友的关系来打开市场。这种经营理念表面上看无可厚非，好像是对的，但是却经不起推敲，因为存在逻辑错误。要知道中小企业没有规模经济效益，单位成本肯定高于大企业，无论是采购成本，还是加工成本，无论是人力资源成本还是品牌宣传成本都会比大企业高，不可能有价格优势。

所以中小企业在进入一个新市场的时候，必须首先回答这个问题：我能给客户带来什么独到的价值？我能解决什么尚未解决的问题？我能在市场上生存的理由是什么？不要以为这非常困难，只要思想观念转变了，这样做是非常容易的。看看互联网领域的明星企业都是怎么起步的，看看电商们是怎么成功的，可以说，无一例外都是找到了消费者未被满足的需求，在小的方面做出改进甚至突破，就能赢得消费者的青睐和市场的认同。毕竟互联网领域（更广义地说是 IT 领域）是最早与国际接轨的，是没有政策保护的，也没有垄断型企业称霸市场。

基于"利他"的理念去思考问题，企业家很容易就会发现"蓝海"在哪里，因为看问题的角度变了，结果就会不一样，只需要学会换位思考就行了。可以说"利他"的起点，是产品创新，而创新的目的，是给客户带来独到的价值，不是为了创新而创新。创新必须站在客户的立场上来进行，必须让客户觉得有意义才行。

很多人会说我们都知道创新的意义和价值，不用你多说，关键是如何才能创新？有没有方法论？答案很简单：有！创新的起点就是去寻找"产品创新的源泉",理解了这样一套思维逻辑,掌握了这样一种简单的方法论,就不难发现"蓝海"市场。

当然,创新绝对不是一帮技术人员坐在办公室里就能完成的伟大事业,必须与产品市场人员一道走出门去了解市场,了解客户需求,尤其是发现未被满足的显性需求和隐性需求。要做好市场调研工作,就要定期走访三类人,分别是消费了不满意的客户、有需求没有消费的意向客户、自认为自己没有需求的潜在客户(见图3-3)。

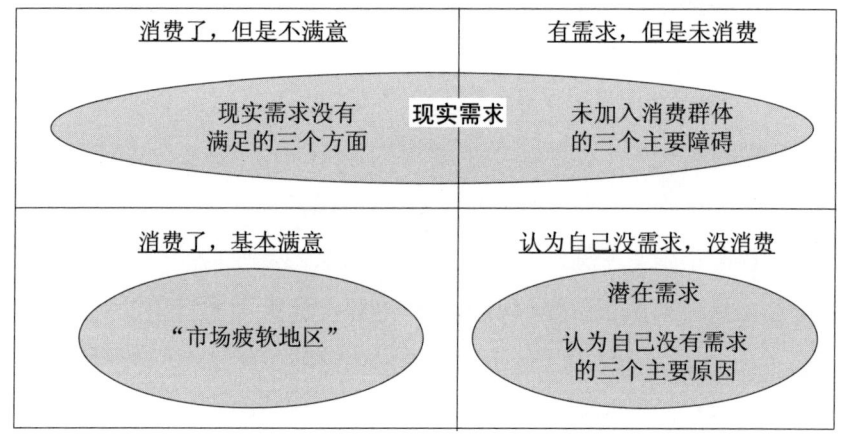

图3-3 消费及潜在消费人群分析图

那么走访多少人最合适?走访多少人才能得出相对准确的结论呢?按照跨国公司多年积累的经验,对于上述三个群体来说,每一个群体走访12~20个人基本就够了。这时候,信息的准确度在70%~90%之间,如果增大取样量,很多信息都是重复的,尽管信息的准确度会略有提高,但是边际效应会明显下降,付出的成本太高。作为企业家和经理人,不可能像学者那样提出问题,思考问题,必须兼顾时间、成本和效果,用最省力的方法解决问题。况且市场本身存在不确定性,能有80%的把握去做决策已经非常不错了,比起那些"拍脑袋"做决策的人来说，已经是天壤之别。

走访市场，了解目标客户的现实需求、潜在需求和未来需求，说出来的需求和没有说出来的需求，自己感觉到的需求和被启发出来的需求，是产品市场人员和研发规划人员最重要的工作。只要这两种人认同"利他"的理念，就能找到客户需求与企业实力的平衡点，在用创新的方法帮助客户解决问题的同时给企业带来经济效益。我坚信，只要把解决客户问题放在第一位，就不会跑偏，创新就会有实际意义和价值，出来的产品必定会令客户满意甚至超出客户预期，这就是"利他主义"的具体体现。

◎ 经营模式：从"摸着石头过河"到"借力腾飞"

进入深水区后不能再摸着石头过河

前面我提到过，在中国有一个非常流行的口号——"摸着石头过河"，好像中国企业的成长没有任何先例可循，只能自己探索，结果，很多企业一次次地重复其他企业已经犯过的错误。其实，在浅水区摸着石头过河是有一定道理的，因为大家很容易看到水下的情况，可是一旦进入深水区，再摸着石头过河就麻烦了。在改革开放初期，中国企业普遍处于浅水区，大家通过粗放式的快速发展，迅速长大，时至今日中国企业已经进入深水区，再摸着石头过河必然会凶多吉少。

为什么直到今天很多企业家和经理人依然热衷于摸着石头过河呢？主要原因是思维方式和思想意识的误区。很多人以为本企业所面临的问题是某个行业、某个地区、某个企业所特有的，别人理解不了，也解决不了，动不动就拿中国特色说事，以为这些问题只有中国企业才有。其实不然！中国企业今天遇到的大多数问题，在发达国家的企业成长过程中早就遇到过，而且已经有了相应的对策，只是我们没有去发掘而已。

我们已经习惯了低头拉车，而忘了抬头看路。当年参加质量管理培训时，我印象最深刻的一句话就是：当你遇到难题的时候，不要关起门来思考，要问自己哪里没有这个问题？通过走出去，请进来，就会找到哪里没有这个问题，以及不发生这个问题的原因，自己的问题自然就有答案了。

大家不妨问问自己，谁曾经真的摸着石头过了河，有成功的案例吗？**作为一种常识，过河无外乎四种方法：修一座桥来过河，通过渡船来过河，架设一条绳索来过河，摸着石头过河。**可以说，最后一种过河的方法是风险最高的，也是最愚蠢、最无奈的方式。只可惜大家都不会讲真话了，已经习惯了自己欺骗自己，用一些违背常识的口号来愚弄自己，或者给自己的错误找一个合理的理由。

众所周知，一家著名的家电企业在国际化的过程中抱着"摸石头过河"的心态，事先的可行性分析不到位，在三个月之内草草决策，结果赔了17亿元，花巨资买了一个教训。如果企业在重大决策前先做好周密的计划和充分的准备，做好模拟演练，并且请明白人做咨询，了解其他企业在兼并整合过程中曾经发生过哪些问题，了解不同国家的政策法规，把可能发生的所有问题进行预测和分析，做出各种应急预案，就不会出现许多这样那样的问题。改革开放这么多年来，我们交的"学费"还少吗？为什么不能从他人的失误中得到启示？答案也许很简单，那就是：自负外加盲目乐观，以为自己把所有的问题都想到了，以为不会发生什么意外。

几年前，上海贝尔曾经请我去做过一次培训。因为我在2002年至2003年期间，曾经担任中国惠普兼并与整合办公室的主任，主导了惠普与康柏在中国内地和香港地区的兼并整合项目，了解在两家企业兼并整合过程中容易发生什么问题，有哪些难点，有哪些障碍，成功的要素有哪些，经验教训又有哪些，如何解决整合中的难点问题，如文化整合、系统整合等。通过一天的培训与交流，我相信他们了解到了很多实用的流程、方法、工具以及在整合过程中如何防患于未然，我用半天时间先给他们介绍了惠普、康柏合并案的操作思路和流程，我们是怎么做计划的，怎么做分工的，怎么做监督的，以及我们是怎么解决各种疑难问题的。下午则是互动问答，来自不同职能部门的副总裁一级的高管把他们担心的问题，他们想到的困难，他们害怕发生的事情拿出来一起探讨。其实他们谈到的很多问题，我们都经历过，我就把我们是如何解决的与他们分享，结果一天下来，他们就明白了整个兼并整合过程中可能发生的绝大多数问题，并根据这些问题及时指定专人去做预案，达到了防患于未然的目的。事实证明，他们的兼并整合进展得很顺利，没有出现重大问题。

让外行来指导内行

很多人认为外行不能指导内行，因为外行没有行业经验，对企业的状况不了解。所以很多大企业在寻找职业经理人时，总是喜欢从同行里挖人，以为这样做最保险、最安全，没有沟通障碍，结果形成了"近亲繁殖"，扼杀了想象力和创新力。

西方企业则经常引进外行来进行交流、沟通、碰撞，因为外行没有思想上的束缚，可以天马行空地想象，提出一些理想化的解决方案，把其他行业使用过的方式方法移植过来进行嫁接。这是一种强迫自己跳出框框想问题的模式，因为有外行，所以才敢想敢干，不会瞻前顾后。

1994年，苹果公司通过猎头找到我，希望我担任苹果公司的中国市场总监。他们看中的并不是我在惠普的工作经验，因为我在惠普时是从事电子测量仪器业务的市场部经理，他们看中的是我从事市场营销工作多年而具备的专业技能。

所以说，大企业招聘职业经理人时最重要的是看专业技能，而不是行业经验。这些年我在从事管理咨询和培训的过程中，经常会遇到这样的一些企业，他们希望找了解他们行业的人做咨询，做培训，认为了解行业情况的人才能做好咨询，做好培训，其实不然。最了解这个行业的一定是企业内部的人士，再聪明的咨询师和培训师也不如企业内部的人明白行业的运行规律和各种潜规则，又怎么可能提出更高明的建议？咨询和培训过后客户才明白，请外行人来咨询、培训更有价值，因为思维方式、工作方法和个人技能比行业经验更重要。

企业一定要珍惜刚刚入职新员工的直觉，认真听取新人的感觉、看法和体会，因为刚刚进入一家企业时还没有被同化，还有自己的想法，能看到内部人士习以为常的问题，能看到司空见惯的坏毛病。一旦在企业工作一段时间，这种敏感就消失了。经验丰富的人习惯了"从里往外看"，即站在企业的立场上，以一个行家的身份来看待这个世界，以为普通消费者也会像自己一样熟悉企业的产品、技术、参数、应用等各个方面的情况。外行人则不同，因为没有任何经验，所以会从一个接近客户的角度来看问题。

我们拿美国的路标为例，在美国开过车的人都知道，只要拿着一份地图就可以走遍美国不迷路，因为路标是给不认得路的司机设计的，不用猜，一看就明白。比如高速公路的出口，中国的路标是从起点开始按照顺序排列，中间一旦增加出口就麻烦了。美国的出口编号则不然，他们是按照某个出口离起点的距离来标注。比如 16 号出口就是从起点算 16 英里，58 号出口就是从起点算 58 英里，你从 16 号上去，58 号下来就是 42 英里，将来开辟新出口的时候也非常简单。

在管理上"抄袭"，在产品上创新

既然不提倡摸着石头过河，就应当学会借力，用最省力的方式解决问题。不过在什么方面借力是有讲究的，简单说来，中国企业在制度上完全可以借鉴甚至复制国外成熟企业的做法，在管理上可以借鉴或者复制优秀企业的体系，没必要从头来。既然别人花了几十年的时间总结归纳出了一些成功的经验和方法论，我们拿过来用就行了，只需要根据本行业、本企业的特征做适当调整即可。

所以中小企业应当树立这样一个观念，那就是尽量在制度上、管理上复制，在产品上创新，踩着巨人的肩膀往上爬。

可以说，在制度上、在管理上复制是最聪明的做法，既不存在知识产权的问题，还可以少走弯路。而抄袭、复制其他企业的产品是最愚蠢的做法，因为这样的产品没有任何个性和差异化，只能靠价格战和广告战去求生存，使整个市场越来越混乱，短期看是赚了便宜，但是从长远看，却是自废武功的招数。而且抄袭、复制其他企业的产品很容易被人抓住，甚至被人告上法庭，引来知识产权方面的纠纷，即使成功了也不光彩。但是，这样说并不意味着我们在什么方面都要自力更生，而是有选择地去模仿，并在模仿的基础上加以创新，千万不要本末倒置。

总之，只要思维方式转变了，"借力"是很简单的一件事，也是花小钱办大事的捷径。在管理上复制，在制度上借鉴，在方法上模仿，在产品上创新，这才是中国企业的正路。因为从世界上最优秀的企业那里学管理，建制度，可以迅速缩短与优秀企业的差距，迎头赶上，这些基础工作做好了，企业才会步入健康发展的快车道。

◎ 经营策略：从"微利经营"到"厚利经营"

当今世界没有哪个国家是靠卖低档货成为发达国家的，这是不争的事实。欧美如此，日韩也如此。一个国家要想征服世界，靠的是一流的产品，一流的设计，一流的服务，一流的体验。

在改革开放初期，我们处于从温饱向小康转型的阶段，所以抄袭、模仿也许是追赶发达国家的最佳策略，但是一旦社会发展到中级阶段，主流消费群体开始从小康向中产阶层转型，企业就不能再依靠低档货打天下，必须进行产品升级，提高产品的附加值。

看看当今世界受人追捧的畅销产品，不管是手机还是服装，不管是奶粉还是汽车，有多少低档货受追捧？有谁以拥有、消费低档货为荣？中产阶层有多少喜欢消费物美价廉的低档货？发达国家的特征就是消费水平高，生活水平高，生活环境好，工作强度低，员工工资高，福利保障好，这是合乎逻辑的正常现象，也是中国人追求的目标。随着中国的人口红利逐渐消失，劳动力成本必然逐步上升，靠微利经营只会越走越难。如果大家不能认识到这种转型的必要性和必然性，就会被历史淘汰。

我们都知道一个道理：便宜没好货，好货不便宜，一分钱一分货。这是大家普遍的认知，也是市场运作的必然规律，便宜一定有便宜的原因，贵一定有贵的道理。但是很多人都误以为消费者买产品就是认价格，尤其是当今社会普遍采用公开招标，低价中标，表面上看这样做是合理的，其本意是避免腐败，鼓励竞争，可是结果却走向了反面。这是每个人都明白却不愿意承认的客观事实，也是导致很多豆腐渣工程的根本原因。

大家不妨设想一下，如果三家公司参与竞争，价格低的中标了，另外两家会怎么想？怎么做？一定是回去想办法降低成本，下一次价格最低的又中标了，另外两家继续去想办法降低成本，以此类推，但是降低成本是有极限的，到了一定程度必然走向偷工减料，甚至出现假冒伪劣产品，因为游戏规则就是这样，谁作假谁取胜。

记得，当年我的上司在给管理人员做培训时曾经说过这样一段话：如果某一个地方经常发生交通事故，那就不是开车人的问题，而是道路设计者的问题。所以现在到了检讨低价中标的时候了，如果再这样自欺欺人地走下去，中国企业就会自废武功。

低价中标是导致微利经营的原因之一，另外一个原因就是产品的高度同质化。由于政治、文化的双重影响，中国人已经习惯了跟在别人后面走，习惯了"向某某学习"，尽量不要冒险，不要走自己的路，跟在别人后面走最安全。但是当大家的产品完全一样时，作为买家没有别的考虑因素，只好比价格，既然产品一模一样，自然是谁的便宜买谁的。那么解决问题的出路在哪里？就是走差异化经营的道路，把厚利经营当作企业的追求和策略。

其实，这个世界很公平，开始做的时候不想费力气，想投机取巧，后面必然越走越艰难；而开始的时候如果多下点功夫，多花点时间，多动动脑子，就能做出有独到价值的差异化产品，就能获取较高的利润，实现厚利经营，而且越做越省力。

几年前，我带着客户去烟台万华学习取经，因为烟台万华就是一个厚利经营的典范，优质优价，有些产品比知名的跨国公司产品还要好，还要贵。烟台万华在选择新项目时有这样几条原则：一是高技术，二是高资本，三是高附加值。换句话说，不难不做。没有技术含量，没有投资门槛，没有厚利的项目是不会带来稳定回报的，遗憾的是，很多企业都喜欢做"短、平、快"的项目，以为这样做容易成功，结果可想而知。要知道，市场竞争是一个互动游戏，你进入市场很容易，别人进来也很容易，没有壁垒的市场必然竞争激烈，所以企业在顶层设计时就要学会逆向思考，否则走到微利的漩涡里就难以自拔了。

在大众化消费时代，由于基础类产品的需求量大，所以一些大企业可以发挥规模经济效益，通过上规模来降成本，这种经营理念在大众化时代是正确的，是工业化初级阶段社会化大生产的必然产物。但是，随着中国市场逐渐从大众化转向小众化，微利经营必然难以为继。因为在很多领域，规模经济效益开始失灵，取而代之的是柔性生产，即根据客户的小众化需求和个性化需求做出迅速反应，随之而来的就是大规模定制。现在，商业模式和经营模式都将发生变化，竞争的焦点也必然发生变化。这种变化对于中小企业来说是机遇，也是挑战。如果大家能改变微利经营的思路，懂得市场经济的游戏规则，按照游戏规则去办事，就可以提高整个企业的利润水平，进而让更多的企业走向厚利经营。

微利经营到底有什么危害？总结下来有12大类问题，这些问题近几年来不断恶化，恶性循环，从根本上压缩了中国企业的生存空间，削弱了中国企业的国际竞争力。

第一，没有钱改善员工工作环境；

第二，没有钱吸引留住优秀人才；

第三，没有钱培训员工提高效率；

第四，没有钱做品牌规划和宣传；

第五，没有钱研究调研客户体验；

第六，没有钱做产品研发和创新；

第七，没有钱采用国际一流设备；

第八，没有钱建设一流的IT系统；

第九，没有钱借助外脑做咨询；

第十，没有钱购置改善环保设施；

第十一，没有空间应对汇率上涨；

第十二，没有空间应对原材料涨价。

当然，厚利经营的定义是高毛利、低净利，给自己留下足够的生存空间。这样可以把赚来的钱用于基础设施建设，改善员工的薪资福利，对内可以提高员工的退出壁垒，对外可以提高竞争对手参与竞争的门槛，从而为建立竞争优势奠定基础。这种循环再投入的方式等于建立起一个强大的防火墙，可以确保企业永续经营、可持续发展，这也是绝大多数跨国公司的做法。

高毛利容易理解，为什么要低净利？因为净利过高必然招来竞争对手，所以我一直强调这样一个理念"暴利等于自杀"，除非你能持续垄断某种资源，除非你有别人学不来的绝招，否则不要追求高净利。中国为什么出现了那么多重复建设、恶性竞争？关键是行业的领头羊没有把握好自己，没有做好企业的顶层设计。他们只顾自己往前跑，没有想到要建立吊桥，修护城河，没有想好如何阻止竞争对手进入。这可能与中国传统文化中缺乏竞争和进攻意识，"你好我好大家好""人不犯我，我不犯人"的思想有关。

要知道当今世界市场竞争的基本原则是：既要自己过得好，又要对手过得不好。所以我们在思想观念上必须转型，不能停留在封闭的环境中，不能停留在传统的意识中，要调整自己的价值观念和行为准则，以适应环境的变化，正所谓：识时务者方为俊杰。

◎ 企业追求：从"股东利益最大化"到"员工利益最大化"

记得，惠普公司的创始人之一比尔·休利特（Bill Hewlett）生前最后一次访华时，在员工见面会上曾经针对员工提出的中国惠普公司优秀人员流失问题做出这样的回答：我们不可能阻止员工离开公司，因为人才流动是正常现象，我的愿望就是，让每一个离开惠普的员工说惠普好。这是非常朴素的一段话，也是员工喜欢"惠普之道"的原因。也许很多人都听说过"惠普之道"，它曾经把惠普带向辉煌，中国惠普曾经连续多年成为十佳合资企业、十大最受人尊敬的企业、最佳年度雇主、最佳企业公民等等。

在此不妨重申一下"惠普之道"：**我们相信每一个人都有把工作做好的愿望，只要公司提供一个合适的舞台，员工必定全力以赴。**

这是基于人性善的理念应运而生的管理哲学。不仅创始人如此，当时整个惠普的管理团队成员均如此，大家按照"惠普之道"去善待员工，培养部下，让员工满意。惠普通过具体的政策、制度和做法让每个人亲身感受到尊严、信任，感受到公司提倡的"员工至上"理念，让每一个员工醒来之后就想去上班，让大家下了班之后还想着如何把工作做好。这些事情表面看起来并没有什么，但是越是简单的事情，做起来越不容易，而坚持下来更不容易。所以惠普直到 10 年前一直是一家受员工喜爱的优秀雇主，就算因为各种原因离开惠普，绝大多数人都是笑着离开惠普，而且惠普会尊重员工的选择，不会把员工的离职当作背叛。

最近这些年，很多中国企业盲目学习西方的经营管理理念，以为当今世界最流行、最超前的经营管理理念就是最好的，不管中国企业目前的状况如何，就开始盲目地学习、照搬，结果误入歧途。要知道中国企业所处的发展阶段与西方发达国家企业不一样，我们现在要学的恰恰是他们 30 年之前的经营管理理念，因为那个时候发达国家的企业所面临的问题与中国企业今天面临的问题是相似的，这里有一个时间差。

不要看到某些曾经优秀或卓越的企业现在不行了就全盘否定，认为其经营管理理念和做法不值得学习，也许有一天我们的企业也会面临同样的困难，只是还没到时候而已。我认为，在中国人的传统思维方式里有一个致命的思维误区，那就是一旦某个人犯了错误就彻底否定他，没有任何优点，没有任何功劳，而一旦某个人被树为典型，就成了"高大全"，什么都好。

其实，西方企业为了自身健康可持续地发展，早在几十年前就开始关注员工利益，一方面是社会发展到一定阶段的必然产物和客观要求，另一方面大家都明白这样一个简单的道理：没有满意的员工，就没有满意的客户。而经过几十年的演变，西方企业的劳资关系已经变得非常和谐，不再是卓别林电影时代那种残酷剥削的劳资关系，幸福企业成为很多企业的追求。很多企业都有员工持股计划，优秀的员工可以得到股权奖励，成为小股东之一，到最后员工和企业逐渐融为一体，劳方和资方的界限逐渐模糊，大家为了一个共同的目标而努力奋斗，很多跨国公司甚至没有工会组织，因为大家觉得没有必要。

最近这些年，随着华尔街对实体企业的影响越来越大，企业董事会和决策层的价值观念和行为方式发生了巨大的变化。记得当年惠普的两位创始人在世的时候,并不在意华尔街怎么说,也不会谈什么股东利益最大化,因为他们两个家族是惠普最大的股东,他们关心的是给员工提供一个好的工作环境,让大家开心地在这家公司工作,从而让公司稳健成长,让公司持续发展。

直到今天我都认为惠普两位创始人的理念是非常伟大的,其境界之高是当今世界很多企业家望尘莫及的。遗憾的是,当惠普的两位创始人相继离世之后,惠普的董事会和最高决策层成员逐渐背离了原来的企业宗旨,放弃了世界闻名的"惠普之道",开始被华尔街左右。他们按照华尔街的要求分拆公司,把惠普起家的电子测量仪器分离出来,成立了安捷伦科技公司,因为华尔街根本看不懂惠普的运营模式,难以衡量惠普的价值。我认为,这种分拆对惠普和安捷伦都是重大的伤害。

也许外界并不知道,在安捷伦没有分出来之前,惠普的优势是电子测量仪器业务与计算机业务优势互补,电子测量仪器的科技含量高,在世界市场的优势非常明显,竞争没有那么激烈,可以从容地设计很多流程,可以精雕细琢,把一件事做到极致,而且很多员工培训体系都是先在电子测量仪器这边开发出来,然后供人数更多的计算机部门使用,巧妙地解决了开发时间、使用数量和开发成本之间的矛盾。而安捷伦分出来之后,虽然华尔街满意了,但是惠普原有的优势不见了。没有计算机部门的分摊,安捷伦这边失去了成本优势,而没有了安捷伦的从容开发,惠普失去了技术领先和创新的动力,结果两败俱伤。这就是惠普今天陷入困境的根源,虽然营业额上去了,但是核心竞争优势却消失了。对一个忠于"惠普之道",认同"惠普之道"的老惠普人来说,看到惠普一步一步背离其理念,心里的确很难过。

随着外聘的职业经理人担任 CEO 逐渐成为西方企业的一种趋势,围着华尔街转,整天谈股东利益最大化就成为必然,因为股东利益最大化实质上就是 CEO 利益最大化。当今世界跨国公司的 CEO 大多数都是靠股权激励来获取个人利益，这种激励模式把大家逼到了股东利益最大化这条道路上：CEO 要想获得个人利益，就不得不在股东看重的短期利益上做文章，只要股票价格上去了，CEO 就会有巨额回报。这种短期利益导向的机制迫使 CEO 围着华尔街转，即使这样会伤害企业的长远利益和核心利益也在所不惜，因为职业经理人不像创始人那样更关心企业的长远利益和可持续发展。所以从某种意义上讲，**家族企业更在乎企业的长远利益和可持续发展，因为他们不想让短期利益伤害长期利益，还想把公司传给自己的下一代。**

通过上述案例的介绍，我希望大家明白这样一个道理：股东利益最大化是西方国家的企业发展到一定阶段之后才提出来的，即在创始人及其家族成员逐渐淡出甚至完全退出董事会之后才开始流行起来的。而中国企业今天所处的历史发展阶段与西方企业完全不同，千万不要简单套用他们的理念。再过 30 年，当很多知名中国企业的创始人逐渐淡出企业，当企业的投资者与经营者完全分离的时候，外聘的 CEO 大谈股东利益最大化也不迟。现阶段，中国企业需要做的恰恰是回到原点，把员工利益放在首位，给每一位员工做一份职业生涯规划，赢得员工的忠诚。哪家企业能认清员工利益最大化与企业健康发展的逻辑关系，哪家企业就能赢得员工的忠诚，就能激发员工的主人翁精神，就会焕发出无穷的活力和创造力，进而走向世界，征服世界。

海底捞的成功，在我看来，就是简单地回到了管理的起点，因为遵循了客观规律，所以赢得了员工的信任和忠诚，赢得了社会的尊重和客户的喜爱。

我一再强调这样一个理念，西方的经营管理理念是有边界的，学习西方的管理体系首先要知道其前提条件和边界条件，决不能拿过来就用，要理解其背后的逻辑，同时要找准时机。因为不同阶段的企业核心问题不同，关注点自然不同，所以不能盲目学习，要有空间和时间的概念，更不能赶时髦。要知道，30多年前，当发达国家完成了战略转型，从大众化市场走向小众化市场的时候，知识型员工成为企业的主力，创造取代了制造，为不同的小众化群体提供差异化产品成为绝大多数企业普遍认同的经营管理理念，这就是后工业化时代的典型特征。

因此，尊重员工，平等相待，在西方企业里成为自然的事情。因为创新需要宽松的环境，需要发自内心的激情，就像他们做产品时一定会首先考虑目标客户群一样。很多事情对跨国公司来说，已经不用刻意说，不用刻意强调，很多理念已经融化在血液中。但是对于刚刚进入市场经济环境的中国企业来说，目前还处在粗放式发展的初级阶段，还考虑不了那么多，直到"人口红利"结束，直到有一天大学生不够用，而农民工过剩的时候，中国企业才会真正完成从中国制造向中国创造的转型。到那时，知识型员工将成为中国企业员工的主体。

所以，企业家和经理人现在必须把人力资源管理的转型与升级提上议事日程，把培养知识型员工、善待知识型员工当作未来10年的主要工作来抓。股东利益固然重要，但是股东利益从何而来？来自于满意的客户。而满意的客户从何而来？来自于满意的员工。所以强调股东利益最大化而忽视员工利益最大化，是本末倒置的做法，是欲速则不达的短视行为。

◎ 领导风格：从"军事化管理"到"人性化管理"

改革开放之初，人们普遍没有市场经济的意识，更没有规则意识，每个人都是想干就干，不想干就不干，干好干坏一个样，大锅饭问题还没有彻底解决，人们的思想意识非常落后。面对很多没有受过太多教育，没有自觉性的农民工，很多企业采用了军事化管理，居高临下地要求员工按照严格的制度办事，违者严惩。

记得，1997年第一次去伊利做培训的时候，到厂区参观，看到厂房外墙上有这样的口号：今天工作不努力，明天努力找工作。我当时非常震惊，心里想，怎么可以这样吓唬员工。后来就理解了，也认同了这些做法，因为那些蓝领工人都是临时工或季节工，人员流动频繁，没有严格的制度和约束就会乱套。后来，伊利和蒙牛的厂区里都有员工上下班的专用路线，所有人都必须沿着上下班的路线行走，不能随便走，这对培养蓝领员工的规则意识是非常有帮助的。

但是如果今天我们的企业还沿着这条老路走，用这套模式来管理知识型员工，可能就会失灵。尤其是随着受过高等教育的员工越来越多，企业家必须在思想上做出调整，在做法上进行转型，以适应时代及环境的变化。

前几年在企业界曾经流行过"向解放军学管理"，希望把军事化管理的手段和方法引入企业。但是，我们必须承认，军队与企业不一样，士兵的天职是服从，不应该有太多想法，但是企业不能要求员工无条件服从，而要鼓励员工思考。一些提倡军事化管理的人认为：军令如山，军中无戏言，如果员工坚决服从领导指令，坚决执行企业既定方针和策略，并且在执行中注重配合，讲究协作，那么这个企业就具有超强的战斗力，就一定会攻无不克战无不胜。

这些理念表面上看是对的，但是仔细琢磨就会发现逻辑错误。

首先，军事化管理的前提是权力高度集中，是假定拥有权力的人大公无私并具有过人的智慧，换句话说，这种思维假定指令是绝对正确的，假定领导的判断永远是对的。但这样的前提条件在企业里成立吗？

其次，员工不是士兵，他们有权利知道自己为什么要坚决执行，执行了对自己有什么好处，大家的共同利益是什么。必须经得起这三个"为什么"，经得起推敲。

再次，很多老板已经习惯了用压服、强制、逼迫等高压手段来解决问题，迫使员工就范，这种思想早就过时了，老板不能把员工当士兵，而应当把员工当作伙伴。

士兵可以为国家献身，但是员工却不会为企业献身，员工只会为了自己的利益奋斗，两者有本质区别。如果老板把军事化管理当作提升企业执行力的基础那就大错特错了，那样只会培养出一群服从命令的小绵羊，而且仅在短时间内有效。抬眼看看，有哪家实施军事化管理的公司，员工满意度是非常高的，员工忠诚度是非常高的？

可以说，执行力来自员工的主人翁精神，而主人翁精神来自员工利益与企业利益的一致性。海底捞之所以成功不是因为军事化管理，而是因为人性化管理，因为员工不是生活在真空状态，他们活在现实中，只有切实解决好员工关心的各种问题，员工才会全力以赴干工作。

在饭桌上经常听到一些人讲：美国前500家大公司的CEO很多是西点军校毕业的，还有人说西点军校里挂着雷锋的画像。不知道哪个人做过调研，或在西点军校亲眼看见过？只要你对美国人的价值观有基本了解，只要你对美国前500家大公司的CEO都是哪里毕业的做个调查，就不会这样以讹传讹。遗憾的是我们喜欢按照自己的想象去推理，编一些故事来安慰自己，给自己的做法找些理论依据，其实很多有关美国人的故事都是中国人编出来的。

很多人听说过商场如战场，这句话也是有边界条件的，因为商场和战场有着本质的区别。军队在打仗时只要把对手战胜了，哪怕自己方面只剩下一个人也是胜利，但是商战却不同，打倒了一个敌人会冒出第二个、第三个敌人，甚至是"鹬蚌相争，渔翁得利"。军队要求严格的纪律，所以好的军队称为"铁军"，以代表纪律严明，整齐划一，但是企业却不一样。员工与老板之间是一种契约，是一种公平交易，所以为了让员工努力工作，必须尊重他们的个性，鼓励他们创新，让他们按照自己的意图做事，这样才能调动员工的积极性。士兵不需要问那么多为什么，听命令就对了，但是员工可以问为什么，而且必须问为什么,只有他们打心眼里认同了,才会发自内心地执行。纪律性、执行力、团队精神从何而来?来自认识的转变,一旦员工认识到严格要求对自己有好处,可以提升自己的水平,他们就会严格要求自己,一旦他们知道只有帮了别人自己才能多赚钱,他们自然会增强团队合作。

在今天这样一个拜金主义流行、特权思想横行的时代,老板无法改变大环境,但是却可以营造小环境,让员工感到温暖与关怀。你让员工快乐,员工让你舒服,你让员工增值,员工让你增效。老板和各级管理者要想方设法去激发员工的创新意识和潜能,引导员工不走别人走过的路,重奖那些给企业带来效益的创新。

追求、享受物质生活是天经地义的,关键是君子爱财取之有道。如果大家都不追求物质享受,哪里来的内需、繁荣和成长?所以追求物质文明是一个社会发展的动力。要知道,军人整天生活在军营里,他们不走向社会,不接触社会,他们不担心房价,不考虑买车的事情,也看不到各种腐败和乱象,所以他们的思想相对单纯,生活相对简单。但是企业里的员工却不然,他们需要生活,他们要想在城市中站稳脚跟,就要买房、买车、旅游、消费,过体面的生活,他们不得不担心孩子教育问题、医疗保障问题,所以他们的追求和士兵的追求是截然不同的。如果企业想搞军事化管理,就要承担起所有的义务,让员工后顾无忧,分房子,给汽车,管教育,管医疗,等等。

企业应当培养员工的责任意识,让大家认识到:对自己负责,就是对他人负责;尊重自己,就是尊重他人。一个人必须说到做到,信守承诺,有时间观念,答应别人的事情必须办到。出了问题就要勇于承认错误,而不是找借口。中国人不喜欢认错,尤其是长辈不会跟晚辈认错,上级不会跟下级认错,老板不会跟员工认错,这是缺乏自信的表现。因为人非圣贤孰能无过,犯了错误就认错是自信的表现,不但不会让人看不起,反而会得到大家的尊重,而且这是有责任意识的表现。另外，老板要尊重员工的个性，尊重不同人的差异，老板不能指望所有的人都像自己一样敬业、奋斗、执着，每个人有每个人的追求，只要价值观没有冲突，就要包容不同人的缺点。整齐划一不是包容的表现，一刀切更不足取。

由于过度关注业绩，很多企业打出了"打造狼性团队"的口号，以为狼性团队是企业实现目标的生力军。但是在竞争激烈的行业里，客户有很多选择，无论他们是否喜欢与有狼性的业务人员打交道，企业还是要回到它自己存在的价值：那就是帮助客户解决问题。即必须基于"利他主义"这个主导思想去开展业务，否则不会持久。所以说，谈论狼性团队，更多的是站在企业自身的立场看问题，而不顾客户的感觉和感受。

老板应当在人性化管理和经营人心上做文章，想尽办法去激发员工的善心，让员工为了自己的尊严，为了自己的未来而自觉自愿地约束自己，发自内心地努力工作，这才是上策。千万不要跟员工较劲，即使老板与员工的想法不一致，也要试着去理解员工的想法，采用心理辅导当中的"先跟后带"模式，即先沿着员工的思路走，理解他们的想法，跟在他们后面一段时间，发现问题后及时告诫员工，通过引导的方式让员工感到上司是真的关心自己，为自己好，就像父母对待孩子一样，让员工明白如何做对自己最有利。我们说，引导的目的是内化（Internalize），让员工自己完全说服自己。

◎ 决策机制：从"感性决策"到"系统化思考"

人的直感很重要，但是不能仅仅凭直感做决策，尤其是重大决策，失之毫厘，谬以千里。那么如何做决策最科学？表面上看，决策是很简单的一件事，其实不然，决策就是选择，是在若干个选项中选择了一个，一旦选择错了，再努力也是没有用的。而随着社会的演变，变量越来越多，如何减少变量，如何把一些变量通过转换变成相对不变的量，这就是决策的技术含量所在。

遗憾的是，很多人不愿意走复杂的流程，而是用最简单的方法来决策，那就是拍脑袋，跟着感觉走。这样做速度虽快，但是精确度不高，凭着直觉可以做出大致的判断，却容易出现漏洞。因为拍脑袋做决策往往是在一个点上做文章，是针对一个特定的问题去思考，而没有深入分析导致这个问题的根源是什么。其实，随着环境变得越来越复杂，决策的考虑因素也越来越多，逐渐变成了一个复杂的函数，而且各个变量之间互相影响，互相牵连，所以决策的难度非常大。

这就要求我们用系统化的思维来做决策，比如可以用鱼骨图分析法（见图3-4）去分析问题的症结，用思维导图来梳理解决问题的途径，从以下五个方面来分析。

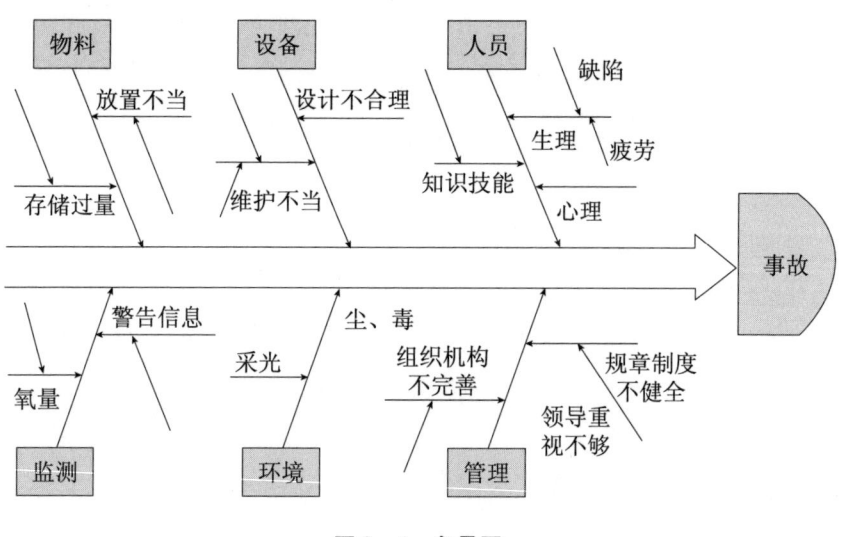

图3-4 鱼骨图

第一，抓住根本矛盾。很多人都是依据自己所看到的某个问题来进行判断，即根据表面现象来做决策，头疼医头，脚疼医脚。其实，很多表面的问题有它背后的原因，背后的原因又暴露了深层次问题，而深层次问题是由根本性矛盾导致的。这个根本性矛盾才是真正的症结所在。不把根本性矛盾搞清楚，就不可能一劳永逸地解决问题。在这里有四层逻辑关系，即表面现象——背后原因——深层次问题——根本矛盾。

我们的祖先其实最擅长发现根本矛盾，只是到了近代，我们自己放弃了老祖宗的做法，越来越没有自我了。就拿中医来说吧，中医是一套非常科学的体系，只是用现代的科技还无法解释某些问题而已。相信中医的人都知道，中医与西医最大的不同就是系统性思考，有时候头疼会医脚，脚疼会医头。换句话说，我们的祖先是用系统性的思考去追根溯源，去发现表面现象背后的问题，去寻找导致身体疾病的根本矛盾，并通过化解根本矛盾来解决问题，不夸张地说，中医的"治未病"理论远远领先于西医的有病治病理论，前者是预防性的、前瞻性的，后者是应对性的、后置性的。

第二，把目标搞清楚。决策到底要解决什么问题，要达成什么样的期望结果，必须先把目标和目的讨论清楚，在管理团队内部达成共识。这就需要技巧和方法论，为什么说很多中国企业不会开会，就是因为大家没有学习过如何开会，到头来经常是议而不决。要知道，决策绝对不是一个人的事情，更不是谁官大听谁的，需要大家讨论决定，毕竟一个人的聪明才智是有限的，就算某一个人想得很对、很精明，也需要说服大家才行。

企业不是军队，不能要求员工按照命令去做事，否则员工就成了一些不动脑子的工具，这样的员工是没有多少价值的。要想激发出员工的潜力，就要让他们参与决策，知道决策背后的逻辑是什么，唯有这样，员工才可能心甘情愿地去执行，发自内心地去努力。另外，决策必须有依据，要知道一个决策会导致什么样的结果和问题，重大决策要做沙盘模拟演练、预演，要知道很多事情都是牵一发而动全身，每一个决策都会影响到其他方面，所以必须把各个方面相互之间的逻辑关系搞清楚。

第三，贯彻民主集中制。所谓民主集中制，就是要让决策的执行者和可能受到决策影响的人参与决策的过程，听取他们的意见，在决策前充分讨论、论证、争执、质询，广泛听取不同层级、不同职能人员的意见，从不同角度、不同立场发表意见，从正反两个方面进行PK，有意识地组成一个反对派，让反对派挑刺、找毛病，听到不同的声音，尤其是反对的声音，这样才能发现潜在的问题，兼顾各类人的利益。

有一点需要强调，**征求大家的意见是必不可少的，但是最后并不一定按照多数人的意见去做，因为有时候真理会掌握在少数人手上，很多问题不是一般人可以看透的，千万不要以为民主决策就是少数服从多数**。另外，也不能走向另外一面，即老板把决策权掌握在自己手上，把决策理解为权力的象征，老板想怎么干就怎么干，根本不征求大家的意见，最后的结果必然是"上有政策，下有对策"，轻者部下消极对待，阳奉阴违，重者对抗反弹，拆台破坏，以证明老板的决策是错误的。总之，决策之前要民主，决策之后要独裁。

第四，决策过程一定要科学。老板不要一开会就先"定调子"，否则只能自欺欺人，因为每一个人心里都明白，老板早就想好了，讨论决策只是走过场，只是为了证明老板的想法是对的。千万不要按照中国式管理的那些玩法去决策，每一个人都去猜测老板的想法，猜对了就晋升，猜错了就牺牲，那些玩法仅适合官场，而不适合企业，这是中国文化中的糟粕而不是精华。

科学的决策机制是老板在开会时最后一个发言。这样才能听到真实的声音，才能听到真话，才不会被部下欺骗和糊弄。一个好的老板就是能够容忍与自己唱反调的人，善于倾听不同的意见，理解反对者的观点。在可能的情况下，邀请一些外部人员参与决策，用全新的眼光去看世界。这种方法在产品概念测试，新产品上市前的焦点小组访谈，目标客户调研等方面已经有非常成功的应用。

第五，决策要有方法论。早在几十年之前，西方企业就开始运用SMART原则来进行决策，布置工作。所谓SMART就是：

S：目标具体而明确。很多人做事都是在目标不明确的情况下匆匆忙忙去做，部下以为听懂了上司的意思，于是就按照自己的理解想当然地去做，结果经常跑偏。外企的员工由于普遍接受过SMART训练，所以他们不管做什么事情都会先把目标问清楚，核对清楚，然后再去做。

M：可衡量，可量化。可以说，一项任务是否可衡量，是否可量化决定了其执行力的高低，不可衡量的事情往往会不了了之，你说做了也可以，你说没做也可以，模棱两可。

A：可操作，可实现。任何项目或任务必须动词开头，是一个具体的行为或动作，这样才能操作。另外，不要把目标定得太高，也不能太低，必须经过努力可以实现，这样才会有激励作用，有挑战性，但是千万不要把极少数人在特定情况下可以做到的事情当作普遍要求。

R：现实而相关。任务或项目的设定一定要现实，不能太理想化，要考虑到执行任务的人是否具备相关的技能，是否有相关的经验或掌握了方法论，接受任务的人是不是相关的人员，要知道过高的目标有可能把员工压垮。

T：在规定时间内完成。任何决策都必须有明确的完成时间，让每一个执行者都记在心里，知道在什么时间之前必须做到哪一步，尤其是重大项目，需要很长时间完成，这时候就要分解成若干个环节，有若干个里程碑，以确保总体进度。

◎ 管理模式：从"粗放式管理"到"精细化管理"

由于中国市场在过去30多年一直保持着高速增长，机会太多了，所以大大小小的企业只要能抓住机会就能成功，只要自己不犯小儿科的错误就能生存下来，因为高速成长掩盖了很多企业经营管理上的问题，等到市场增速慢下来了，经营难度自然就上去了，企业经营管理方方面面的问题就开始暴露出来了。过去那样做是可以的，今后再那么做就会有麻烦，昨日成功之原因会成为明日失败之根源。过去的那种粗放式管理不可能再维持下去了，现在到了必须向精细化管理要效益，通过精细化管理解决企业内部问题的关键时刻，从而尽快实现企业的转型升级。

21世纪头几年，汪中求老师的《细节决定成败》风靡一时，成为超级畅销书，人们把"细节决定成败"挂在嘴边，成为口头语，一时间似乎大家都明白了细节的重要性，都知道应该注重细节。但可惜的是，并没有几个人真正知道细节从哪里做起，如何把握各项工作的细节，细节的定义是什么，具体的路径是什么。换句话说，大家已经普遍意识到了细节的重要性，但是却没有方法论，所以不知道如何去实践，不知道如何做到位，始终停留在口号上。这是中国特色的管理理念和管理现状，就像中国的很多企业领导讲话一样，只强调某一件事情的重要性，让大家重视，却从不强调具体如何做，到头来便成了空话、假话、大话，难以实现。

可以说，粗放式管理在中国改革开放的第一阶段是无可厚非的，快鱼吃慢鱼，速度是硬道理，所以抢速度很重要。但是当中国社会经过了30年的高速成长后进入改革开放后的第二阶段，其发展速度在逐渐放缓，此时拼的是质量，质量才是硬道理。这里说的质量不仅仅是产品质量和服务质量，更重要的是管理质量，即用最省力的方式去解决问题。

管理质量从哪里谈起呢？想必大家都听说过PDCA（戴明环），我想最好把它变成PACR（见图3-5），因为中国国情与西方国家不一样，中国人的思维方式与西方人不一样，中国企业所处的发展阶段也与西方企业不一样。

第三章
起点：企业转型从企业家转型入手

图 3-5　PACR 环

首先我们看看 PACR 的各项要素的具体定义。

P（Plan）是计划，需要强调的是一个好的计划必须包括工作目标（要实现什么目标，达成什么效果），完成标准（做成什么样是 3 分，做成什么样是 5 分），责任人（谁是 100% 负责的第一责任人，谁是相关责任人），完成时间（具体的年月日和时间），检查人（谁对结果进行评估，谁说了算）。中国搞了几十年的计划经济，但是绝大多数人不会做计划，西方国家搞了上百年的市场经济，却非常强调做计划，不管是工作还是生活，没有计划寸步难行。很多人都说计划赶不上变化，为自己不会做计划找借口，其实一个好的计划必须预见到各种变化，不考虑各种变量而做的计划根本就不是计划。有谁听说过制订作战计划的时候不考虑敌人会有什么对策，不考虑敌人会怎么反扑，可能有哪些变数？所以不管事情大小，只要有了计划意识，就会按照这个逻辑去做事。

A（Action）是行动，需要强调的是描述一件事情必须是动词开头，即把一个大的目标分解成一个一个具体的动作，完成了所有的动作，目标自然就达成了。我给企业做咨询的时候，一般会把一项任务分解成17步，每一步都是动词开头的动作和行为，每一步都有交付物，即结果是什么，衡量这个动作完成的标志是什么。比如进行市场调研，就要提交一份市场调研报告；比如走访目标客户，就要提交走访多少个客户的访谈记录；召集人员沟通，就要提交沟通会的反馈意见表，大家认同哪些结论，不认同哪些结论，有什么具体的建议；总结实施效果，经过一段时间的实施，要把实施过程中出现的问题和偏差进行总结分析，找出产生问题的根源，做出修正计划，通报相关人员。可以说，每一句话都必须是动词开头，唯有这样，才很容易判断一个动作完成了没有。看看很多企业挂在墙上的口号就不难发现，绝大多数口号都是假大空的大道理，根本无法落地，人们看了之后还是不知道怎么做，也不知道往哪个方向去努力。

C（Check）是监督检查，任务布置好了只是开了一个好头，必须让责任人清楚地知道后续的检查机制，即多长时间检查一次，每一次都检查什么，责任人每周（或每10天）必须汇报进展。需要多说一句，中国人的传统处理方式是没有进展不汇报，等有结果了才告诉别人，这种做法会导致很多猜疑和误解。正确的做法是"没有进展就是进展"。换句话说，即使没有进展，也要告诉相关人员，让大家知道出了什么问题，修订后的时间大概是什么时候，便于领导和相关人员介入帮忙。这也是给予大家知情权的一种具体体现。但是在中国，很多人喜欢隐瞒真相，不管出了什么问题，哪怕是很小的问题，也喜欢捂着，希望自己能搞定，不愿意让其他人知道背后出了什么问题，到最后，隐瞒不报逐渐成为中国社会的一种文化，大家习以为常，见怪不怪。

R（Result）是结果导向，不管做什么事情，必须有结果，不是责任人努力去做了就算完了，而是达到目标才算完成任务。遗憾的是中国的学校里只教大家知识，不教大家做人做事，所以从小到大都没有树立责任意识，这就无法形成责任文化，导致人们不愿意承担责任。

凡事喜欢强调理由，找借口，不管是谁，一旦没有完成任务，就会找出很多客观理由来解释，以证明不是自己的错。解决这个问题的出路有两个，一是用数字说话，实施量化管理，如果在做计划的时候就把数字写清楚了，责任人就会有压力，就像当年申办奥运会时承诺一年的蓝天数量必须超过多少，有了一个明确的数字，当事人必然全力以赴，要知道没有压力就没有动力，不强调结果就没有执行力。二是必须强调主观原因，如果出现偏差，在总结时必须先讲主观原因，再说客观原因，即先找出自己的问题，再说其他人的问题、环境的问题，唯有这样才能有结果。

其实当一个人没有退路的时候，问题一定能解决。假如把煤矿事故、安全事故、食品问题、群体事件与当地最高领导的乌纱帽挂钩，问题的发生率一定大幅降低。因为领导为了自己的乌纱帽（个人的最高利益）会想尽一切办法预防事故的发生，他们会动用各种资源设计一系列预防措施并定期检查。一旦进入这种状态，中国的很多问题都会迎刃而解。所以说，解决问题要从大处着眼，小处入手，要从最基本的动作开始抓起，把理念落实到行动上，这样做才能逐步实现精细化管理。

◎ 关注重点：从"看得见的成本"到"看不见的成本"

面对日益激烈的竞争环境，企业家和高层管理者都非常关注降低成本，提高产品附加值，前者注重节流，后者注重开源。提高产品附加值取决于企业的价值主张，产品的创新能力，对市场的理解，以及所拥有的人才，这是一块硬骨头，很多企业不愿意啃。而降低成本似乎是更可取的思路，也是马上见效的途径，可是简单地降低成本、砍掉成本却会带来致命的问题，因为有些成本是不能随便降低的，一旦降低会产生连锁的负面反应。那么，有没有可能在降低成本的同时不影响提高产品的附加值，做到"鱼与熊掌可以兼得"呢？答案是肯定的，这就是管理的智慧。就我所知，过去 30 年，大家往往把关注点放在了"看得见的成本"上面，而忽视了"看不见的成本"，而后者才应当是企业关注的重点，因为看不见的成本远远大于看得见的成本，所造成的危害也远远大于看得见的成本。

众所周知，在财务报表看得到的成本是显性成本，大家会想方设法去降低这部分成本，但是对那些财务报表上看不到的成本却忽视了。这就像冰山一样，露在水面上的其实只是冰山一角，而在水下的部分可能更大。所以说，在大多数企业里，看不见的成本通常远远大于看得见的成本，而从管理的复杂度和解决问题的难度来看，管理看不见的成本挑战更大。所以企业家和经理人要想"拨开云雾见太阳"，就必须潜入水底，了解并掌握冰山形成的原因、结构等深层次问题，这样才能从根本上降低成本，而不是做表面文章，更不能因为降低成本而伤害到企业的正常运作。一味地降低成本往往会带来副作用，因为成本虽然下来了，但是企业的根基也动摇了。就像吃药一样，有时候见效快的药往往副作用大，治好了这种病，却导致另外一种病，所以与其把关注点放在看得见的成本上面，不如把关注点放在挖掘看不见的成本上面。

难以衡量的招聘成本

很多企业在招人时不够用心，需要用人的部门经理不愿意亲自介入，常常委托人力资源部的人员负责把人招来即可。而参与面试的人员往往凭感觉，并没有经过专业训练，没有具体的流程和考评方法，也不了解某一个职位的特殊要求和职业素质。有些人力资源部的人员为了尽快完成任务，把数凑够了就行，没有人愿意花时间去详细介绍企业文化、企业的用人标准和价值观念，结果员工稀里糊涂地就进来了，过不了多久发现不是那么回事，又大量地离职，甚至跑到竞争对手那里去。如果总是像这样不重视招聘工作，就会陷入恶性循环，企业需要不停地招人，但又不停地走人，就像"黑瞎子掰棒子"一样，大家疲于奔命。表面上看人力资源部忙得不可开交，每个月都完成了招聘任务，但是却在做"无用功"，许多制造型企业的员工月离职率超过了10%，企业始终处于不稳定状态，产品质量难以保障。遗憾的是，员工离职所带来的成本没有人去计算，没有人去考评。

那么是什么原因导致了这个看不见的成本呢？首先是管理者不理解管人与管事的比例分配，没有把面试员工当作每一个管理者的头等大事，以为管理者的主要工作就是自己干活，干得比部下好，结果出现了很多超级业务员、超级明星等类型的管理者。他们拿着管理者的薪水干着部下的活，而不去花时间辅导部下，生怕教会徒弟饿死师傅，这样就严重影响了员工素质的提高，影响了整体业绩的提升，也影响了新来员工的士气。最可怕的是有些不称职的管理人员利用手中的职权把优质资源控制在自己手中，利用信息不对称欺上瞒下，最后给企业带来巨大伤害，可惜这个成本很多人看不到。

低薪水员工的高成本付出

当今中国，人口红利基本消失，很多制造业企业面临熟练工人短缺这个问题。记得几年前为一家民营企业做咨询时遇到过这样一个问题：春节过后，将近20%的工人没有回来上班，尽管后来打出招聘广告，却没有足够的人员来应聘。从表面看，压低员工工资是为企业着想，为企业省钱，可是实际结果却走向了反面。人员迟迟招不来，影响了生产，企业还需要投入成本去给新员工培训，需要等他们慢慢熟悉产品和流程，而且在这个过程中往往会出现不少次品，影响了产品质量和稳定性，结果企业赔了大钱。

这个问题一直困扰着这家企业的老板。于是我问人力资源部门经理，为什么总招不到合格的工人，难道在这个地方就没有合格的人选吗？得到的答复是工人有很多，人家不愿意来。我问：为什么不愿意来，他们回答说，因为工资太低。我问：为什么工资太低？他们回答说，因为公司利润低，付不起高薪。我问：为什么利润低？他们的回答是因为产品没有竞争力。我问：为什么产品没有竞争力？他们的回答是因为产品质量不够好。我问：为什么产品质量不够好？他们的回答是因为人员素质不够高，人员队伍不稳定。我问：为什么人员素质不够高，人员不稳定？他们的回答是因为工资低。就这样，绕了一圈又回来了，可以说这是当今中国很多企业普遍存在的问题，就像狗咬尾巴一样，每天都在努力练习，却总也做不到，问题依然存在。

这是中国企业普遍存在的一个严重问题。低成本低价格的模式把中国企业带进了死胡同，成为制约中国企业发展的关键。这个问题不解决，中国企业无法走出误区。很多人肤浅地以为工资提高了，企业的成本也将随之上升。但如果我们从结果来反推，就会发现高薪聘请好员工，换来的是高回报，投入产出比更高，可惜多数企业误以为用高薪就是增加成本，要砍掉一切成本。工资高可以吸引来优秀的工人，而优秀的工人愿意承担更大的责任，有能力做出更好的产品，给企业创造更多利润，工人得到的薪水是从其创造的业绩中获取的，没有业绩就没有高薪，企业并没有事先支付额外的成本。遗憾的是，绝大多数企业不明白这个简单的道理，都不愿意接受这样一个事实，如果你相信我这句话，请认真思考一下，并让财务人员认真计算一下：如果一个人的薪水提高100%，但是却干了两个人的活，而且质量有保障，企业是亏还是赚？

如此说来，这里存在两种不同的循环，一种是恶性循环，即招聘时用低薪（与当地同行相比旗鼓相当），只能招来那些找不到更好工作的普通人。这些人属于素质一般的人，能力自然有限，能给企业创造的价值就一般，有时甚至会制造次品，给企业带来负效益，而低效益的企业自然没有足够的利润去吸引优秀的人才，于是陷入恶性循环的漩涡，难以自拔。另一种是良性循环：即招聘时用高薪（与当地同行相比远远高于别人），这样就能吸引来最优秀的人才，这些人在社会上属于素质中等偏上的人，能力相对来说比较高，由于给了他们高薪，就可以提出更高的要求和标准，而这些人为了保住自己的工作（不愿意失去宝贵的机会）就很愿意改变自己，按照公司的要求去努力奋斗，结果导致高品质的结果，使企业获得更高的效益，企业有了效益就有钱接着去请更优秀的人才，从而进入良性循环。请看对比图（见图3-6）。

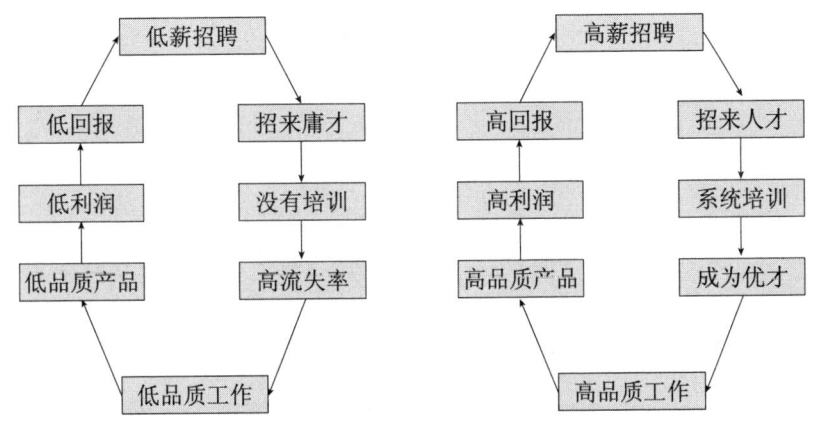

图3-6　恶性循环 vs 良性循环

当初我加入中国惠普时就是这样一种心态，那时候我得到的是两倍于以前的薪水，可是工作量却是过去的5倍，可是我很高兴做这样一份工作（因为还有培训、成长的机会），因为对于年轻人来说多干活不是问题，只要有回报，只要能看到未来。别忘了每个人都是希望在"人前显贵"，而不在乎"人后受罪"，这是一种正常心理，每个人都希望通过努力拼搏，衣锦还乡，至于吃多少苦是不会讲的。类似的例子是奥运会冠军背后的艰辛，没有人知道他们吃了多少苦，受了多少罪，大家看到的是获得冠军后的喜悦和成就。

对于绝大多数人来说，给两倍的薪水，而要求其达到3~4倍的业绩是合理的。不信大家可以问一下自己的部下，给他们两倍的薪水，让他们干两个人的活是否愿意，我曾经问过很多不同企业的员工，绝大多数人都会说愿意。那么这样做企业是赔了还是赚了，其实只要算一笔账就明白了。其实这样做，企业付出的更少，得到的更多。人少了以后，机会成本大大下降，工作质量明显提高，工作干劲明显提高。结果是员工想出各种各样的办法来减少工作时间，提高工作效率，提高工作质量，从而达到我所提倡的境界：聪明地工作比努力地工作更重要。

员工流失导致的成本

虽然员工流失会给企业的正常运作带来影响，但是很多企业并没有相应的对策，更没有计算过员工流失的巨大代价，好像走了一个人，又来了一个人，成本没有什么变化。其实不然。首先员工离职后，管理人员（甚至老板）要花时间去面试新员工，招聘新员工，所占用的时间和精力是一笔很大的机会成本；其次，新员工上岗，基本上没有什么效率，前三个月创造的往往是负价值（因为企业要花时间花钱去培训新员工，要有老员工教新员工，带新员工）；再次，管理人员或者优秀的老员工离职，不仅对客户满意度有一定影响，让客户感到不放心（信心下降），还会对留下的人产生负面影响（见图3-7）。

可是许多老板对员工离职除了无奈之外，并不在乎他们离开，有人甚至说：谁走都不怕，外面等着进来的人多着呢！这种气话导致很多人觉得老板不珍惜人才，对待员工并不平等。

在劳动力过剩的年代，老板这样想、这样说也许不会有太大问题，但是到了劳动力短缺的时代，问题就出来了。如果是销售人员恶意离职，还会有带走客户的成本，因为他们会把企业存在的内部问题（产品、管理、人员等方面）告诉客户，令客户产生上当受骗的感觉，或者开始担心，甚至拒绝再次采购。如果是研发人员恶意离职，还有带

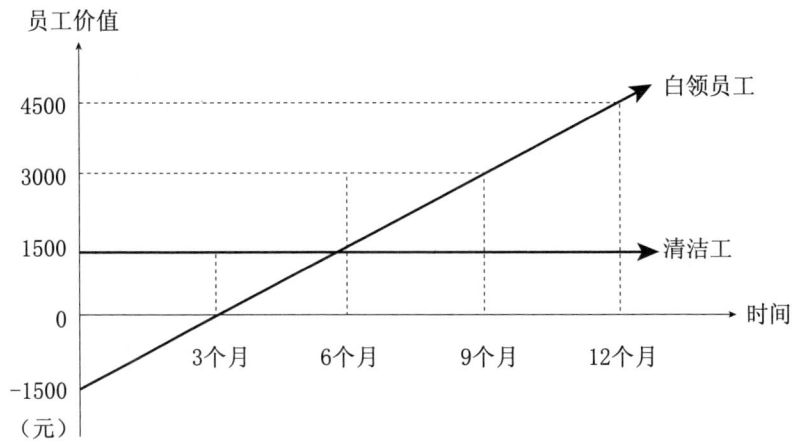

图 3-7 员工价值与入职时间的对应关系

走技术和产品设计、产品开发计划等方面的隐患，这些信息都是竞争对手最想要的，一旦泄露，轻者公司要花很长的时间才能弥补，重者会丧失竞争优势，多年的研发成果付诸东流。

员工不全力以赴的成本

员工全身心地投入工作与否，结果是完全不同的。有些白领员工上班从不迟到，也不早退，但是就是不用心做事，处于应付公事的状态，既不犯错误，也不做违规、违法的事情，就是出工不出力，这是很多企业无法计算的巨额成本。你说他不干活吧，他每天都在工作，你说他干活吧，却没有全力以赴。如果企业里仅有极少数人这样做还不可怕，可是这种"病"会传染，其他人会看在眼里，久而久之就会向这样的人看齐，自己也不好好干了，因为干好干坏一个样，不全力以赴照样可以混日子。这种情况会像癌细胞一样逐渐扩散到全身，原来健康的细胞会逐渐恶化、恶变，不仅使企业的效率、质量大打折扣，还会直接影响员工的士气，进而影响企业的业绩，拉高企业的成本。

为什么好端端的员工会学坏？这是很多老板百思不得其解的事情。

其实，绝大多数员工进入一家企业后，都会抱着好好做的想法，希望做出一些成绩来。但是进入公司观察一段时间之后，他们会根据情况进行自我调整，他们要看这家企业是如何对待员工的，包括上进的员工、做出成绩的员工、不好好干的员工、没有业绩的员工。如果企业对待员工像家人，他们也拿企业当作自己的第二个家；如果他们发现企业只是在利用他们，并不把他们当作自己人，他们就会采取"你不仁，我不义"的对策，进入混日子状态。有能力、有良心的可能会选择离开，而没有能力，也没有良心的就选择"混"，结果自然是双输。

再往深层次挖掘不难发现，我们必须回答一个最基本的问题：员工为谁而努力工作？员工为什么要努力工作？这是绕不过去的核心问题，但是很多管理者却没有认真思考过，更没有形成一个标准答案。其实在市场经济环境中，讲究的是利益的平等交换，每个员工都在为自己的个人利益努力奋斗。一个好企业就是把员工的个人利益与企业长远利益挂钩的企业，让员工在为自己的利益努力工作的同时，为企业做出贡献，实现了双赢。这就是我反复强调的管理的真谛，好的企业无疑都想通了这个道理。

那么解决问题的途径是什么？要想让员工全力以赴，努力工作，就必须理解员工想要什么，这是"以人为本"最基本的要求。其实员工想要的无非就是这几样东西：能学到东西，能不断进步，能挣到比同龄人更多的钱，努力工作的话，可以凭本事获得晋升，能得到上司和老板的尊重与信任。所以说，管理员工并不难，调动员工的积极性也很容易，关键是要学会"琢磨人"，确切地说就是笼络人心，经营人心。

记得很多年以前，有一家民营企业的员工，因为对老板和上司不满，在离职前做了一件事：他是一个质检员，负责西装的质量检验，他为了发泄不满，在一批西装的腋下都剪了一个口子。这批货经过几个月的时间从厂里到了经销商那里，又从经销商到了店铺，最后卖到用户那里，等到用户穿上的时候才发现腋下有一个口子，于是出现了大批退货，既给企业造成了巨大损失，也对企业形象、企业信誉造成了伤害。等到企业得知这件事的时候，那个人已经离职几个月了。

员工不具备工作技能的成本

俗话说，玉不琢，不成器。同样的材料，经过不同的处理会成为不同的成品，一块石头可能会成为价值连城的精品，也可能成为毫无价值的普通石头。中国企业已经能批量制造世界级标准的产品，但是却不知道如何才能批量制造世界级标准的人才。因为过去我们没有在这方面下功夫，大多数企业都是采用拿来主义，愿意花费巨资培养员工的企业少得可怜。大家都想图省事，从同行业的其他企业挖人，但是挖来挖去才发现没有多少合格的人才，有的仅仅是经验，而不是专业技能。有人说了，我花了钱培养员工，他们学了本事就跑了，这不就等于给其他企业作嫁衣了吗？这是普遍的想法，也是错误的想法。

培养员工和防止员工流失是相互关联的两件事。我们说，培养员工一来可以提高员工的技能，懂得如何做人做事；二来可以提高黏性，让他们静下心来好好干；三来可以提高员工的忠诚度，员工一旦适应了企业的文化就不愿意往外跑。可以说，员工培训好的企业，员工素质就高，业绩就好，员工离职率就会比较低。所以企业要在向心力上做文章，想办法提高吸引力，让员工舍不得走。

这些年，只有跨国公司和国内很优秀的大企业培养了一批合格的职业经理人和专业的白领员工，其他企业都没有在这方面做足文章。很多中小企业的老板往往注重自身的学习、深造和提升，他们喜欢参加一些更新理念的活动，喜欢听名人演讲，喜欢娱乐式体验，至于是否能学到真功夫就是另外一码事了。**虽然中小企业的老板喜欢学习，却不愿意把钱花在经理人和基层员工身上，以提高他们的工作技能。**这种市场需求导致了中国培训业的畸形发展，传播理念的偏多，侧重技能的太少，很多培训确切地讲不是培训（Training）而是论坛（Seminar），因为培训需要参与，需要练习，需要实战演练，而不只是坐在下面听一听，讨论一下就完了。其实，员工技能的培养才是培训业的头等大事，只有员工具备了工作技能，企业的效益才会提升。

大家想一下，把没有受过任何训练的战士直接送上战场的话，会怎么样？不用问，伤亡一定会很大，这就对整个团队的士气有打击，会令军队失去信心。不训练员工表面上看是省了钱，实际上却是极大的浪费，因为员工不具备相应的工作技能，会出现很多低端问题，而且还会反复出现，给企业造成巨大损失。我们知道，不管是次品率高还是错发货，都会蚕食企业有限的利润。企业在急需用人的时候适当地去挖一点人才过来无可厚非，但是不能只依靠这一条途径。企业必须自己培养人才，从学校里招聘没有经验的大学生，通过教给他们技能，使他们成为合格的员工。但是很多企业觉得挖人比较快，而不愿意要刚毕业的大学生，嫌他们没有工作经验，如果大家都不要这些大学生，那么他们到哪里去积累工作经验呢？很多"空降兵"都是开始时觉得跟老板相见恨晚，老板委以重任，可是过不了多久就会发现存在很多问题，一旦挖来的人与上司（老板）失和，必然是人走茶凉，对双方都是伤害，而且让下面的员工看不到希望，更不卖力干活。

部门之间扯皮推诿的成本

过去几年，很多企业都想通过培训（确切地说是论坛）来改变经理人和员工的心态，从而提高执行力。因为有很多好想法做着做着就走样了，可能没有办法按照计划完成任务，这时大家往往开始找借口，部门之间互相指责，推脱责任。这导致企业的业务受阻，耽误了宝贵的时间，结果无法兑现给客户的承诺，在企业内部也形成大量内耗。这个成本是难以用数字来精确衡量的，但却是一笔非常高的成本。为什么会出现这个问题？原因就在于分工不清，责任不明。

现代市场经济很讲究分工，因为一个人不可能什么都会做，必须通过与其他人配合，共同完成一项任务。但是如何把大家的思想统一，如何让大家有团队意识，不是光靠说服教育和思想工作就可以做到的，必须从利益驱动的角度来解决问题。

首先是设计动态的岗位责任书。明确一个岗位与相关职能的"握手关系"，即我对哪些部门负责，我需要定期输出什么结果，提供什么服务，交付什么材料，等等。同时我希望从哪些相关部门得到什么输入，得到什么服务，得到什么材料，等等。这样，整个公司的各个职能就可以用动态岗位责任书的方式串起来，形成一个完整的系统，理顺业务流程，让员工按照岗位标准要求，也就是"规定动作"去做自己的工作，尽量减少员工按照自己的喜好和意愿去随意发挥，避免形形色色的"自选动作"。

过去这些年，我帮很多企业设计过类似的动态岗位责任书，不过我只做总监这一层的。等我做完了总监的岗位责任书，就等于教会了总监如何做动态岗位责任书，由他们给自己的直接下属——部门经理去做动态岗位责任书，再由经理给每一个员工做动态岗位责任书。很多企业其实都有岗位责任书，不过很多都是静态的，只谈了这个岗位应该做些什么工作，而且很笼统，无法考评，至于对其他部门有什么承诺，由谁来评估每一项工作往往没有写清楚。从静态岗位责任书到动态岗位责任书是企业转型升级的关键所在，一旦企业实施了动态岗位责任书，就可以解决很多跨部门合作的问题，减少"掉链子"的情况发生。不过企业不要再摸着石头过河了，第一次做的时候，一定要请专业的咨询顾问协助设计，等学会了以后下一次就可以自己做了。有些企业图省事，听到一个好建议就自己摸索着去实施，结果往往要付出不小的代价。

滞销产品导致的成本

不管是服装类企业，还是电子类企业，一旦产品滞销，就会导致亏损，因为这些产品时效性强，一旦过时就成了价值很低的过季产品，库存会消耗掉企业很多的利润。尽管服装类产品和电子类产品的回报率可能很高，但也无法弥补滞销产品带来的损失，所以避免出现滞销产品是降低成本的关键因素。那么如何才能开发出畅销产品呢？

首先，跟在别人后面抄袭、模仿是不行的。中国人的思维方式与西方人完全不同，中国人往往是看到别人做什么产品畅销了，自己也跟着去做什么；而西方人的思维方式是看到别人做什么，自己就不去做了，每个人都想着如何做出与众不同的产品，绝不能跟在别人后面走。中国人这种思维模式驱使着各行各业走向微利，把本来可以舒舒服服挣钱的行业搞乱了。所以中国企业要想征服世界，首先要改变思维方式，开始懂得差异化生存，决不跟在别人后面走。这个世界很公平，如果你没有花心思去研究消费者，从而开发出令消费者满意甚至愉悦的产品，你就不可能赢得消费者的青睐。凭什么不费劲就可以赚钱？闭着眼睛就可以赚钱的时代早就一去不复返了。

思维方式转变后，接下来就是方法论的问题了，要按照"先慢后快"的逻辑去开发产品，做足市场调研工作。有人说，市场调研太费时间，等我做完市场调研，机会早过去了。其实这里存在一个思维误区，那就是很多人把关注点放在当下，瞄准现在市场上已经畅销的产品，当然会有时间压力，等你的产品做出来了，市场的机会窗口也过去了。我们说，"先慢后快"的逻辑必须有提前量，即研究将会在未来3年或5年畅销的产品，等到产品开发出来时，刚好赶上市场的上升期，这才是市场营销的工作重点，销售部管现在，市场部管未来。大家都喜欢苹果公司的产品，要知道苹果公司的产品从立项到产品出来往往要5年时间，你今天看到的产品，是5年前就开始做的，不仅苹果公司如此，绝大多数跨国公司都是如此，所以产品出来之后才能赢得市场的认同。

除了跟风模仿以外，中国企业的普遍做法是广种薄收，大面积覆盖,粗犷式经营,不瞄准就胡乱开枪,碰巧了能打中目标,发一笔财,就像中彩票一样。不过这种做法非常浪费资源,是一项高成本的游戏。假如开发了 10 款产品,只有一款受到欢迎并畅销,企业只能通过这一款产品来获取利润,可想其风险有多高。要知道其余的 9 款产品滞销,既浪费了大量的人力物力,又影响了研发团队的士气,让大多数研发人员赚不到钱,没有成就感,也会令客户的满意度下降。

那么解决问题的途径是什么?按照科学的方法论来进行产品创新,从产品概念到产品定义,再到雏形设计,都要有科学的方法论作指导,不能随意发挥。两年前,我曾经帮国内一家企业做产品创新体系的咨询,就把一套完整的方法论教给他们,只要严格地按照这套方法论去执行,企业就会打造一条产品创新的流水线,让有竞争力的产品源源不断地被制造出来,而不是过度依赖某个人的点子或创意。当然,还有一条捷径,就是请外援,即聘请全世界最优秀的研发设计师加盟。只有一流的设计师才会设计出一流的产品,卖出一流的价格,获得一流的利润,成就一流的品牌。可惜,很多企业不明白这个道理,舍不得花重金聘请外援,以为那样成本高,其实结果是正相反的。这种思维模式已经渗入到中国的各行各业,而低价中标更是加速了很多企业的堕落,让企业陷入价格战的漩涡难以自拔。

外派销售人员效率低下的成本

企业规模大到一定程度就会设立分公司、办事处,或者外派销售人员住在某一个城市,他们不愿意在当地招人,而喜欢在总部所在地招人,再把人派到全国各地。这种做法存在很多弊病,如何遥控管理这些外派人员,是令很多企业头疼的问题。这些人是否努力工作,是否按要求拜访客户,是否按公司规矩从事业务,是否廉洁奉公,都是难以监控、难以考评的。因为外派人员大多是非常精明的销售人员,在中国这样一个没有规矩的环境中,如果没有科学的管理体系和严密的监督约束机制，这些人很容易学坏，而员工一旦学坏，不仅是公司的损失，就员工的长远利益来看，员工也是有损失的。

市场竞争越来越激烈，外派人员的花费也越来越大，他们可以找出各种各样的理由来说服上级，这笔钱应该花、必须花，结果预算往往超标，效益却难以保证。要知道，外派人员的吃、住、行都需要钱，而这些人每天都在做什么，企业却难以掌控。很多企业年初做了很好的计划，按照很高的销售目标去配置资源和费用，因为缺乏监控和应变机制，结果费用花出去了，业绩却没有达标，年底一算账，肯定是赔本的买卖。

那么，如何转型呢？第一，老板要改变用人方式，尽量在当地招人，这样公司不用管员工的吃、住、行，节省一大笔钱，而且由于员工是当地人，资源会多一些，也不会轻易跳槽去其他城市，稳定性相对会高一些；第二，要有明确的岗位责任书和具体要求，每天见多少客户，向上级汇报什么情况，如何考评员工的过程和结果，形成一种威慑力；第三，运用销售漏斗来实施远距离监控，销售经理每周都要拿出专门的时间与每一位业务员沟通，检查漏斗的进展，通过审核漏斗内的客户，知道员工本周做了哪些事，有什么进展，存在什么问题，并制订下一步行动计划；第四，把计划、预算和业绩挂钩，没有计划的事情不能做，没有预算的钱不能花，没有达到业绩指标时费用指标会跟着下调，即实行动态管理，让员工学会做计划，做预算，而不是走到哪里算哪里。

复杂绩效考评的成本

很多企业都认识到了员工激励的重要性，希望通过科学的绩效考评体系来客观地评价员工的表现，这种思维是正确的，也是一种进步。但是绩效考评一来不能太复杂，二来不能走过场，否则就变味了。我接触过一些企业，因为老板对绩效考评体系到底应当什么样并不清楚，于是就请管理咨询公司来设计尽量完美的绩效考评体系，试图用量化指标来代替主观评价，用计算机系统来完成绩效考评。结果是有考评的事情大家都认真去做，没有考评的事情就没有人去做，久而久之，大家渐渐失去了主人翁意识，成了考评的奴隶。考评不可能是完全客观的，更不可能通过一系列指标就把员工分成三六九等，很多表现是无法量化的，很多思想方面的问题也不是用指标可以衡量的。表面上看，用指标来考评可以令员工口服心服，但是这种考评只是压服，并不能让员工发自内心地认同和接受。

"一刀切"的政策之所以在中国流行，是因为当事人不愿意承担责任，而把责任推给上级，推给公司，推到政策和制度层面，这些人可以对部下说：不是我不想给你高分，不是我不想给你加薪，不是我不想提拔你，而是你的得分不够高，这种做法让当事人很容易解脱，却会令真正优秀的员工失望，甚至离职。所以在大多数公司以主观评价为主。为什么要以主观评价为主？因为人不是机器，他们有血有肉，有思想有感情，所以不能简单地用绩效考评体系去打分，否则就会导致"上有政策，下有对策"的发生。我们说"考评标准决定行为方式"，什么样的考评体系就会导致什么样的工作方式和什么样的结果。因为人是非常复杂的动物，是有情感的动物，他们的动机和行为是受周围环境影响的，尤其是上司的行为方式和管理方式，对部下影响非常大。复杂的考评体系看似科学，实为荒唐。

不久前，一个民营企业的老板跟我说了一件事，说他们公司的管理人员工作不努力，有些还可能胡来，于是他在一些"庸医"顾问的指导下，想出来一个"损招"，即用部下来监督上司，还成立了所谓的监督委员会，让每一个员工监督自己的上司，举报自己的上司。不知道他们这种做法是基于什么样的逻辑想出来的，大家试想一下，如果一个管理者知道自己的一举一动都在部下的监督之下，每一句话、每一件事都会汇报到老板那里，他会怎么想？无疑是生活在"白色恐怖"

之下，周围全是"特务"和"奸细"，如果是你，你愿意在这样的公司工作吗？你愿意带领这样一支团队往前冲吗？你愿意真心实意帮助公司完成业绩吗？很多企业遇到问题时会找顾问咨询，这当然没有问题，但从顾问那里得到了一种方法后，他们也不管这种方法是否被验证过，是否在其他企业实施过，都敢拿过来试用，这就会给企业带来很大风险。当然，一些老板之所以这样做，是被一些会忽悠的"顾问"给催眠了，因为老板贪便宜，找咨询公司的时候想少花钱，多办事，本来正规咨询需要 50 万元，有人说 20 万元就可以搞定，结果不但没有医好企业的病，反倒出了大问题，这就是典型的贪小便宜吃大亏。

◎ 工作模式：从"做应用题"到"做选择题"

在中国这样的大环境中，绝大多数人都已经习惯了自上而下地发号施令，最后导致老板很累，高管很累，因为大家每天都要面对大量的难题，每天都要解无数道应用题，今天解完，明天又来了。

其实最了解市场情况、客户需求，最了解竞争状况的是一线员工，他们知道问题的症结在哪里，只要把他们的利益与公司的利益调整一致，只要对他们提出严格要求，他们就会想出无数解决问题的好办法。让最了解情况的人提出建议、做出方案才是解决问题的正路。所以好的决策应当是自下而上的，而不是自上而下的。如果一家企业习惯了自上而下做决策，员工就会有依赖性，不管什么事都喜欢等，等着上司或者老板拍板。如果员工明明知道老板或上司的某个决策是错的，也不会主动说出来，有些人怕让老板或上司没面子，有些人则等着看老板或上司的笑话，通过实践证明老板或上司是错的。

一般来说，公司都经常开会，但是开会却不像人们想象得那么简单，如何开会也是一门学问。高效的会议一定是事先准备充分，会议之中平等协商，会议之后达成共识，而不是议而不决，更不是针对某个话题无休止地争论。如果与会者是带着解决方案来参会的，就能提高会议的效率，迅速进入主题，通过碰撞讨论尽快达成共识，我相信很多智慧都是碰撞出来的。会议结束后一定要形成备忘录，发给每一个与会者，让他们明白哪些任务自己是主责任人，哪些任务自己是协同者，每一项任务的完成标准和完成日期是哪天，这样才能提高执行力。等到下一次开会时，首先拿出上次的备忘录，看看哪些任务完成了，哪些任务出现了偏差，对于出现偏差的任务，让当事人做出解释，给出修订后的实施计划，进入下一个循环。

我曾看过《带着答案来找我》，这是一本写给企业员工的书，明确告诉员工如何把问题留给自己，把答案上交领导。但员工做"答案型员工"的前提，是老板要做"答案型领导"。具体说来，老板要想从做应用题转向做选择题，就要坚持以下几个原则：

一是开会时最后一个发言，要让与会者针对某一个问题旗帜鲜明地发表自己的看法，老板千万不要先定调子，表达自己的看法，要耐得住寂寞；

二是开会前一天就将开会要讨论的话题，要解决的问题通报与会人员，让大家提前思考与准备，并带着解决问题的方案参加会议，避免到了会场才知道谈什么，才开始启动自己的大脑思考；

三是兼听则明，如果部下提出的若干个方案均有可取之处，可以让主责任人整合大家的不同意见，把各自的优点结合起来，进一步细化并形成统一的方案，也可以让二到三个比较靠谱的提出解决方案的人独自完善各自的计划，几天后再拿出来讨论决定选择哪一个方案。

这就是做选择题。

这种做法可以大大激发部下的主人翁精神和意识，因为建议是他们提出来的，自然会百倍努力，以证明自己的建议是对的。俗话说，不怕不识货，就怕货比货，就算老板或上司事先并不知道如何解决问题，就算老板或上司不了解具体的情况，听了不同人的若干个方案之后，也就基本明白了，只要从中选出比较合自己的那一个就行了，所以做选择题远比做应用题省心得多，聪明得多。

通过这种方式，老板还可以静观其变，冷静地考察每一个部下，看看谁站在公司的立场看问题，谁站在部门立场看问题；谁为这件事花费的心思多，准备得充分，谁没有认真准备；谁敢于讲真话，谁喜欢说冠冕堂皇的大话和空话，甚至是永远正确的废话。

由于老板没有事先定调子，部下就不会去猜测老板是什么意思，也不用去悟老板的"话外音"，更不让部下顺着自己的思路去发挥，从根本上杜绝部下拍马屁行为的出现。要知道，企业里最可怕的就是有人拍马屁，尽管每个人都爱听好话，但往往良药苦口、忠言逆耳，老板要听得进不同的意见，尤其是与自己的想法不同的意见，让大家畅所欲言。谁有本事就想方设法说服别人，没有本事说服别人就接受别人的意见，从而营造一种积极向上、平等沟通的企业氛围。

除了开会，在沟通方式上老板也要做出调整，并通过这种调整逐步形成公司的企业文化，即让每一个人学会拿着解决问题的方案找上司。比如说，管理人员或者员工遇到一个难题，他自己拿不准，或者根本不知道怎么办，他会拿着这个难题找上司，问上司怎么办。如果上司有经验，有分析能力，并且知道该怎么解决，在没有受过专业训练，或者公司没有明确要求的情况下，他往往会直接告诉部下该怎么做，这是非常普遍的现象，也是效率最高的方式。但是，这样做却是弊大于利，久而久之，部下就失去了思考问题、分析问题、解决问题的能力，在工作中遇到有一定难度的问题就上交，成为本能的反应，要么请求上司支援，或者干脆一切都按上司的指令办事，自己根本不动脑子。

为什么很多老板都感到企业的员工工作不够主动，敬业精神不够，认真思考不够？为什么公司大了之后很多基层管理者缺乏主动性？为什么他们喜欢照章办事，而没有创新意识？为什么他们只会反映问题却不善于解决问题？就像小孩子上中学了还不会照料自己一样，这种情况大多都是被家长惯坏的。很多企业由于没有对员工和管理者提出严格的要求而使他们的能力退化了。正确的做法是，就算上司知道答案，也不能马上告诉部下，而是鼓励部下积极思考，想方设法去解决问题，激发他们解决问题的兴趣，逐步提升他们解决问题的能力，上司最多帮部下理一理思路。今后，当部下拿着问题问上司怎么办时，上司要学会反问他：你说该怎么办？如果部下说自己不知道怎么办才来找上司，那就告诉他：今后不要拿着问题而是要拿着解决问题的方案来，最好是 2~3 个不同的解决方案。这样可以锻炼部下从不同的角度思考问题，知道不同解决方案的利弊是什么。

也许有人会问，这样做会不会耽误事，万一遇到紧急情况怎么办？其实只要部下学会了正确的思维方式，一般不会出现特别紧急的情况。一旦部下知道有问题不能上交，必须想好解决问题的方案才能去见上司，那他们在最初领到任务的时候就会认真思考，很多事情考虑周全，就很少面临紧急情况。我相信，很多事情之所以变得紧急，就是因为部下事先考虑不周，没有做好计划和准备，没有想到意外和潜在的问题，抱着走一步算一步的心态，等到真正做的时候，或者做了一半的时候才发现好多问题没有事先考虑清楚，才乱了方寸。

需要强调的是，这里所说的方案指的是一个周密的计划，而不是一个初步的、大致的设想，要让部下学会"从后往前看"，只有先把解决问题的方案从头到尾在脑子里演练过，才会知道方案是否可行，能不能走通。一旦部下习惯了这种做事方式，老板就轻松了，因为部下每一次来都不是拿着应用题（而且还是令人头疼的难题）让老板解，而是拿着解决问题的 2~3 个不同方案供老板选择。听完部下介绍每一个方案的利弊之后，老板可以发表自己的评价，也可以马上做出结论，当然最好的方法是让部下根据老板的意见和反馈做出二次判断，这样他会在征求了上司的意见之后做出自己的判断，坚定自己的信心，从而觉得更好，接下来做的时候会更用心、更努力。

第四章

核心：战略转型是企业转型的关键

■战略转型的目的，就是把企业未来5~10年的发展目标与路径想清楚，真正找到企业活下去的理由与价值，并把这种实现目标的"成功逻辑"想透彻、讲清楚，让每一位员工都明白，都喜欢。

战略转型到底意味着什么

◎ 确保领先竞争对手半步

俗话说，人无远虑，必有近忧。具体到企业层面来说，那就是一个企业能看多远就决定了能走多远，因为看得越远，准备的时间就越充分，工作就可以做得更细致。所以，要想在激烈的竞争中掌握主动权和主导权，就要站得高，看得远，从产业结构和发展趋势的高度去思考未来；从客户价值和商业模式的深度去思考产品；从生态系统和价值链的广度去整合社会资源。唯有这样，才能确保企业占据有利位置，始终领先竞争对手半步。为什么是领先半步？因为领先一步或两步往往会付出巨大代价，过分超前往往"得不偿失"，因为市场教育、市场引导的成本非常高。当年苹果公司推出第一个 PDA（掌上电脑）"牛顿"的时候，就是过于超前了，市场需求还没有起来，所以苹果成了先烈，多年之后其他企业才在 PDA 市场上取得了成功。后来苹果公司推出 iPod 的时候就踩准了点，与市场需求合拍，结果大获成功，为后面的 iPhone 和 iPad 奠定了基础，iPad 不仅夺回了当年 PDA "牛顿"所希望获得的市场，更是开创了一个新纪元，带动了整个平板电脑和掌上电脑行业的发展。

那么领先对手半步从哪里开始入手呢？

首先，是对未来市场的发展趋势和演变过程有一个准确的"预判"，这里需要企业家的直觉、智慧和远见，更需要高管团队的理解能力和运作能力，能把老板的好想法变成现实，即通过科学的论证把老板的好想法描述清楚，让普通人看得懂，说得清。

其次，是把未来用图形化或图像化的语言表达出来，能够在每一位员工心目中"成像"，从而激发整个团队的热情，让大家同心同德，为了一个共同的理想和目标而努力奋斗，让普通人充满激情和干劲。

再次，是勇于否定自己的过去，特别是那些已经取得成功的企业，面对不断变化的未来，必须舍得放弃，用自己的新产品来替代自己的老产品，用新的商业模式来替代老的商业模式，否则等到竞争对手出牌时，等到竞争对手的产品或者商业模式赢得消费者认同时，就大势已去了。

最后，是从后往前看，倒排时间表，根据目标配置资源，根据竞争需要做好准备，并根据市场的节奏和竞争对手的反应来确定系列产品上市的时间表，打出"组合拳"。

不管是产品还是商业模式创新，一旦某家企业取得了成功，一定会有一大批企业跟风、跟进，这是正常的现象，也是好事。假如没有人跟风、跟进的话，说明该产品或者该商业模式还没有得到社会的认同，而一旦产品或商业模式创新被社会认同，必然会遇到跟风。所以说，领袖人物需要一大批追随者，以证明自己的远见和伟大，领袖企业同样也需要一大批模仿者，以证明产品的价值和商业模式的领先。有人担心，一旦大量的企业跟进，先行者的优势就会逐步失去，这也是很多中国企业曾真实面对的困境，原因何在？因为事先的功课没有做到位。当初看到一个好机会就匆匆上马，没有设计好游戏规则，包括如何阻止特定的竞争对手跟进，比如在哪些方面有意识地让竞争对手跟进，在哪些方面设置壁垒让竞争对手难以跟进，因此造成了后来的被动。

在中国的传统文化当中，有一个根深蒂固的情结，那就是"你好，我好，大家好"，背后其实就是一个"和"字，我们主张"和气生财""和为贵"等等。这种理念适用于两种关系，那就是与合作伙伴和上下游客户，并不包括竞争对手。唯一的例外是协同竞争，那是站在更高的层面去对付共同的敌人，是"阶级斗争"和"民族矛盾"的区别。

我给大家举一个真实的例子。

一位知名的外企高管跳槽到民营企业当总裁，本来这家企业内部充满了"阶级斗争"，帮派林立，互相争斗，可是当外企高管这个"外敌"进入之后，原来的各派均感受到了威胁，于是暂时停止了"阶级斗争"，联合起来对付"外敌"入侵，因为"外敌"在他们看来属于"民族矛盾"，等到把"外敌"赶出去之后，他们又搞起了"阶级斗争"。

可以说，在现代市场经济环境中，资源是有限的，市场是有限的，所以竞争变得越来越残酷。要想在竞争中立于不败之地，就要遵循市场经济的规律：既要自己过得好，又要竞争对手过得不好。因为市场经济决定了其本质是带有进攻性的，一家企业的市场份额提升必然导致竞争对手市场份额的下降。

因此，要想在市场上占据有利位置，最好的选择就是走在潮头，成为某个细分市场的领头羊，让其他企业跟在后面走，同时又永远追不上，这就是我所说的领先竞争对手半步。千万不要想着把竞争对手置于死地，那样既付出了巨大的代价，也可能招致垄断的指控，同时违背了市场经济的游戏规则。

一家企业不管在市场上多么强大，都要维持适度竞争，给竞争对手留下一块空间，给出一条生路。总之，一句话，可以打击竞争对手，但不可以把竞争对手"打死"。 没有竞争的市场是没有活力的，没有对手的游戏成不了真正的游戏。就像中国的乒乓球运动一样，需要培养竞争对手，需要让竞争对手也有兴趣参与其中，假如一方过分强大，就没有人愿意参与竞争，这样的结果无益于企业和整个市场的健康发展。

◎ 找到新的业绩增长点

一个企业要想基业长青，就要跟上时代的步伐，洞察消费者需求的变化趋势，不断发现新的商机，找到新的业务增长点，这样才能保持业务的持续增长。

这一点对中国企业来说是机遇也是挑战，因为中国市场正处于高速增长、不断变化的阶段，内需市场不断扩大，消费层次不断提高，不像发达国家那样已经进入稳定状态。所以，不管是产品创新，还是商业模式创新，都处在一个日新月异的上升轨道，再好的产品或商业模式，过不了几年就会过时，其生命周期越来越短。为了应对这种动态市场的变化，要想在市场竞争中处于优势地位，就要把握好商机，通过战略转型找准企业的下一个业绩增长点，确定未来几年公司的核心业务往哪个方向转移，这样才能立于不败之地。

当然，要做到这一点，首先要有组织上的保障，即有专人或部门负责这项长期的、前瞻性的工作。一般说来，销售部负责当年的业务，而市场部负责未来几年的业务。换句话说，销售部管的是企业今天是否有饭吃，市场部管的是企业明天是否有饭吃，这就是我常讲的"两条腿走路"。如果一家企业仅有销售部而没有市场部，就变成了"一条腿走路"，确切地说那不叫走，而是蹦，不信的话大家可以试试，一条腿蹦的话能蹦多远？其辛苦程度可想而知。

不过今天的中国企业大多数都在努力地蹦，而不是从容地走，因为很多企业根本没有设置市场部。有些企业虽然设置了市场部，却没有做真正意义上的市场开发工作，更多的是做市场宣传、市场策划、促销活动、广告宣传等工作，在企业里大多是配角。这就是很多中国企业"勤劳而不富有"的根本原因，大家虽然非常努力，但是由于组织设计不合理，方法不得当，所以收效甚微。西方企业不管规模大小，都是"两条腿走路"，销售部和市场部各负其责，所以他们做得不累，可以"工作生活两不误"，可以获得较高的利润，企业对未来有更大的掌控能力。

那么市场部如何去发现新的商机呢？说到这里有必要谈一下市场部的四大职能：

第一，市场开发（参谋部队）负责发现未来的商机；

第二，产品定义（特种部队）负责找到产品必定畅销的理由；

第三，市场宣传（空军部队）负责用省钱省力的办法与客户有效地沟通；

第四，渠道支持（后勤部队）负责给销售人员提供枪炮弹药，提高销售队伍的战斗力。

在这里，我们重点谈一下市场开发工作。为了发现商机，市场部的人员要成为行业专家、技术专家和应用专家。他们的技术水平在研发人员和销售人员之间，虽然他们没有研发人员钻研得那么深，却要比研发人员的知识面广，虽然没有销售人员涉及的范围广，却在特定的领域比销售人员更在行、更专业。市场人员要想赢得客户的信赖，成为客户的朋友，赢得行业内的地位，就要非常了解行业的发展趋势、技术动态、竞争状况等；他们必须懂得客户的语言，能在技术上跟客户探讨未来，探讨趋势；他们必须清楚地知道本企业的产品具有什么独到的优势，在市场上如何定位，现有的产品在哪些方面还不能完全满足客户的需求。

市场人员具备了上述知识和技能之后，接下来的工作就是去寻找产品创新的源泉，即站在客户的立场上思考问题，看看本企业能否找到帮助客户的机会。可以是提高客户的"幸福指数"，让客户的工作和生活更开心，更简单，更愉悦；也可以降低客户的"痛苦指数"，让客户摆脱痛苦、摆脱烦恼，过得轻松一点。一旦发现了这样的机会就可以通过新产品、新方法给客户带来独到的价值，客户就会发自内心地喜欢这样的产品。寻找产品创新的源泉是市场开发人员非常重要的一项长期工作，非一日之功，而是要经常走到市场一线去，深入客户那里去了解客户需求，把握市场动态，了解竞品信息。其实很多商机都是源自客户的建议、客户的不满，甚至是客户的投诉。只要市场人员能够静下心来扎下去，就很容易找到新的业绩成长点。

我们不妨以按摩椅市场为例做一个简单的分析。大家知道按摩椅是舶来品，很多中国企业一直跟在洋品牌后面走，抄袭，模仿，就像其他行业一样，所以只能靠低价取胜。但我们说过，这种玩法已经不适应未来市场的竞争。中国企业完全可以基于中国市场的特殊需求，基于中医理论的博大精深在这个细分市场上超越竞争对手。中医理论讲究"痛则不通，通则不痛"，有经络理论，有穴位概念，这些对于西方人来说，如天方夜谭一般。所以中国企业完全有理由把按摩椅与中医的经络、穴位、推拿相结合，设计出比国外品牌更出色的产品，要敢于定位在跨国品牌之上，不再以价格取胜，而是以价值取胜。

同时，要超越现有的按摩椅概念，可以根据人的身材去调整座椅，甚至增加一些装置（洋品牌所没有的），就像高档汽车的座椅有记忆功能一样，不同的家庭成员有不同的设置，各有各的数据。同时，把每个人主要治疗什么、解决什么问题做成一个系列程序库，大家可以根据自己的需求选择程序，把电视上很多知名专家介绍的按摩方法、操作方法变成标准化程序，这样既减少了人为操作的误差，又降低了大家的学习与记忆难度，成为便捷的、智能化的中医养生按摩椅。当然，如果有可能，还可以进行程序升级换代，动员全社会的力量，让更多的中医参与进来，形成优胜劣汰的竞争机制，就像苹果公司的 App 商店和 iTunes 一样，搭建一个平台，大家通过这个平台共同受益，一旦某些新的专家发明了新的方法，并通过了验证，就可以添加到程序库中，给客户带来更多价值，增加客户的黏性。

所以说，寻找产品创新的源泉并不难，就看企业是否愿意设置专人去做这项工作。我经常讲这样一个道理，那就是：做企业必须基于"利他"的主观愿望，而做慈善必须基于"利己"的主观愿望。可惜现在很多人把这两条给弄反了——做企业的变成了"利己"，做慈善的变成了"利他"。过去20年中国出现了一大批成功的商人，这是好事，但是我们期待有更多的以"利他"为企业存在核心价值的企业家出现。同样道理，中国有很多乐于施舍，乐于捐款的善人，他们成为电视台和各种社会活动的明星，为企业和个人带来了广告效应。但是真正意义上的做慈善不是为了别人，而是为了自己，即通过做慈善来获得心灵的安逸。

不过，在寻找新的业务增长点时也需要注意一点，**很多企业在战略转型的过程中最容易犯的一个错误，就是看到新的商机之后就想放弃原有的市场**。这是绝对不可取的做法。不管原有的市场利润多低，做起来多么艰难，都不能轻言放弃，毕竟那是公司赖以生存的"根据地"。尤其是在新市场、新行业没有进入稳定增长期之前，绝对不能顾此失彼，可以想办法去提高原有市场的利润率，或者采取措施去改善现有的运作模式，却不要轻易丢掉。尽管新的行业、新的市场，或者新的领域前途非常看好，但是毕竟还没有开始做，不能把所有的兵力都抽调来做新的行业、新的市场。因为新的行业或市场一定存在不确定性，甚至是风险，所以不能只看到乐观的一面，还要考虑到挑战的、困难的一面，不要用创业初期的赌博心态去冒险。毕竟现有的市场和地盘是经过几年的拼搏才打下来的市场，一定要好好维护和珍惜。

总之，战略转型要想得到管理团队的认同和发自内心的拥护，一定要把战略转型的价值讲清楚，把新的业绩增长点说明白，让每一位管理者都能看到（至少想象得到）未来的机会在哪里，接下来如何去把握机会，转型之后企业将进入一个什么状态。这样才能打消大家的顾虑，让大家同心同德，统一思想，统一认识，才会有执行力。

◎ 设计创新的商业模式

"商业模式"是这些年挂在很多企业家和经理人嘴边的流行术语，但是到底什么是商业模式，却有很多不同的答案，有些是从理论上进行解释和说明，有些则是从某一个角度去解读，人们看后总有一种隔靴搔痒的感觉。在此有必要把商业模式的定义探讨清楚。

首先，它是一套商业逻辑，即按照什么样的逻辑思维为客户创造价值，从头到尾必须自圆其说。这一点对于习惯了"差不多"思维的中国人来说，是很难做到的一件事，因为在中国文化中缺少一样东西，那就是精益求精，追求极致，所以这个问题是未来10年中国企业在转型过程中最大的挑战。

其次，它是基于"利他"思维而开展商业活动的，即要么帮助客户提高幸福指数，要么帮助客户降低痛苦指数。所以我们说有"利他"思想的老板才能称为真正意义上的企业家，而那种以赚钱为目的，基于"利己"的指导思想做生意的老板只能称为商人。

再次，它是一套系统性的方法论，属于科学的体系，一旦在某一点上取得成功，即可以在更大的范围内进行批量复制。这就需要系统性思考，以终为始，根据最终目标来配置各种资源，缺什么补什么，最终搭建起一个以市场为导向的组织。商业模式不是一个短期的计划，更不是那种头疼医头，脚疼医脚的运作模式。

商业模式的创新决定了企业的成败，尤其是那些有追求、想干大事的老板，必须在商业模式上做文章，否则只会事倍功半。但是，商业模式创新的起点是"不走寻常路"，一定不能走抄袭、模仿的老路，必须在某一个方面或者某几个方面做出创新（而不是全面超越），远远地超越现有的竞争对手，否则根本谈不上什么商业模式。如果非要把抄袭、模仿算作一种商业模式的话，那只能称为是"山寨模式"，永远跟在别人后面捡剩饭吃。

九好集团的商业模式分享

2012年底，应正和岛的邀请，我作为嘉宾去杭州参加一个商业模式创新研讨会，当时有20多家浙商企业家参与，针对浙江九好集团的商业模式进行谈论，九好集团的老板介绍了企业正在做的事情之后，在场的很多企业家都理解不了，不明白九好集团是在做一件什么事，看起来很乱，没有头绪。大家的点评让九好集团的老板很郁闷，因为在场的企业家都不理解他在做的事业。轮到我讲话了，我就在白板上画了三条线，左边一条弧线，右边一条弧线，中间是一个圆圈，然后告诉大家，九好在做的是一种非常有前瞻性的商业模式创新，是在搭建一个平台，是现代服务业的范畴。大家一听豁然开朗，当然最开心的是九好集团的老板，因为他找到知音了，有人能明白他所做的事情，能把他自己说不清楚的玩法用简单的方式表达出来。这张图画出来之后，就使复杂的问题简单化了，公司内外的人都很清楚这是一个有强大生命力的平台，因为通俗易懂，非常简单。过去制约企业健康发展的主要障碍是资金短缺，而有了清晰的商业模式，投资者蜂拥而至，资金短缺的问题马上就解决了，企业迅速驶入快车道。

想清楚了商业模式并不意味着成功，接下来就要把目标制定好，把路径想清楚，即未来5年能走到哪里？如何才能确保达成目标。在我没有介入咨询之前，老板心目中认为5年时间能从15亿元做到100亿元就已经很不错了，可是经过我与管理团队的交流和分析，提出一个大胆的目标，那就是五年要做到1000亿元！很多人听了都不敢信，5年时间业绩怎么可能实现这样的高速度增长？于是我们进行认真细致地分析，进行沙盘推演，几天下来，大家对5年可以做到1000亿元坚信不疑，因为在中国像杭州、成都、宁波这样的二线城市有几十个，还有很多富裕的三线城市,如果在一座城市业绩做到 15 亿元至 20 亿元的话,大家可以算一下,全国市场有多大?到 2013 年 6 月,在第三次供应商大会上,正式提出了"千亿九好,邀您共享"的口号,我去现场讲了半小时,把九好这种商业模式的内在运行机制做了简单介绍,提升到了理论的高度,不管是供应商,还是银行领导,不管是客户代表,还是当地政府官员,大家都听明白了,于是大供应商纷纷加盟,客户纷纷签约,市场就这样启动了。经过大家的努力拼搏,2013 年九好集团的业绩从 15 亿元提升到了 50 亿元,圆满地完成了任务。

可以说,仅仅有目标是远远不够的,除了我们前面说的目标设定必须有依据、有逻辑之外,目标设定之后必须给出相应的路径,即 1000 亿元的业绩是从哪里来的?必须根据地区、产品、客户等要素进行详细分解。这样就能指定专人去开设分公司,指定专人去开发新产品,指定专人去开发新客户,这就是我讲的顶层设计的概念,即根据目标去配置资源,缺什么补什么。一个没有战略的企业认识谁就去找谁,结果是关系营销,而一个有战略的企业则是应该找谁就去找谁,结果是专业营销。我们不是靠传统的那种陪吃、陪喝、陪玩来赢得客户,而是靠专业的水平,明确的客户价值去打动客户,客户听了之后没有不接受的道理。当然,路径有了,还要有具体的操作方案、流程、工具、表单、监控、检查等措施,这些都必须事先统一设计好,让大家有动力去做,有能力去做,有方法去做。

如何理解真正意义上的商业模式呢?我把商业模式设计的六个要素给大家介绍一下,只要按照这六个要素去做,就能设计出一套具有市场竞争力的商业模式。

要素之一:明确走向市场的模型(Go to market model)

这个模型的最左侧是企业,最右侧是最终消费者,企业经过哪些环节把产品或服务交付给最终客户,这中间可能涉及中间商、合作伙伴等，用一张图描述出来，也有人把这张图称为渠道模型。当然，很多企业不是单一渠道，而是多渠道并存，以便覆盖不同的最终用户群体，这就要求企业在商业模式的设计过程中把不同渠道是如何分工、如何运作、如何避免冲突等问题想清楚。时下流行的名词 B2B（商家对商家）、B2C（商家对顾客）、电子商务、服务外包等都属于商业模式的范畴，但是却属于顶层的商业模式。对于一家企业来讲，真正意义上的商业模式设计是指在某一个特定的顶层商业模式之下，比如，在 B2B 的模式下本企业如何通过商业模式设计比竞争对手做得更好。

要素之二：明确企业的赢利模式（Business model）

弄清楚企业赚的是哪一份钱，凭什么能赚到这份钱，在哪些产品上可以不赚钱，甚至赔钱。通过这种搭配组合（portfolio management）压制对手，挤压对手，通过牺牲局部利益来换取整体利益。另外，企业一定要清楚自己依靠什么赚钱，在哪一个方面遥遥领先？比如服务体验、产品设计、物流配送等等。换句话说，企业卖的是什么？这个问题一定要想清楚。明确了依靠什么赚钱，就要持之以恒地加大在某一个或某几个方面的投入（人、机、料、法、环），逐渐强化企业的特色，直到客户能清晰地感知到，竞争对手能清楚地感知到。

要素之三：明确企业的价值链和生态系统（Value chain and ecosystem）

即把企业的所有利益相关者之间是什么关系，各自扮演什么角色，各自的价值如何体现描述清楚，把所有的上下游关系和所有的合作伙伴关系用一张图画出来，把各利益相关者在整个价值链上所创造的价值计算出来，把大家的工作关系理顺。要知道，当今世界，靠自己的力量打天下已经不行了，甚至可以说过时了，必须整合更多的社会资源共同做一件大事，这样才能提高企业的成功率，提高企业的安全系数。越多企业参与进来，企业的安全系数就越高，一旦搭建起一个完整的生物链，就相当于有了一个屏障，可以阻止竞争对手发起进攻。毫不夸张地说，未来的竞争，将是生物链的竞争，谁拥有了健康的生物链，谁就拥有了未来。这对于不喜欢合作、不擅长兼并，而喜欢单打独斗的中国企业来说，无疑是一个挑战。

要素之四：明确企业的价值主张（Value proposition）

即给客户带来了什么与众不同的独到的价值创新，换句话说，站在客户立场上来看比现有的解决方案有什么优势和实实在在的意义？比如，可以是更便宜、更便捷、更安全、更有效、更稳定、更结实、更时尚等，而在这些"更"的背后是企业的核心能力，因为要想实现这些价值创新，企业就要在资源配备上下功夫，需要很多年坚持不懈的努力，继而成为企业的创新基因。企业有了某种核心能力才可能建立竞争优势，才能与竞争对手拉开距离，才能让目标客户感受到企业的价值。

要素之五：明确企业的组织架构（Organization structure）

有了清晰的商业模式，就可以把企业的组织架构图清晰地画出来，这与大多数人熟悉的那种自上而下的组织结构图完全不同。不是明确上下级关系和隶属关系，而是明确互相之间的合作关系和服务机制，图的最上面是客户。通过这个组织架构图可以帮助企业在内部形成"握手关系"，让每一个部门经理、每一位员工明白自己在公司内部的角色定位，即谁是自己的"内部客户"，谁是自己的"内部供应商"，自己的业绩和表现由谁来参与评价，从而设计出跨部门的工作流程，成为标准化的规定动作。把监督约束机制固化下来，形成企业的内部管控体系，为信息化系统建设，为360度考评奠定基础。

要素之六：明确企业经营管理的"道"

它是一种经营管理的哲学（Business philosophy），而不是"术"，虽然它必然涉及操作层面的事情，但是它依然是战略层面上的思考，是把一件事情想透彻，想清楚再做。这项工作需要企业家和高管层的高度重视，并不是几个人脑力激荡一下就能出来的点子，而是一套完整的方法论，需要丰富的实战经验、行业知识和非常高的专业技能。如果企业内部没有合适的人带领着大家一起去做商业模式设计，最好借助外部力量去完成它，这样可以达到事半功倍的效果，千万不要再沿着"摸着石头过河"的老路摸索，否则会继续走弯路，浪费时间，错过机会，到头来还需要不断纠偏，不断付出巨额的成本和代价。

总之，商业模式设计就是"基于未来看现在""基于对手看自己""基于客户看产品""基于价值看创新"，是为了建立企业的竞争优势而必须完成的一项艰巨的工作。唯有把商业模式设计好，对外才能找准市场的切入点，给客户带来独到的价值，给客户一个选择本企业、本品牌的理由；对内则可以把企业内部的各种资源整合好，同心同德，统一思想，统一步调。不过，任何商业模式都是有生命周期的，所以企业要想跟上时代的步伐就要隔几年对商业模式做出修订，要勇于否定自己过去的成功，千万不能躺在成功簿上睡大觉，结果不知不觉自己的奶酪就不见了，最终被淘汰出局。

◎ 重塑品牌定位和价值诉求

在大众化消费时代，企业追求的是知名度，只要有了知名度就能取得成功，因为不同企业的产品都差不多，用户看谁知名度高就买谁的。而在小众化消费时代，企业追求的却是忠诚度，只要能把某个特定的消费群体牢牢地吸引住，让他们有归属感，就很容易取得成功。所以战略转型的关键是让品牌有一个有别于竞争对手的独特定位，让自己的品牌具有鲜明的个性和特征。这样才能从众多同类产品中脱颖而出，给消费者一个选择的理由。

什么叫品牌？一个家喻户晓的"商标"或企业名称是品牌吗？为什么中国企业的国际化如此艰难？为什么在国内品牌价值号称几百亿元的知名品牌却无法走向国际市场，尤其是消费品市场？从微观的层面上讲，中国的品牌建设与国际惯例（或跨国公司的做法）有很大差别，中国企业侧重于"舞台表演"，跨国公司侧重于"地下工作"，前者侧重于知名度宣传，后者侧重于品牌的内涵建设；从宏观上讲，品牌建设是企业战略的延伸，是为企业战略服务的，如果一个企业连真正意义上的战略都没有，连清晰的品牌定位都没有，品牌建设就无从谈起。可以说，一个没有内涵的品牌是没有生命力、经不起打击的。

品牌的价值体现在哪里？品牌建设的目标是什么？一句话，那就是要成为目标客户的首选，即当消费者想买某一类产品时首先想到的就是某个品牌。要做到这一点就要想办法把品牌的"差异化定位"植入消费者的长期记忆中，他们一旦有需求，马上就能想到某某品牌能够满足他们的这一需求。唯有这样，企业才能成为垄断竞争者当中的一员，才能有立足之地，才能靠品牌赚钱。否则企业的广告一停，销量就会下滑，成为只有知名度、没有忠诚度的空壳化品牌。

重塑品牌定位涉及几个方面的工作：

一是品牌定位的调整，如果过去的品牌定位不明确或者存在问题，价值诉求无法打动客户，就需要优化或提升；二是顺应竞争环境的演变，市场上可能出现了很多新的竞争对手，包括跨国公司，也包括山寨产品和众多的游击队等，所以必须重塑定位；三是主流消费群体的演变，过去侧重的是价格敏感的温饱型和小康初级阶段的消费者，而现在和未来则是小康高级阶段和中产阶层的消费者；四是品牌的个性化标志，因为品牌的标志是向客户传递一种信号，给客户留下第一印象，它的背后意味着品位、品质和风格，必须让客户看到标志就产生我们期望的那种联想；五是提炼品牌的价值诉求，用精练的语言与客户进行沟通，形成品牌的统一说辞，提高沟通的效率和效果。

下面我们就来具体分析一下这5方面的工作。

品牌定位的调整

好的品牌必须具有鲜明的个性，通过提炼品牌的价值诉求与客户进行理性沟通，通过体验式营销进行感性沟通，千万不要假定消费者无知而去愚弄他们。在这方面，国内企业与跨国公司在品牌宣传理念上有着本质的差别——国内企业（当然很多都是策划公司的思路）普遍采用USP（独特的销售主张），而跨国公司普遍采用FAB（客户价值分析体系），表面上看两者没有太大的分别，但却是站在不同的立场上看问题。前者是站在本企业的立场上看如何把产品卖出去，是去找卖点，并用这种卖点（主张）去引导消费（甚至是忽悠用户），而跨国公司则是站在用户的立场上看产品给用户带来了什么与众不同的价值，独到之处在哪里，是去找买点，并通过理性分析告诉消费者形成这种价值诉求的依据和基础是什么，这就是"以市场为导向，以客户为中心"的具体体现。

品牌等于什么？这是大多数国内知名品牌到现在都还没有回答的一个非常简单、非常重要的问题，而在跨国公司看来，这是市场营销的"规定动作"，是每年都必须做的基础工作。国内企业则普遍忽视这个问题，深层次的原因是大家还没有意识到品牌定位的重要性，单纯靠价格战和广告战去求生存、求发展。而正因为大多数品牌都没有定位，无法打动目标客户，所以只能不停地"吆喝"。结果，钱比跨国公司花得多，效果却比跨国公司差得多，费力不讨好。

顺应竞争环境的演变

可以说，众多世界顶级和一线品牌在中国市场的迅速腾飞从某一个侧面证明了品牌的重要性。越来越多的中产阶层（当然还有一批宁肯省吃俭用也要买名牌的小康阶层），纷纷瞄准了世界顶级品牌，尽管他们的实际生活水平还没有达到消费那些顶级品牌的层次，但是为了面子不得不消费这些产品。只要看看LV、爱马仕等国际一线品牌在中国市场的销售业绩增长就不难得出这样的结论。一年几千亿美元的海外旅游购物消费就这样送给了国际一线品牌。要知道，中产阶层在"衣食住行"得到满足之后，精神上的满足开始占据主导位置，他们喜欢旅游，喜欢购物，喜欢享乐，这样可以让他们暂时释放生活和工作中面临的巨大压力，在其他方面寻找属于自己的尊严，在物质上充分满足自己，以平衡被现代环境逐渐扭曲的心灵。

主流消费群体的演变

过去20年中国企业普遍是跟在别人后面走，通过抄袭、模仿、低价来赢得竞争。这种做法在大众化时代没有什么问题，因为对温饱型消费者来说，毕竟价格是第一位的，秀水街的繁荣，A货的畅销，山寨版的流行都是那个时代的特征。但是，时至今日还有多少人去买假名牌？那种掩耳盗铃的做法甚至都过不了自己那一关，他们不会再光顾A货，不会拿着（穿着、用着）假名牌招摇过市，因为天知地知自己知，一个人可以欺骗别人，却无法欺骗自己。所以面对越来越多的中产阶层，企业不能再用过去的价格战去赢得竞争，必须从价格导向转为价值导向，这是战略转型的一个关键点，除非企业的定位永远停留在温饱型消费者这个层面，毕竟在未来一段时间内，中国依然会存在一个庞大的温饱型消费者群体。

品牌的个性化标志

品牌标志不仅仅是一个Logo那么简单，它代表着一家企业的自信。名不正则言不顺，一个品牌的标志必须彰显品牌的个性和追求。当一家企业没有自信的时候，其标志往往会"傍大款"，与某一个国际知名品牌如出一辙，只是在图案上、文字上或者色彩上做微调。比如许多体育运动品牌都在或多或少地模仿耐克,怎么看都与耐克的图案有相似之处,这是一种不自觉的下意识行为。所以在品牌重塑的过程中,我们必须清醒地认识到这一点,并舍得花钱请有水平的设计公司去设计新的 Logo,毕竟品牌标志不能经常换来换去,要争取一劳永逸,一次到位。

提炼品牌的价值诉求

现在流行的策划是中国式营销的必然产物,因为大多数企业都是在产品问世之后(即产品研发出来或生产出来了)才去"找卖点",才想起来如何卖,结果只好靠"造概念""忽悠"去激发市场需求。尽管这些概念在策划人的设计下的确能打动部分消费者,但是确切地说,很多概念没有落到实处,因为没有支撑,没有内涵,没有依据,经不起检验。过去几年我担任过 5 次"中国杰出营销奖"的评委,每一次都会接触大量的案例,不少企业或策划公司送来的案例都把产品上市当成了营销,把市场宣传当成了营销重点,很多案例压根就没有产品创新的成分,也没有目标客户的概念,更谈不上"卖思想"了。那到底什么是"卖思想"呢?"卖思想",首先要理解客户的选择偏好,即客户在购买某一类产品时最关注哪些要素;然后在产品设计时强化某些方面的特性,凸显企业的价值;最后才是与客户沟通,即说服客户当他们购买某一类产品时,什么参数最重要,他们应当把关注点放在哪里,一旦客户认同了,也就认同了该企业的产品,就会成为忠诚客户。换句话说,市场营销人员的价值就是给目标客户一个放大镜,让目标客户拿着放大镜去看该企业的优点,从而认识到这些优点的价值。在这种情况下,销售人员卖的是一种"思想",是市场营销人员总结出来的"统一说辞",这样就能提升整个销售队伍的水平和效率。

总之,中国企业在经历了第一阶段的成功之后,已经具备了"上台阶"的基础,现在到了"上台阶"的关键时候,接下来就是尽快通过战略转型来重塑品牌定位。有了清晰的定位,就可以逐步丰富品牌的内涵,使品牌变得有血有肉。比如,可以把很多令人感动的小故事整理出来,可以把客户消费之后的感受与体验讲出来,可以把很多枯燥的文字变成形象化的图案和图片,把很多有意义的理念变成有意思的说法。因为越来越多的年轻人更在乎"有意思",而不是"有意义",所以必须把有意义的内容用有意思的方式表达出来。大家都知道读书很有意义,可以增长知识,可是随着生活节奏的加快,读书的人越来越少,尤其是那些非常有意义的大部头书籍更是无人问津。这是一种趋势,任何一家企业都很难扭转这种局面,必须顺势而为,找到新的替代方案,让大家在轻松娱乐的环境中学习知识,掌握知识。

◎ 夹心品牌的升级换代

"李宁"曾经是中国红极一时的运动第一品牌,在辉煌的时候比耐克和阿迪达斯还风光,可是短短几年的时间,市场格局却发生了质变,到今天已经举步维艰,这背后的原因是什么?作为局外人,我们也许永远不知道内部发生了什么,但是我们可以从表面现象去挖掘背后可能存在的原因,因为很多问题都是传统企业转型过程中普遍存在的误区,希望通过分析给其他传统企业敲响警钟,不要漠视市场环境的变化,不要忽视消费心理的演变——尽管这些变化是十分缓慢的、不易觉察的——企业一旦失去了感知外部世界变化的能力,就有可能陷入困局,甚至破产倒闭。所以我一再强调:**成功乃失败之父!因为一家企业过去越成功,往往越固执,越坚信自己的思路是对的,会在错误的理念指导下越走越远,越走越偏。**

大约10年前,在李宁公司各方面都不错的时候,其人力资源部曾经找过我,邀请我到他们在崇文门新世界的办公室,探讨让我来担任公司的总裁教练。当时我还想这家公司能有这样的意识是比较超前的，因为那个时候聘用"外脑"做顾问的企业并不多，只可惜后来没有了下文。我敢毫不夸张地说，如果当年李宁公司勇敢地迈出了那一步，就不会有今天这么被动的结局。李宁公司今天出现的很多问题都是小儿科问题，是违背常识的错误，不是疑难杂症，只是没有人给他们指出来，帮助他们走出误区。

简单说来，李宁公司面对的挑战就是传统企业从大众化消费时代转向小众化消费时代普遍存在的误区，绝对不是什么高科技难题，主要障碍是高管团队的思维方式。一旦企业明确了未来的战略和路径，就可以从后往前看，根据目标配置资源，缺什么补什么，把世界范围内的各种资源利用起来，实现软着陆。我坚信，只要他们有了小众化的意识，理解了小众化的内涵，传统企业的转型就会步入正轨，剩下的只是时间问题。下面我将从三个方面剖析李宁公司面对的挑战以及出路在哪里。

首先是市场环境的演变。随着人们消费水平的不断提高，中国市场从2008年开始步入小众化时代，人们的消费需求开始离散化，过去那种千篇一律、别人穿什么自己也跟着穿什么的时代已经一去不复返了。换句话说，运动服市场在迅速分化，过去人们上学穿运动服，上班穿运动服，郊游穿运动服，逛街穿运动服，运动服成了多用途、多场合、多功能的产品，这是大众化时代人们普遍追求的一种生活方式——产品功能越多越好。但是随着上亿国人进入中产阶层，生活方式和生活品质发生了质变，专一用途的服装代替了多功能的服装：上班有商务休闲装，郊游有户外休闲装，逛街有快时尚和轻时尚服装，上学有校服，真正玩各种运动的人有更专业的运动装，这导致传统的运动服装市场萎缩。如果企业没有认识到这一点，没有跟上时代的步伐，就会被新品类替代。

其次是品牌定位和年龄段的错位。在大众化时代企业是为人民服务的，而在小众化时代企业是为部分人服务的，所以必须用不同的产品满足不同消费群体的需要，必须有目标客户的概念，每一款产品都要有清晰的目标客户群，而不是用大路货去争取大市场，老少通吃，因此在大众化时代行之有效的规模经济效益逐渐失灵。对于"60后"和"70后"来说，李宁是一个家喻户晓的人物，但是对于"80后"和"90后"来说，他则是过时的人物。所以，李宁公司要想破局，就要根据消费者的年龄层进行市场细分，形成针对不同消费群体的子品牌，比如针对"90后"的子品牌，针对"80后"的子品牌，针对"70后"的子品牌，针对"60后"的子品牌，等等。为了真正理解客户的需求，在后端必须是由不同的人去负责产品开发与设计，贴近目标客户，聆听目标客户，理解目标客户，这样才能推出令目标客户惊讶的好产品。

第三是品牌的老化与档次的尴尬。李宁面对的挑战是两面夹击，上面有耐克、阿迪达斯等国际品牌，下面是一些比李宁更便宜的运动品牌，买李宁既没有面子，也没有里子，所以有钱的人不买，没钱的人也不买。两头都不讨好，这就是大众化品牌的困境。

除了上面说的按照年龄段来划分子品牌之外，还必须按照价格段分系列，每个年龄段都有顶级系列、高档系列、中档系列（是否有低档系列需要看品牌的底线是什么）。顶级系列必须定位为遥遥领先于耐克和阿迪达斯，给有钱人一个消费李宁产品的理由，让他们有自豪感和优越感，当然产品品质必须对得起高价格（不妨参照爱慕内衣的做法），高档系列则定位在与耐克和阿迪达斯基本一致，并通过鲜明的产品特色（即主打什么）去赢得目标客户，而不是跟在耐克和阿迪达斯后面走抄袭、模仿、跟随的老路。这是传统企业转型的必由之路，必须从抄袭到超越，没有这个决心和自信就没法在市场上站稳脚跟。中档系列可以物美价廉，给那些喜欢李宁品牌却买不起顶级产品和高档产品的人一个接触李宁、拥有李宁的机会，当然一定要让他们觉得有面子。

市场经济讲究的是：有限选择，各有特色，即给消费者选择权，既不能垄断，也不能无序竞争。所以企业的关注点应当是：对外琢磨客户，对内琢磨员工。让客户参与进来，让员工参与进来，这样才不会掉队。不知道李宁有没有勇气否定自己过去的成功，按照小众化的思路去转型，从而实现重生。

◎ 要想提高利润，首先提高成本

很多人都误以为要想提高利润，就要降低成本，似乎利润和成本是一对不可调和的矛盾。按照人们的"常识"来看，似乎成本越高，利润就越低。为什么会出现这种集体性的思维误区？因为绝大多数中国企业家和经理人都不明白定价的道理，甚至根本不懂得什么叫市场营销，以为所有的消费者都喜欢便宜货，所以大家拼命在降低成本上做文章、下功夫，各个行业出现了一轮又一轮的价格战。由于产品没有特色，作为购买者，面对毫无差异化的大路货，只好用"低价中标"来选择供应商，这种恶性循环导致越来越多的人相信：价格低才是硬道理。我在讲课与咨询的过程中遇到最多的就是这个问题，很多人陷入了怪圈，难以自拔。企业虽然想提高利润，可是所做的一切却是在降低利润，到最后中国企业的产品竞争力越来越低，利润率更低，有些行业（如食品行业）甚至出现了"劣币驱逐良币"，直到整个行业集体沦陷为止。下面，我将从三个方面来探讨这个似乎没有解的难题，并提出解决问题的思路。这三个方面就是原材料、人才和外脑。

原材料问题

记得有一次讲课时，我问一家生产大芯板的企业，为何不采用环保胶，而采用含甲醛的胶来制作大芯板，损害消费者健康。那家企业的人回答，虽然他们知道用含甲醛的胶去制作大芯板会给客户的健康带来伤害，可是他们也没有办法，现在的大芯板利润率太低，100元一张大芯板，利润也就是5元。在制作大芯板的过程中需要用到大量的胶水，环保胶比含甲醛的普通胶要贵5~10元，如果企业用环保胶的话就没有任何利润了。这种说法有道理吗？没有！因为这家企业犯了一个严重的逻辑错误，以为用环保胶制作的产品售价与用含甲醛胶制作的产品售价是一样的，所以才得出了一个表面上合乎道理的"伪结论"。这样的问题绝不是一家企业的思维问题，这是绝大多数中国企业目前普遍存在的思维问题，我已经遇到过很多次。

试想一下，如果那家企业采用环保胶来制作大芯板，如果那家企业能把甲醛的危害给客户讲清楚，提高20~50元的售价是很容易的，即普通大芯板100元一张，环保大芯板120~150元一张。因为只要跟客户算一笔账，客户就明白了：如果一个家庭装修房子的时候需要20张大芯板，买100元一张的含甲醛的大芯板是2000元，买120元或150元的环保大芯板是2400元或3000元，差别是400~1000元，这个差别意味着什么？意味着未来10年这20张大芯板会在房间里面不断释放甲醛，给全家人的健康带来严重危害，轻者免疫力下降，经常生病，重者孩子会得白血病。治疗一个白血病的孩子需要多少钱？除了钱之外，疾病会给一个家庭带来多少痛苦和压力？难道这些痛苦和压力只值400~1000元吗？这道算术题连一个小学生都会做。省了1000元，却可能付出10万~100万元的代价。我坚信消费者是理性的，是通情达理的，只要企业能把道理说清楚，绝大多数客户为了自己的利益也会选择高品质的健康产品，这就是我经常讲的"恐怖营销"。对用户来说，"恐怖营销"提高了市场透明度，实现了优胜劣汰；对企业来说，"恐怖营销"提高5~10元的成本，却能换来15~40元的利润提升。

到目前为止，绝大多数中国企业都是以物美价廉为目标，通过大规模生产、压低工人工资，甚至降低排污标准来降低加工成本的，结果是世界各地到处都是中国制造，却没有中国品牌。很多中国企业家还没有思考过这些问题：自己公司的产品在哪些方面与众不同？有什么独到的个性？有什么差异化价值？有什么鲜明的特色？改革开放30多年了，可是直到今天，中国都没有搞过大规模的质量运动，中国制造成了低端产品的代名词，"差不多就行"的心态影响了中国品牌的提升。也许中国缺少一个当年把日本带向成功的戴明，也许中国人缺乏那种精益求精的态度，但是更重要的是我们缺乏一批真的把品质看作品牌命根子的企业家。有多少企业有愿望超越跨国企业的品牌？有多少企业敢于把自己产品的价格定位在跨国企业的品牌之上，除了中华香烟、云南白药牙膏，还有多少这样的品牌？什么时候李宁运动服的价格能高于耐克和阿迪达斯？什么时候海尔电器的价格能高于索尼和东芝的电器？什么时候华为的产品价格能高于北电和西门子？我坚信，当中国有成千上万高于同类跨国企业品牌价位的产品时，中国企业就能走向世界了。因为征服世界不可能靠廉价货，必须靠高品质的卓越产品，能给人带来自豪感和优越感的产品，才能让对手输得口服心服。

企业提供一个和别人一样的产品并不是什么本事，生产跟别人一样的"Me-too"产品在现代市场经济环境中是不被人看好的，一家企业唯有提供独到的价值才有生存的意义，才能走向世界。日本的企业之所以能征服世界，靠的就是这种精神，韩国企业征服世界同样也是靠的这种精神。为什么中国企业、中国品牌难以征服世界，就是因为绝大多数中国企业习惯于生产跟别人一样的"Me-too"产品。而"Me-too"产品的巅峰之作就是山寨化，可悲的是很多国人居然对山寨产品津津乐道，以为这样走是捷径，其实这种想法真是错得离谱，山寨化只会毁了中国企业的创新精神。

人才问题

很多企业家近几年抱怨《劳动合同法》出台以后，劳动力成本急剧上升，员工工资上涨太快，企业已经到了难以为继的地步，如果再涨工资的话，企业就没有任何利润了，所以企业不得不去选择更便宜的劳动力。其实，人和原材料一样，也是一分钱一分货，好货不便宜。随着劳动力成本的降低，随之而来的是生产效率的降低，产品品质的降低，服务水平的降低，以及人员流动带来的各种问题，这一切都导致利润下降。

  我曾经这样问企业，目前招一个普通的工人要多少钱？他们说2000元左右，但是很难招到人。我问：这个地方缺少这样的人吗？他们说不缺，但是人家不愿意来。于是我说：如果你们打出一个招聘广告，4000元一个月，会是什么结果？他们说：那就可以"海选"了，这个城市的很多工人都会来应聘。我说：刚才你们还跟我说招不到人，可是现在却发现可以"海选"了，这是为什么？他们说：虽然可以"海选"了，但是企业承受不了，因为这样的工资，公司就没有利润了。我说：好，我们不妨按照你的逻辑去分析，如果你花4000元工资"海选"10位员工，会有1000个人报名，在这1000个人中选出最优秀的10个人就是百里挑一，这种百里挑一选出来的员工一定是当地最优秀的人才，企业可以对他们提出远远高于普通员工的要求，让这些优秀的人才去挑战自己，通过动脑筋想办法，他们可以创造出比普通员工高三倍的业绩或效益。换句话说：工资乘以2，效益乘以3。这就是我的人才效益公式，成本上去了，利润才能上去。

  这家企业如果按照我说的去做，是会亏，还是会赚？工人尚且如此，白领员工更是如此，一个月3000元只能招一个三流的大学毕业生，一个月6000元可以招一个二流的大学毕业生，一个月9000元才能招一个一流的大学毕业生。企业用什么样的人才，决定了其业务发展的质量和速度，没什么可抱怨的。

借用外脑的问题

  多年来，很多企业一直沿用"摸着石头过河"的方法，遇到问题就关起门来思考，以为这些问题需要自己挖空心思想办法才能解决。他们觉得花钱请咨询公司帮忙没有什么用，也不愿意花那笔钱，因为大家觉得自己辛苦挣钱不容易，何必给咨询公司呢？其实，很多企业的问题都带有普遍性，这些年我做过很多行业的战略咨询，发现企业80%的问题是一样的。只不过很多企业老板和经理人自己不知道而已。很多问题，企业自己苦苦思索三五年都没有答案，可是通过咨询公司的帮助，三五个月就能彻底解决问题。不久前帮两家企业做咨询时，我给企业老板和经理人算过一笔账，令企业老板大吃一惊，他们怎么也没有想到通过激发员工的积极性和主动性，能给企业带来5倍的效益，也就是说，公司花100万元咨询费，换来的是第一年500万元的效益（利润），之后每年的利润就更不用说了，这是一个大于5倍的投资回报。

　　具体说来怎么做呢？我和企业各个职能的总监一起探讨他们存在的价值和工作中面临的主要问题，一一梳理各种难题，不管是库存方面、设计方面、生产方面、采购方面、质量方面，还是销售方面，通过梳理这些问题，使每一位职业经理人都能认识到自身的价值，知道通过一年的努力，自己可以给企业创造多少价值，可以新增多少效益，能获得多少奖金。这样一来，自然就激发了经理人的积极性，我目睹了这些经理人从观望听话到积极进取的转变。可以说，一个人也好，一家企业也好，要想把握住未来，就必须从"后知后觉"转变为"先知先觉"，把小聪明转化为大智慧。而要想站得高，看得远，就要学会借助外脑，学会借力前行，唯有这样才能以小搏大，以弱胜强，后来居上。

战略规划：清晰定位，系统制胜

未来 10 年，没有战略的企业由于看不到未来，自然无法凝聚人心，也就不能形成合力。所以解决问题的根本出路只有一条，那就是认清现实，踏踏实实地从基础工作入手，好好地梳理出企业的战略。

◎ 战略规划的 4 项基本原则

企业在战略规划的过程中，应坚持 4 项基本原则：以利他为基准，以营销为核心，以竞争为导向，以共识为目的。

以利他为基准

让企业家回到经营企业的原点，即明确企业存在的价值是：要么帮助客户提高幸福指数，要么帮助客户降低痛苦指数。换句话说，必须有独到的价值来帮助客户，否则企业的存在没有任何意义。只有当一个老板树立了明确的利他理念，这个企业才会有生命力，才能赢得客户的尊重和信任。一个没有正确想法的企业是不可能持久的，即使赚钱也是暂时的。

以营销为核心

让企业从推销模式上升到营销模式，从发现、识别消费者未被满足的需求入手，进行深入细致的市场调研，寻找产品（和服务）创新的源泉，根据客户未被满足的需求进行有针对性的客户价值创新，从而给消费者带来与众不同的差异化体验和价值，成为有个性、有特色、令人尊敬的品牌。决不能跟在别人后面走，那种靠抄袭、模仿生存的企业早晚有一天会被客户抛弃。

以竞争为导向

让企业有一个清晰的市场定位，即在选定的目标市场上出类拔萃、鹤立鸡群，有自己鲜明的个性和独特之处，给小众化的目标客户一个非买我们品牌产品（或服务）不可的理由，成为目标客户的首选。可以说，任何战略规划如果没有把竞争要素加进来，没有针对竞争对手的分析，没有针对竞争对手的对策，是不完整的。

以共识为目的

让老板与高层管理人员、中层管理人员就企业未来5年的发展方向、目标、战略、战术、监控5个层面达成共识，让大家发自内心地认同并喜欢公司的战略规划，看清未来，知道到那时自己能得到什么，能成为什么，从而统一思想，统一认识。

一个没有共同愿景和使命感的团队是四分五裂的，不可能有战斗力，充其量只能算是为了赚钱而聚集在一起的一群乌合之众。

◎ 战略规划是一套内外沟通的文件

战略规划是用来清楚地表达企业经营管理逻辑的，即我为什么会成功，我能成功的依据是什么。 如果能向员工说明这个逻辑，就会赢得员工的支持和全身心的投入；如果能向用户说明这个逻辑，就会得到客户的偏爱和信赖；如果能向投资者说明这个逻辑，就会赢得投资者的青睐。

在这里，我们不妨用逻辑的思维，从6个方面来梳理一下，希望大家从此能真正明白：战略是什么（What）？企业为什么需要战略

(Why)？什么阶段需要做战略（When）？谁来做企业战略（Who）？战略规划从哪里入手（Where）？如何做战略规划并让战略落地（How）？

战略是什么

战略到底是什么？我认为战略就是实现目标的"逻辑"，它探讨的不是要做什么，而是如何做，即通过什么方式来实现目标，阶段性的里程碑计划是什么，实现目标的前提条件和边界条件是什么，要实现企业的目标，成功的要素是什么？面临的挑战又是什么？企业存在哪些潜在的问题与风险？如何解决这些问题？等等。所以说，要理解什么是成功的"逻辑"必须先理解什么叫战略，否则就会停留在机会主义的成功阶段，容易随波逐流，即在市场大环境好的时候，大家都赚钱，蒸蒸日上；而当市场大环境不好的时候，大家都亏损，走下坡路。这是很多行业出现了无数次的现象。

我们说，战略是一套"从后往前看"的思维逻辑，即把5年后的市场环境、竞争格局描述出来，把本企业到那个时候的状态描述出来，然后根据我们所期望的状态来做现在应该做的事情。**不是认识谁就找谁做生意，而是应该找谁就找谁做生意；不是自己会做什么产品就做什么产品，而是应该做什么产品就去做什么产品，根据目标去配置资源，缺什么补什么，这才是企业有战略和无战略的根本区别。**战略规划就如同是军队打仗时的作战地图，大家可以设想一下，一个没有作战地图的军队能打胜仗吗？恐怕很难。同样道理，一个没有作战地图的企业打胜仗也是非常困难的。

企业为什么需要战略

多少年来，在社会大环境的影响下，中国人已经习惯了整齐划一，学习别人，成为别人，跟着别人走。这种做法和思维模式与发达国家的企业截然相反，因为在发达国家每一家企业都必须有自己独到的定位，能告诉客户我跟别人不一样在哪里。一般说来，别人做什么，自己就不去做，即使要做，也一定会找到差异化的要素；而自己做什么，就希望设置壁垒阻止别人跟进，这样一来每一家企业都有自己的地盘，都可以舒舒服服地过日子。看看中国的企业，不管是从品类，还是从名字，或者是颜色、模样，总是希望往国外的名牌产品那里靠，尽量长得像别人，这样的产品怎么可能赢得买家真正的喜爱？怎么可能让人尊重？

战略是为了让中小型企业在开始的时候，就明确"有所为，有所不为"，能把有限的资源用在刀刃上，能在一个相对狭小的市场上站稳脚跟，成为小市场上的主导者、小池塘中的大鱼。**当各级管理人员看清了未来，知道自己的长远回报是什么，就会为了这个长远回报而牺牲短期的、暂时的利益，从而降低中小企业当前的运营成本，用未来的钱做今天的事。企业要让大家看到"钱景"，把职业经理人变成事业经理人，从而激发各级管理人员的主人翁精神和责任意识。**否则中小企业很难长大，因为看不清未来，付不起高薪，留不住能人。

什么阶段需要做战略

创业成功后的企业在生存期是无法谈战略的，因为这个阶段企业工作的重点就是让自己活下来，发现机会，把握机会。等到企业的业务稳定下来，就要尽快把经营模式、思路和方法固化下来，把成功的逻辑总结出来，使之成为可以复制的体系。所以过了生存期的中小企业不得不思考战略规划的问题，因为所有的大企业都是从中小企业发展起来的，为什么有些中小企业发展成了大企业？为什么有些中小企业永远是中小企业？核心问题就是战略。

一个中小企业没有战略就无法聚焦，在资源有限的情况下，不聚焦就不可能在某一个细分市场成为龙头老大，更不要说在某一个行业成为老大。

企业规模小的时候，一切都在老板掌控之下，什么事情都亲力亲为也能照顾得过来，但是当企业大到一定程度，老办法就失灵了。举一个简单的例子，如果老板只管一个排或者一个连的人肯定没有问题，把大家招呼在一起商量一下就什么事都解决了，但是如果企业发展成了一个团、一个师的人员规模就不能用老办法了。到了高速发展期，生存不再是问题，发展成为核心话题，这时候就要把企业未来五年的战略梳理出来，明确先做什么，后做什么，互相之间有什么逻辑关系。有了清晰的战略规划，大家才知道该往哪个方向使劲，不同职能之间才能配合好。而且，当大家能看到几年之后企业会发展成什么样，就清楚自己这个部门、自己这个人在企业战略里扮演什么角色，各部门之间的配合自然会更加默契。

谁来做企业战略

战略规划绝对不是老板一个人的事，更不是老板做好了强行灌输给部下。老板需要做的不是依靠自己的力量完成一套系统的战略规划，而是对未来市场做出前瞻性的预判，把自己对未来市场格局的看法、对行业发展趋势的走向与高管团队分享，指明前进的方向。然后，老板要带领整个高管团队，按照科学的方法论，进行深入细致的市场调研、客户分析、竞争分析，并邀请部分中层管理人员和核心员工参与调研、分析、总结，最后在有实战经验的外部咨询顾问的帮助下一起完成战略规划。

以前那种自上而下发号施令的模式已经过时了，如果老板事无巨细，亲自参与处理公司内每一项决策的话，企业不可能做大做强，因为一个人的精力和聪明才智毕竟是有限的，靠老板一个人的个体智商不可能在错综复杂的市场上赢得竞争，必须依靠企业的组织智商，靠一支能打硬仗的团队。我们再也不能假定老板什么都懂，什么都明白，如果当高管的只是按照老板的吩咐去做事，那就根本不是高管人才，因为称职的高管不是老板告诉他做什么，而是他告诉老板应该做什么，是给老板提供建议和解决方案的。大家千万不要把执行力理解为听话，执行力源自部下主动积极地思考、做事，源自为实现公司的战略出谋划策，源自实现目标后的回报。

战略规划从哪里入手

战略规划从分析市场机会入手，可以分成3个阶段：

第一阶段是打地基，即明确企业为哪部分客户服务？我们希望在目标客户心目中占据什么位置？目标客户非买不可的理由是什么？我们的竞争对手是谁？

第二阶段是盖房子，把完整产品清晰地描述出来，把企业5年后要达成的目标清晰化，把建立竞争优势的路径设计好，把独特的商业模式想透彻，把成功要素和主要挑战分析清楚，把组织架构和财务分析做细致。

第三阶段是内装修，即把战略任务分解成一个个的战术动作，落实到责任人，明确考核标准和考评时间。

总之，战略探讨的是企业未来5年的发展问题，而不是今年和明年的生存问题；是从完整产品的角度去寻找差异化，而不是简单地去生产同质化的产品；是强调品牌的特色和个性，而不是强调产品的功能和价格；是通过低调的"地下工作"来寻找产品创新的源泉，而不只是通过高调的"舞台表演"来推销产品。企业总体战略明确以后，就要让各个职能部门根据总体战略去制订自己那个职能部门的实施计划，并协同其他职能部门完成跨部门协作。

如何做战略规划并让战略落地

制订战略规划的过程与战略规划书的结构并不是完全一致的，照猫画虎会误入歧途。有些咨询公司看到别人的战略规划书，就以为制订战略的过程要按照规划书的那个顺序，其实不然。那么战略规划从哪儿入手呢？通常说来我们可以把战略规划分成7个阶段。

第一阶段：市场与用户分析。一家企业不了解市场和用户，是很难生存下去的，所以战略规划的第一步就是进行深入细致的市场和用户分析。这是整个战略规划的基础，因为后面几步均以市场和用户分析的结论作为前提，所以是重中之重。

第二阶段：竞争对手分析。目的是了解在本企业参与的目标市场上，哪些是现有的、直接的竞争对手，哪些是将来有可能加入的潜在竞争对手，对本企业产品或服务可能构成威胁的替代品是什么？

第三阶段：理想的完整产品描述。这一部分是在不考虑资源限制的前提下，从最理想的角度来探讨目标客户最希望的产品和服务是什么样的，这也是一种从后往前看的思维。当然这里说的产品指的是完整产品而不仅仅是核心产品，包括服务和体验。

第四阶段：企业的长远目标与发展方向。一旦企业掌握了市场和用户需求，同时也了解了竞争状况，以及对用户来说，最理想的产品是什么样的，就很容易明确本企业的市场定位。也就是说，企业存在的价值是什么，企业的长远目标和发展方向是什么，形成通俗易懂的一段话。

第五阶段：成功要素分析、面临挑战分析、潜在的问题与风险分析。在制定企业战略的过程中，一旦目标确定下来，就要从正反两个方面去论证，看看把哪些事情做好了能实现目标，制约企业实现目标的障碍是什么，有哪些潜在的问题与风险，应变措施分别是什么。

第六阶段：组织架构设计与财务分析。任何战略都需要人去实施，所以战略明确之后，就要有组织保障，要通过排兵布阵，把有限的资源用在刀刃上，并理顺不同职能之间的关系，明确谁是谁的内部客户。然后将未来5年的人力资源成本计算出来，为综合财务分析和投资回报分析奠定基础。

第七阶段：第一年的战术实施计划。要把战略分解成具体的动作，明确下一年集中精力做什么，哪些方面既重要又紧急，哪些方面重要而不紧急，哪些方面紧急而不重要。要把相对宏观的计划变成具体的动作，成为可以衡量、可以监督检查的行为，并落实到具体的责任人，这样才有希望完美地执行。

◎ 战略规划以提高组织智商为目的

首先，我们探讨一下什么是组织智商。学过物理的人都知道，"力"不但有大小，还有方向，是个矢量参数，当两个以上的力组合在一起，就会有一个"合力"的概念。所谓组织智商就是一家企业内部个体智商的矢量合成，而不是简单相加。通俗地说，一些聪明人在一起，未必能做出聪明的事，所以有可能出现4种情况：第一种情况是一加一等于二（大小相等，方向一致），第二种情况是一加一大于一小于二（大小相等，方向基本一致），第三种情况是一加一小于一（大小相等，方向不一致），第四种情况是一加一等于零（大小相等，方向相反）（见图4-1）。

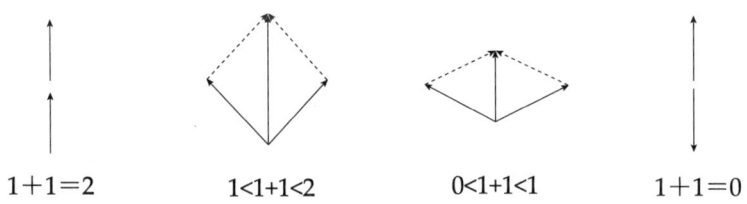

图4-1　企业内部的个体智商矢量合成

第一种情况是每家企业都期望完美的结果，但却是难以达到的境界，只有当一家企业有了非常科学的战略规划（路径），有了落地的实施计划（方法），有了相应的激励措施（动力），有了完善的约束机制（压力），才可能达到如此卓越的境界。

第二种情况是不错的结局，大家往同一个方向使劲，企业总体说来还是朝着健康的方向发展，尽管部门之间有些小摩擦，但是仍然属于优秀或良好的企业。

第三种情况是比较普遍的状况，由于大家的目标、想法、利益等要素不一致，企业内耗比较严重，虽然很多人想努力工作，但是由于无法形成合力，所以步履维艰，做什么事都很难，渐渐地大家失去了斗志，只好混日子。

第四种情况是最悲惨的结局，企业内部帮派林立，互相拆台，互相较劲，即使凭着良心想把自己负责的那摊事做好也不容易，到最后想做事的人遍体鳞伤，心灰意冷，企业也停滞不前。

就像一个人有智商一样，一个企业也有自己的智商。有些企业是个体智商高，组织智商低；有些企业是个体智商低，组织智商高；还有些企业是个体智商和组织智商都高。那么为什么说战略规划可以提高企业的组织智商呢？我们不妨从几种具体的情况说起。

第一种情况是老板对未来的走向并不清楚，所以无法告诉部下未来的路怎么走；第二种情况是老板已经有了清晰的想法，知道未来的路该怎么走，但是由于种种原因，不能告诉部下；第三种情况是老板自己想明白了，也想告诉部下，却不知道怎么沟通。不管是哪种情况，只要老板的想法没有高效率地传递给所有部下，企业的组织智商就会受到影响，因为大家不知道为什么而战，为谁而战，这样一来，企业的组织智商一定低于老板的个体智商。所以说，企业战略规划就是把老板的初级想法通过一套科学的方法论梳理出来，升华到一定高度，成为每个员工都听得懂的标准化语言。战略规划是一个集思广益的过程，可以把一些粗浅的想法进行精细化处理，把一些定性的想法进行量化处理，把一些枯燥的文字进行图形化处理，这样就可以让人看得更清楚、更直观、更可信，从而超越老板最初设想的水平和境界，使得企业的组织智商高于老板的个体智商。总的说来，战略规划对提高组织智商的作用主要体现在以下几个方面。

第一，在战略规划开始前，每个人都需要全面、系统地回答一系列有关市场、用户、竞争的问题。这些问题表面上看并不难，但是要回答好却需要下一番功夫，必须通过认真的市场调研，与人沟通来寻找答案。这个过程可以让各个职能的人了解企业的目标市场，了解客户的深层次需求，了解企业面对的竞争格局。包括企业的财务总监、人力资源总监、研发设计总监、生产制造总监等职能部门的首长都需要参与这个过程，以弥补过去这些人远离市场导致的信息不对称，让这些人贴近市场，贴近客户，今后再做判断和决策时就会有感觉。这个过程可以把零散的信息系统化，经过十来个人的共同努力，一幅完整的画面清晰地展现出来了，每个人都会发自内心地感叹：这下子我搞明白了！

第二，战略规划是市场经济环境中国际通行的标准化商业语言和思维逻辑。一旦大家统一了思想，统一了语言，沟通效率就会大大提高，不会公说公有理，婆说婆有理，互相听不懂。今后再遇到具体问题时大家就可以按照同样的逻辑去分析问题，解决问题，减少部门间的冲突，提高组织效率。其实，一个企业不管采用哪种管理体系，哪种管理逻辑，只要上下一致就可以。比如有人喜欢营销4P理论，有人喜欢营销4C理论，只要在企业里选定一种即可，没有先进与落后之分，只是从不同的角度去看问题而已。这样一来就可以把个体的智慧转化为集体的智慧。

第三，战略规划的另外一个价值是造就国际化的一流人才，让职业经理人学会按照规定动作出牌。他们掌握的是一套企业经营管理的方法论，一套放之四海而皆准的体系，无论是在哪个国家，无论是在哪个行业，这些方法论都是通用的，这些体系都是完整的。所以一旦企业培养出合格的职业经理人，今后就不是上司告诉部下怎么做事，而是部下告诉上司打算怎么做，变被动工作为主动工作，上司的工作量大大下降，部下工作的盲目性大大减少。另外，战略规划让每个人都明确了大方向，确立了大目标，大家可以基于公司的战略进行思考、细化，提出解决问题的方案和建议。这样一来，公司就会逐步走向标准化、流程化、简单化。

第四，战略规划可以使得职能部门之间的合作更顺畅。因为通过战略规划，大家都清楚了各个职能部门在公司内部的分工和价值，理解了互相依赖、互相帮助才能取得成功。就像人的各个器官一样，相互配合，缺一不可，没有重要与不重要之分，只是扮演的角色不同。战略规划就是要让大家明白可以实现双赢，从而形成内部客户关系。另外，战略规划在讨论的过程中提倡反思、质疑，而不是欺骗上司、迎合上司，需要有人站在"反对派"的立场上看问题，避免盲目乐观，做出不切实际的决策。一个人有好的想法就要设法说服别人，让别人采纳，这需要提高沟通能力，而不是强迫别人接受。

第五，战略规划就像参加拔河比赛一样，考验的是集体的智慧和团队的力量。因为胜负取决于团队是否整齐划一，是否步调一致，所以拔河是典型的组织智商比赛。同样，"30人31足跑"也是考验组织智商的一种比赛，只要一人倒下，所有人都会倒下。通过战略规划，可以营造企业的"不抱怨文化"，让大家明白"帮别人就是帮自己"，只有齐心协力才能达成总体目标，每个人才会受益。不过，集体主义不是依靠宣传、教育、口号达成的，必须依靠制度和激励措施，从约束和鼓励两个方面同时使劲，让每一个人都为了自己的利益而帮助别人。所以战略规划就是一种"对标"，即把个人利益、部门利益和公司利益挂钩，达成一致。

◎ 组织架构必须为战略目标服务

组织架构设计的基本原则是扁平化，即减少管理层级，以提高沟通效率，层级越多，沟通效率越低，沟通成本越高。一般说来，组织架构设计必须考虑管理幅度，即一个管理者有多少个下属，基层管理人员的管理幅度在 7~9 人之间，中层管理人员的管理幅度在 10~12 人之间，高层管理人员的管理幅度在 15 人左右。管理人员的管理幅度过小（比如一个管理者仅管理 2~3 个下属）会导致领导干下属的活，不仅成本上升，而且本末倒置。

由于受传统官僚体系的影响，中国企业的组织架构设计往往带有浓厚的官本位特色，尤其是国有企业，因为不同的行政级别政治待遇不同，所以必然出现大量的冗员，官多兵少，分管副职数量奇多。由于不同的职能隶属于不同的分管副职领导管理，所以大家仅对自己的上司负责，于是出现了一个一个的像钻井（Silo）一样的纵向组织。不管事情大小，很难横向沟通，必须从最下面走到最上面，在最上层进行协调沟通，达成共识，然后再一层一层地回到最基层。

那么企业在转型过程中该如何设计组织架构呢？下面我将从 5 个方面进行分析。

第一，战略决定组织，组织决定岗位，岗位决定人才，这是人力资源管理与企业战略对接的关键要素。尽量避免因人设岗，要在企业战略确定后，根据战略规划设计未来 5~10 年的组织架构，明确不同岗位之间的逻辑关系（内部客户关系）；再根据逻辑关系设计岗位职责，以体现对其他职能部门的服务承诺；然后根据岗位职责寻找能胜任的人选，不管是内部竞聘还是外部招聘，不管是熟人推荐还是领导介绍，都一视同仁，按照标准化流程以及岗位职责要求去考核选聘适合的人才。

第二，要明确企业内部"五线人员"的定义。过去我们习惯了把生产线工人当作一线员工，因为计划经济年代，工人是最重要的，所以企业的经营运作是围绕生产来进行的。但是在市场经济环境中，决定胜负的不再是生产能力，所以，一线员工是销售人员，他们整天和客户打交道；二线员工是市场人员、商务人员、售后服务人员，他们经常与客户打交道；三线员工是研发设计人员、采购人员、技术支持人员，他们间接地与客户打交道；四线员工是生产系统的人员，基本上不跟客户打交道；五线员工是财务、人力资源、行政后勤等保障部门人员，他们的客户就是其他职能部门的员工。明确了这五线人员，就等于明确了企业的内部客户关系，一线人员对所有其他人员有考评的话语权，二线人员对三四五线人员有考评的话语权，依次类推。

第三，组织架构设计必须兼顾效率与稳定。要想完美地实施企业的战略规划，就要有组织上的保障，既要大家齐心协力，又要大家互相制约，所以矩阵式企业应运而生。通过矩阵式管理，形成有效的监督约束机制，使所有的职能部门都不得不依赖其他部门的支持和帮助。过去，很多事情都是部门领导一个人说了算，虽然决策速度快，但是决策风险很大，腐败和滥用职权的发生率也会很高。企业壮大之后，效率不再是第一位的了，有时为了企业稳健发展，不得不牺牲一定的效率。因此，转型就是要转变经营管理的理念，通过组织架构设计来兼顾效率与稳定。换句话说，除了决策民主化之外，还要确保信息不被少数人掌握，客户不被少数人控制，技术不被少数人占有。

第四，组织架构设计要预留足够的发展空间，给勤奋努力的员工留出晋升通道，让优秀员工看到晋升希望。但是员工的晋升一定要把好关，各种管理岗位不能随意分配，必须经过严格考评，只有做出足够的贡献，赢得大家认同的员工才可以获得晋升。否则必然导致职位贬值，甚至出现"官多兵少"的状况，就像太平天国后期一样，"王爷"众多，谁也指挥不了谁。一般来说，一个大学毕业生进入企业后，如果表现出色，可以2年上一个小台阶，4年上一个大台阶，从员工到一线经理4年时间，从一线经理到总监4年时间，从总监到副总裁4年时间。一般来说，人的成长总是需要经验、需要磨炼、需要挫折的，时间问题几乎是不可逾越的，只有极少数聪明出色的人才可能例外。

第五，组织架构设计要具备可扩展性，不能年年变，即使不能一劳永逸也要保持相对稳定。也就是说，假如公司的业务量在未来几年中增大 10 倍，现有组织架构是否能够支撑？比如说公司现有 8 个分公司，可否扩展到 30 个分公司？现有 3 个设计团队，可否扩展到 10 个设计团队？现有 5 个市场开发团队，可否扩展到 10 个市场开发团队？在这种横向扩展的过程中，部门结构不需要做大的调整，部门之间的逻辑关系基本上能保持不变，这样才能保持组织架构的相对稳定，便于公司内部的机构拓展，给每一个优秀的人提供发展的空间，让大家看到希望——只要业务做起来了，大家都可以独当一面，成为新的分公司领导，或者新的团队领导。

总之，组织架构设计必须以市场为导向，以客户为中心，把客户放在组织架构图的最上面，按照为客户服务的先后顺序（价值链）来界定企业的职能范围，使得大家拧成一股绳为客户服务。组织架构设计合理后，团队合作就成了建立在共同利益基础之上的必然结果，大家为了共同的战略目标而努力做好本职工作。

中国企业战略转型的 7 种途径

◎ 延伸式转型：按照 T 型发展模式，找准支点，进行延伸

企业发展到一定程度，必然要在现有业务的基础上进行延伸，以保持业绩的持续成长，满足员工的需要、客户的需要和股东的需要。因为企业的成长速度一旦下降，员工士气会首先受影响，成长的机会受到制约，所以保持适度的成长是一家企业经久不衰的关键。

如果一家企业已经在某个细分市场上站稳了脚跟，甚至成为细分

市场的龙头，往相关领域进行延伸是必然的事情，也是最稳妥的一种扩张途径。那么往哪个方向延伸最省力？在延伸的过程中如何才能利用好现有的优势？如何让消费者更容易接受？这些都是延伸式转型的关键问题。

在没有回答好这些问题之前就盲目地搞多元化是很危险的。我坚信没有几个中国企业是饿死的，大多数出问题的企业是撑死的，是在多元化扩张的路上迷失了方向而陷入困境。

首先我们谈一个概念，那就是业务延伸的"T"型战略（见图4-2）。英文字母的"T"这一横代表市场，这一竖代表技术，企业在延伸的过程中可以沿着市场延伸，也可以沿着技术延伸。

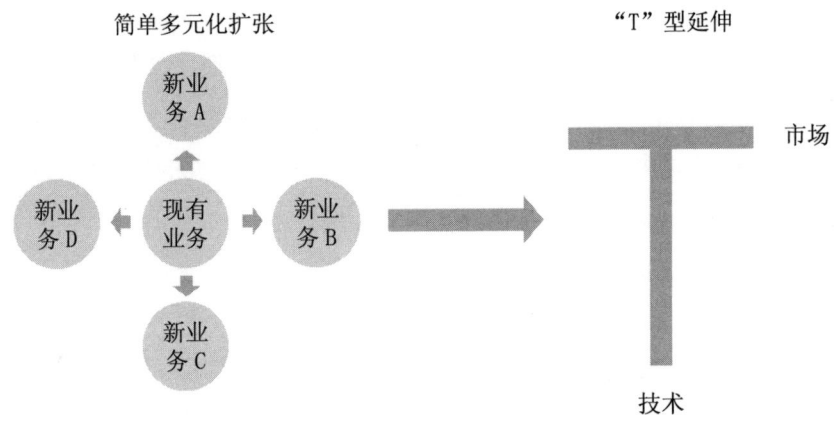

图 4-2　从简单多元化扩张到"T"型延伸

首先看看沿着市场延伸的案例。比如"康师傅"，这个品牌是做方便面起家的，成为细分市场的龙头之后，"康师傅"陆续进入了饮用水、饮料、面条、饼干等领域。这就属于沿着市场延伸，当一个消费者消费了方便面之后，对"康师傅"的品牌有了好感，就很容易接受这个品牌的其他产品。因此，这时候企业的市场延伸产品不用大做广告，就能为现有的市场、现有的客户接受。像当当网、京东商城、苏宁易购也都是沿着市场延伸，即在不大规模增加（或改变）客户的情况下提供更多的产品供客户选择，提升业务量。

再比如，从事培训业务并已经取得初步成功的企业可以往咨询业务延伸，同样，从事咨询业务已经取得初步成功的企业也可以往培训方面延伸。因为两者的客户群是一样的，而且对绝大多数客户来说，都是既有培训需求，也有咨询需求，这样延伸企业的风险就被降到了最小。

另外一种方式是沿着技术延伸，即在自己熟悉的技术领域和产品领域进行适度延伸，这种延伸方式可以充分发挥现有的技术装备、研发工具和手段、供应链体系、生产设备以及现有技术人才的优势。这种方式也很容易得到客户认同，因为企业在客户心目中已经是某个领域的专家，有相应的技术储备，不用担心技术不成熟、不稳定等问题出现。

比如照明领域的欧普照明和雷士照明。欧普是从家居照明起家的，成为细分市场的老大之后，开始往商业照明领域进行延伸；而雷士是从商业照明起家的，成为细分市场的老大之后，开始往家居照明领域延伸。这两个企业借着自己在优势市场上的品牌影响力，在不增加太多技术难度的情况下实现了延伸式转型，从单一品类扩展到全品类。

还有两个例子，一个是生产低压电器的客户，过去一直做 OEM（即贴牌生产）的出口生意，现在开始转向国内市场，因为技术、工艺、设备是现成的，只要补上市场开发和产品创新这两个职能就能回归国内市场。另一个是生产服装的品牌出口企业，过去一直在东欧推广自有品牌，成为当地的知名品牌，现在开始转向国内市场，毕竟中国市场的潜力比东欧市场大得多。这两家企业都是我的长期顾问咨询客户，这种延伸式转型因为有技术做支撑，80% 的条件都是成熟的，所以风险会比进入一个全新的行业、全新的领域小很多。

可以说，不管是沿着市场延伸，还是沿着技术延伸，企业都需要找到一个"支点",因为找到了"支点"就可以省力,毕竟企业已经在某一个市场上有了根据地,有了客户基础,或者在某个专业领域有了技术储备,有了产品基础,所以延伸时可以借力前行。我们说,有了"支点"就可以撬动地球,有了"支点"就可以事半功倍,就可以降低成本,减少客户接受的阻力,这样才能体现竞争优势。当然,如果企业实力足够强的话,可以在两个维度上进行延伸,既可以同时进行,也可以先后进行。

◎ 多元化转型:从单一业务转向其他行业或领域

在中国,多元化经营是很多企业追求的目标,很多人认为要想做大,就一定要搞多元化经营,就一定要搞"集团公司",似乎不搞集团就是小公司,搞了集团才是大公司。

其实,只要看看当今世界最有实力的跨国公司就会发现,欧美企业绝大多数都是专业化经营,只有通用电气是个例外。绝大多数企业的架构都是公司下面有集团,每一个集团侧重于某一个细分市场,所以集团是一家公司的下属单位。在中国,这个概念正好反过来了,都是集团下面有公司。

很多年前,我看到过去的同学(美籍华人)拿着某某集团公司总裁的名片非常羡慕,一问才知道,在美国注册一家集团公司非常简单,凡是叫某某国际公司、某某集团的,往往是两三个人的小公司,是专门做中国业务的,因为中国人喜欢集团公司,喜欢跟大人物打交道,他们才那么叫的。所以,我们不能简单地拿中国的逻辑去套美国,千万不要想当然。

在中国,选择搞多元化经营的企业往往会陷入两个误区:一个是机会导向型,一个是避重就轻型。这两种都不是理性决策,都不可取。为什么这么说?首先看看机会导向型。很多人往往是看到哪个行业机会大，前景看好，利润高，就往哪个行业走，也不考虑该行业与自己现有的业务有无关联或者自己是否熟悉那个行业，只管跟风。比如有一段时间，很多不相关的企业纷纷进入房地产行业、新兴能源行业，等到政策转向，市场竞争激烈，大家又纷纷转向其他行业。其实，不管做什么行业都有机会成功，都有机会做大，关键是咬住牙坚持下去，明确品牌在行业里的定位，找准立足点。万科当年就是通过"做减法"才成为房地产领域老大的，即专注于某一个领域精耕细作。可以说，中国企业没有多少是饿死的，绝大多数出问题的企业都是撑死的，是死在多元化经营这条路上，似乎大家忘了那句老话：不熟不做。

另一个误区是避重就轻型。因为企业在现有的细分市场上无法（或难以）成为老大，甚至无法（或难以）进入前三名，而选择了"逃避"，既没有千方百计想办法成为细分市场老大，也没有决心和勇气退出去，于是只能勉强维持。而在一个竞争十分激烈的市场上，利润率会很低，经营难度很大，企业的日子也不好过。于是很多企业选择了避重就轻，把希望寄托在新行业、新领域上，以为进入一个新领域后情况会彻底改观，利润率会提升。表面上看这种思维似乎符合逻辑，但是当很多企业有这个想法的时候，结果又会如何呢？这就形成了今天中国市场的特色——一个行业或领域一旦被看好，必然导致重复建设，恶性竞争，因为大家不管自己是否擅长，不管自己是否有资源，也不管自己是否有实力进入这个新行业、新领域，都要一窝蜂地进去搅和，最终结果就是把一个又一个的新兴行业做成微利行业，把一个又一个的新领域做成微利领域。这种恶性循环在很多行业、很多领域已经重复了无数次，利润已经低到难以承受，让所有竞争者无法生存，这种同归于尽的玩法已经害死了很多企业，并且开始传染世界经济。当中国人把很多产品都做到低于成本价（如果考虑环境成本和合理的人力成本的话）的时候，整个世界经济就会受影响，到最后一定是害人害己。遗憾的是经过了一轮一轮的重复建设，大家依然热衷于微利经营,并没有汲取教训,因为从根源上说,大家还没有小众化的意识,还没有细分市场的概念,所以还在用大众化的意识玩规模经济效益,玩低成本战略。

所以,思维的误区是最可怕的,也是最顽固的。其实道理很简单,稍微想一下都能明白,如果一家企业在某个领域苦心经营了很多年都无法成为细分市场的老大,那么这样的企业有什么理由可以成为另外一个自己完全不熟悉领域的老大?当你看到另一个新兴的市场机会时,别人是否也看到了?你做这件事比别人做这件事有什么优势?这都是必须回答的基本问题,不能视而不见,避而不答。如果还是抱着抓机会的心态,还是跟在别人后面走,永远都走不出微利经营的误区。世界其实很公平,如果你不愿意啃硬骨头,就只能吃软饭,或者委曲求全,凑合着过日子。有人会问:市场上难道就没有捷径吗?当然有捷径,但是寻找捷径首先要改变思维方式,不走寻常路,要走差异化道路,要有啃硬骨头的决心和毅力,看准细分市场的目标就坚定地走下去,直到有一天成为细分市场的老大,直到拥有话语权和主导权。

当然,多元化经营不是不可以搞,但是要满足几个先决条件。

第一,企业必须先成为某一个细分市场的老大,成为消费者心目中的龙头企业,这样才有资格搞多元化。

随着小众化市场逐渐成形,在中国市场上会出现越来越多的细分市场老大,他们专注于某一个细分市场,把产品做到极致,把服务做到极致,成为无可争议的老大。当年百货公司的生意被国美、苏宁切去一大块,而现在的百货店基本上已经退出了家用电器、家居产品以及小商品业务,因为新兴的家用电器大卖场、家居产品大卖场、小商品批发市场等专业领域都有了明显的龙头老大。可以说,成为某个细分市场的老大是中国企业未来10年的重要目标,谁能成为某个细分市场的老大,谁就拥有了未来,10多年前我这样讲,10年之后我还是这样讲。因为只要能成为某一个细分市场的老大,就会在消费者心目中占据重要的位置，就有可能成为客户心目中的首选，才有根基进行多元化扩张和多元化转型。

第二，要根据企业的战略规划与设计打造生物链（产业链），根据战略目标配置相关资源，有些自己不具备的资源可以通过整合的方式获取。

未来的竞争一定是生物链（产业链）的竞争，只是很多人还没有意识到。早在2000年我出版的那本《不战而胜》里就有一篇谈论"商场上的生物链与生态系统"的文章，今天大张旗鼓地打"产业链"这张牌的可能只有中粮一家，我相信会有越来越多的大中型企业明白过来，开始在生物链或产业链上做文章。可以说，苹果公司的成功其实也是生物链的成功，这也是为什么其他企业学不来的根本原因，因为很多人只看到了苹果公司的产品，却看不到苹果公司背后的生物链。

第三，各个业务之间必须存在逻辑关系，起到互相支撑、互相帮助的作用，而不是完全独立的、互不相干的多元化。

那么，多元化经营究竟该怎么搞呢？

首先是想明白，想透彻，为什么要搞多元化，图的是什么？能帮助企业建立竞争优势吗？能拉开与竞争对手的距离吗？其次是目标选定之后要把路径想清楚，即通过什么样的方式搞多元化？最后才是真的动手去搞多元化。这三步有严格的逻辑关系，缺一不可。

在这里，我重点讲一下路径问题。当企业满足了多元化经营的基本条件之后，可否通过兼并收购进入新领域呢？事实上，跟看中一个新行业就贸然进入的做法相比，兼并收购的方式既加快了速度又降低了风险，既避免了走弯路又可以赢得原有消费者和未来消费者的认同。不过兼并整合不是一件简单的事，需要智慧，需要系统性思考，需要专业人士协助。但是不管怎么说，兼并收购确实是一种聪明省力的方式。企业可以把那些在自己看好的领域已取得初步成功的公司买下来，成为本企业的一部分，不管是作为子公司还是事业部，不管是马上整合还是延后整合，都比自己摸索要好得多。

因此，通过兼并收购进入新领域是大多数跨国公司多元化经营时会选择的方法，也是国内IT和互联网领域普遍采用的方法。但是，中国企业传统思维方式是"万事不求人"，很多人不喜欢兼并收购，总觉得麻烦，于是就形成了一种"能竞争绝不合作"的局面，只有实在没办法了才选择合作。这是中国人征服世界最大的挑战，这方面不实现突破，中国企业难以征服世界。我们已经习惯了窝里斗，结果是"内战"很内行，"外战"很外行，让全世界占了中国人的便宜。当然，之所以会出现这种局面与中国市场的大环境密切相关，大家为什么喜欢和朋友做生意，为什么喜欢和熟人做生意，而不愿意面对生人，因为契约精神在中国很弱，法律保障体系尚不健全，所以大家不愿意冒险，不愿意打官司，不愿意走兼并收购的道路。另外，很多企业觉得被兼并是一种耻辱，是不光彩的事情，所以内部也存在阻力。

◎ 聚焦式转型：从大而全、小而全转化为大而专、小而专

为什么有大而全和小而全的企业？主要是因为从计划经济走过来的中国企业到今天还没有彻底摆脱固有的思维模式。在物质相对匮乏的计划经济年代，没有社会化的服务，企业不得不具备全职能，形成自我循环、自我保障。那是在特定环境下，特定历史时期的特定产物。除了社会配套系统不健全之外，还有两个要素：一是缺乏相互之间的信任，二是不想让肥水流到外人田里，久而久之形成了"求全"的思维定式。

但是大而全的思维与市场经济的游戏规则是背道而驰的，市场经济讲究的是平等交换（交易）。一家企业不可能什么都做，只要你专注做一类产品，并做出一个与众不同的好产品，就可以打动部分消费者，就可以用这个产品去开拓市场，赚取利润，成为目标消费者心目中的

首选。一旦在细分市场站稳脚跟,就可以用赚来的钱去交换其他物品。如果自己什么都做,从经济效益上讲其实并不合算。

不过,有些事情是不能仅仅算经济账的。最近这几年我见过很多大企业开始"回归农业",自己招人办农场,不管是种菜,还是养鸡、养猪、养鱼,都是自己来。因为现在的食品安全问题太严重了,一些知名品牌或者驰名商标屡屡发生食品安全问题,人们只好用最原始的方法来保护自己,即在自己的监管之下去生产各类食品,确保吃到真正的绿色蔬菜、健康食品。虽然这样做划算,但是却保障了安全,并成为很多企业吸引员工,留住员工,关心员工健康的一些具体措施。

聚焦,是中小企业起家时的最佳选择,也是大中型企业进入新行业、新领域的最佳选择。因为不管是什么人,能力和资源都是有限的,再加上时间有限,所以必须做出取舍,把有限的精力和资源放在一点上,形成聚焦(见图4-3)。军事上有一个说法,就是"伤其十指不如断其一指"。聚焦是为了在短期内,在局部地区形成相对优势,尽管中小企业的资源有限,或者大企业刚刚进入一个新市场并没有足够的资源,但是却可以在局部进行突破,成为小池塘中的大鱼,成为某一个细分市场的老大。这样就便于建立根据地,逐渐壮大自己,这就是典型的隐形冠军思维。

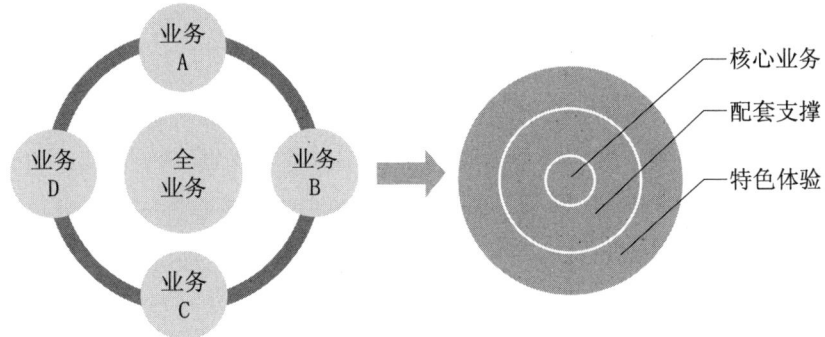

图4-3 从全业务到业务聚焦

当然，对于那些已经取得成功的大企业来说，过去是大而全，什么都做，如果要聚焦，可通过事业部的方式，按照行业来划分，或者按照市场、产品、应用来划分，从而让每一个事业部聚焦于一个特定的行业或者细分市场，精耕细作。虽然企业的总规模很重要，因为能体现一家企业的整体实力，但是在每一个行业或者细分市场上成为冠军才是更重要的。当年美国通用电气公司在杰克·韦尔奇的领导下，曾经有一个著名的"数一数二"战略，即要求各个下属集团必须在所参与竞争的行业或细分市场上成为老大或老二，因为能让消费者马上想到或者记住的是老大，最多有一个备用选择，那就是老二，其他名次的企业基本上不会进入客户的视线。

那么如何才能聚焦呢？一般说来，大企业只能用标准化的大众化产品来满足大众化市场的需求，不可能按照不同消费群体的特殊需求去做小众化处理，这就为中小企业，或者是大企业当中的新事业部创造了机会。可以通过聚焦把关注点放在一个被人忽视、无人顾及的小众化市场上，把这样一个小市场做深、做透，成为无可争议的老大。比如最近，以平民蛋糕著称的好利来公司推出的奢华蛋糕品牌"黑天鹅蛋糕"，就是专门针对中产阶层和富裕阶层的，最便宜的小蛋糕也在400元左右，多数是千元的蛋糕，好一点蛋糕的则是几万元甚至几十万元一个。这就是聚焦战略，让好利来蛋糕继续锁定小康阶层和中产阶层的下层客户，而用黑天鹅蛋糕来锁定高端市场。这是非常好的尝试，只要运作得当，就会得到目标客户的喜爱和认同。

不过，从低端市场转向高端市场时，千万不能用原来的管理人员和技术人员，更不能用原来的运营模式，必须用全新的管理团队和技术团队，采用全新的运营模式，并在外在形象上与原有品牌有明显的区别，不要让消费者产生联想，这样才能确保高端品牌不受原有品牌的影响。

要知道，一旦某个人习惯了做低端产品，就会在降低成本上做文章，而不是在提高价值上做文章，必须从做过高端产品的行业或者领域找人，毕竟高端市场与低端市场有着本质的区别，虽然产品类别一样，但是客户需求完全不同。其实，在中国的各行各业都存在这样的高端市场，只不过大家习惯了关注大众化的低端市场，不愿意花时间、花精力去开拓高端市场，去发现未被满足的客户需求。我坚信，小众化市场将是未来10年中国市场上的最后一批"空白地"，谁先占领了这些"空白地"，谁就可能成为小众化市场上的佼佼者，进而以此为突破口，进入其他细分市场，或者杀回大众化市场，成为家喻户晓的品牌。中国有句老话：好钢用在刀刃上，其实背后讲的也是这个道理，企业要制胜就要聚焦，要懂得在局部领域制胜。

聚焦有多种途径，一般包括市场聚焦、产品聚焦、地域聚焦、应用聚焦、客户聚焦5种。

市场聚焦是选定一个相对比较小的细分市场，特别是高端市场进行精耕细作，从大众化市场转向小众化市场，前面讲的"黑天鹅蛋糕"就属于这一类。

产品聚焦是做一款或者两款拳头产品，就像苹果手机一样，不以数量和品种制胜，而是把一款产品做到极致，在竞争激烈的市场上占有一席之地。

地域聚焦是锁定一个特定的区域，根据这个区域的特殊情况进行特殊处理，比如一家做焊条的企业根据某个地区酸雨比较严重的特点，在焊条里加入防酸雨的化学成分，得到区域市场的认同，比跨国公司的产品更受欢迎。

应用聚焦是侧重于某一个特定应用场合，在普通产品基础上根据某种场合的特殊需求进行特殊处理，成为专用产品，当然80%是一样的，仅有20%是与众不同的。

客户聚焦就是抓大放小，不要对所有客户一视同仁，而是区别对待，把大客户牢牢地把握住，提升服务内涵，提高客户满意度，甚至让客户产生依赖。

◎ 兼并式转型：通过兼并其他企业提高竞争力

金融危机的时候，一些中国企业到世界范围内去兼并那些奄奄一息的外国企业，以为捡了大便宜，事实并非如此。大家想想看，国外的企业家有经验，有资金，有本土优势，他们救不活的企业，凭什么中国企业就能救活？我们在哪些方面有优势？我们有什么灵丹妙药吗？当年通用电气的杰克·韦尔奇都不敢兼并汤姆逊，认为自己的能力无法挽救汤姆逊，但是中国企业不信邪，明知山有虎偏向虎山行，认为外国人玩不了的并不意味着中国人也玩不了，别人做不到的事情中国人一定能做得到，这就是我们习以为常的自大情结。

另外，当我们看到别人赚钱的时候，就认为我们不比别人傻，不比别人懒，只要努力去做，就一定能赚钱，这种过于简单的线性思维方式不知道害了多少中国企业。其实，雄心壮志解决了斗志问题，却解决不了实力问题，实力需要时间去积累，需要智慧去总结。我们千万不要盲目自大，以为日美企业走下坡路了，不行了。其实不然，看看当今各个领域的核心技术都掌握在谁手上？各种装备制造业中的核心产品、核心部件都在谁手上控制着？虽然我们的电视机产量可以做到世界第一，靠着低价策略可以把索尼、松下、夏普搞得难以竞争，但是真正赚钱的是电视机核心零部件的提供者，不是下游的电视机制造企业，而这些核心零部件的提供者没有一家中国企业。

通过兼并来实现转型必须选准目标，不要去捡"洋垃圾"，要舍得花巨资非常有针对性地去买国外的优势企业，打造健康的生物链，尤其是那些在某一领域居于领先地位的中小企业。这些企业都是当今世界的隐形冠军，它们已经专注于某一领域几十年，甚至上百年，积累了大量的技术、经验和客户资源。通过兼并这些企业可以迅速掌握核心技术，拥有核心专利，实现产品的升级换代，进入高端制造业，而且很容易进入跨国公司的供应链体系，因为被兼并的企业以前是某些大型企业的合格供应商，不需要再次认证。我坚信，自力更生的时代已经过去了（除了军工领域以外），还想用摸索的方式去追赶是永远赶不上的，很多技术是中国企业用10~20年都无法掌握的，就算我们有足够的资金也无济于事，我们必须面对现实，不要盲目乐观和自大。

为什么通过兼并的方式来转型升级？因为企业发展到一定程度就会遇到各种瓶颈，业绩不再像过去一样高速成长，增速逐渐慢下来，这时候如果完全靠现有的人员、现有的模式已经很难实现突破，而且很多领域进入门槛高，学习周期长，于是有人想到了兼并，即通过兼并其他企业来保持公司业绩的不断增长。在这方面，思科是一个典范，该公司正是通过兼并成为网络设备领域的霸主。当然，走兼并整合这条路，需要一批懂得兼并战略，懂得兼并手段，擅长兼并谈判的高手。就像玩资本的与搞实业的思维模式不一样，兼并整合与自己发展也是截然不同的。因为不同的企业文化不同、价值观念不同、行为模式不同，必须有包容心态，有跨文化整合能力，同时要有足够的思想准备去面对各种差异，否则兼并过来后企业有可能消化不了。

一家企业在做出兼并的决策前必须想清楚，通过兼并某一家企业最想得到什么？必须一条一条地写出来，这样才能有针对性地谈判，看看对方是否愿意给，如果我们想要的东西对方不愿意给，兼并就没有意义。另外，兼并后的部分在总体战略中处于什么位置？与原有业务部门如何协同？与公司的总体战略如何配套？兼并后是否有利于企业向高利润区转移？通过兼并是否可以得到核心技术和相关专利？这些都是非常重要的话题，所以，兼并前的准备工作一定要做充分，即遵循"先慢后快"的基本原则，把调研做到位，把计划做到位，把结果想清楚，千万不能急于求成。很多失败的兼并都是前期工作没有做到位，匆匆忙忙地兼并了，结果漏洞百出，只好拿"没有想到"当借口。当然，在兼并的过程中，必须聘请各路专家出马，法律方面的、财务方面的、管理方面的、整合方面的，而不是仅凭着自己的热情去操作，否则很容易出问题。

目前比较流行的兼并模式有：借壳上市型、资源整合型、互相弥补型、完全重叠型、跨国兼并型。借壳上市型完全是为了上市操作，要的是一个空壳，仅仅是为了资本运作，没有其他目的；资源整合型是为了搭建健康的生物链、价值链、产业链，从而强化企业的市场控制力，建立更高的进入壁垒；互相弥补型是为了扩充自己的产品线和市场覆盖范围，在不同层次、不同地域、不同应用等方面进行延伸，取长补短；完全重叠型是为了消灭竞争对手，扩大市场份额，形成垄断竞争，逐步掌握话语权和主导权；跨国兼并型有两个目的，一个是得到相应的技术、产品和供应链，一个是顺利绕开各个国家的非贸易壁垒，迅速打开国外市场，减少政策阻力。

兼并前的工作做扎实了，兼并的质量和效果才会有保障，当然兼并后的整合是另一个关键环节。在2002年5月到2003年5月间，我亲自参与了惠普与康柏的兼并案，担任中国内地与香港地区的兼并与整合办公室主任，用一年的时间，出色完成了两家大型企业的整合，包括文化整合、渠道整合、产品整合、办公室整合、制度整合、人员整合等。而在此之前，已经有成千上万人用了一年的时间去做兼并整合计划，把各种事情都事先想清楚了，所以，当各个国家的兼并与整合办公室成立时，只要按照既定的计划去监督执行即可。

在兼并与整合的过程中，冲突最大的莫过于文化整合。不同公司的人做事的方式不同，沟通的方式不同，价值观念也不同，很容易互相猜疑，互相看不起，甚至互相冲突。为了尽快实现两家公司的员工融合，就要想出很多办法来打消员工的顾虑，让大家把眼光放远，凝聚大家的共识。当然主导兼并的企业一定要尊重被兼并的企业员工，不能有高高在上的感觉流露出来，要用足够的大度和开放的心态欢迎对方的员工，让对方员工感到温暖和关怀。另外，就是在制度层面整合双方的优势，不是完全采用主导方的制度和政策，而是让员工感到制度和政策有两个公司的影子，兼顾了两家公司各自的特点，是往中间靠拢，而不是一方压倒另一方。总之，整合好了才会出效益，整合不好只会适得其反。

◎ 升级式转型：从低端产品为主转向中高端产品为主

当今的中国市场已经开始了从大众化向小众化的转型，中产阶层的数量在急剧增加，看看越来越多的汽车和日益严重的堵车现象，看看出国购物者的疯狂采购，看看原本在象牙塔尖的世界顶级奢侈品因为中国人的需求而倍增，不难得出这样的结论：中国的中产阶层时代已经到来了。他们已经形成了一股强大的消费力量，令全世界震惊，每个国家都把吸引这批人的到来当作重中之重，为中国人提供各种方便。那么中国的中产阶层规模到底有多大？首先需要明确一下中产阶层的定义，即三口之家年收入在 40 万人民币以上。因为中国从未对中产阶层下过明确的定义，也没有对未来几十年中国的中产阶层变化趋势做出预判，所以我们不妨用国外调研机构的数据做个参考，到 2012 年底，中国的中产阶层总数已经接近 1 亿人，而 20 年之后中产阶层总数将达到 3 亿多人（见图 4-4）。

从图 4-4 不难看出，20 年之后，中国的中产阶层总量也许会超过美国的总人口。到那时，中国才能真的和美国平起平坐，成为货真价实的 G2 成员。如果大家认同这种预判，不妨想一想，如何满足日益壮大的中产阶层需求？还在物美价廉上做文章肯定不行了，因为中产阶层不再是价格导向，而是价值导向，他们不是什么便宜买什么，而是什么有品位、什么有价值买什么。另外，中产阶层不会看到别人买什么，自己也跟着买什么，而是根据自己的偏好做出选择，同时彰显自己的个性，满足差异化的需求。因此，中国市场必将出现一大批小众

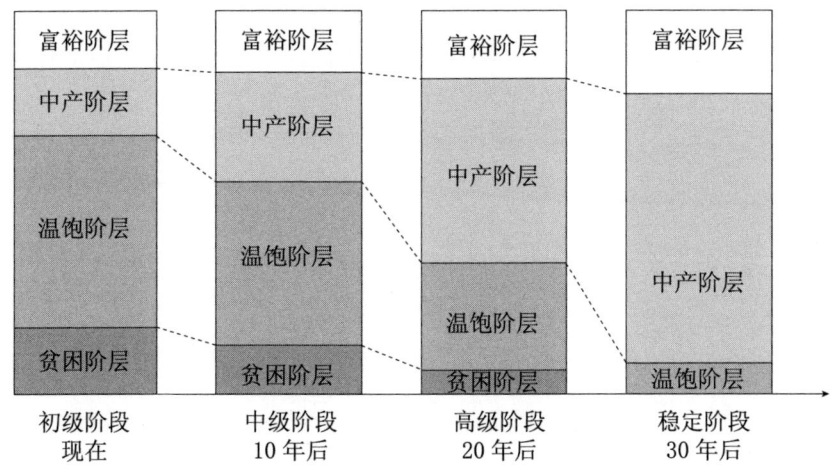

图 4-4 中国各阶层人口比例变化示意图

化的高端品牌，而每个品牌都有鲜明的特色和基因。

但是，要想实现从低端产品向高端产品的升级转型，就必须解决四个问题，其一是意识，其二是设计，其三是文化和制度，其四是自信。为什么很多中国企业都热衷于做低档产品，做不出高档产品，就是因为这四个方面的原因。

首先，企业老板的意识不到位。企业老板总认为低端产品容易做，销量大，总希望靠薄利多销来赚取利润。

其次，设计师的水平问题。如果设计师自身的生活水平和消费水平没有到达中高档水准，那自然不可能设计出中高端产品。

再次，公司的文化和制度不支持做高端产品。高端产品大多是有技术难度、采购难度和加工难度的，需要花大力气去解决每一个小问题。有些企业为了省事或者降低成本，不断地降低要求，最后变成"企业能做出来什么就做什么"的状况，与当初的设计理念和设计要求相去甚远。

最后，企业老板对自己的公司缺乏自信。企业老板总认为自己不行，不敢把产品定位在跨国公司品牌之上，不会从后往前看，根据目标去配置资源，总认为自己没有技术，没有人才，还没有开始做就认输了。

以上这些现象不是一朝一夕可以改变的，如果想突破，首先必须从设计师这个环节入手。只要企业能招聘到一流设计师（当然要支付一流的薪水才能吸引到一流的设计师），能设计出一流产品，就能赚取高利润，最后进入良性循环。千万不要小看这一点。要知道，没有达到中产阶层生活水平的设计师是很难理解中产阶层的生活和深层次需求的，也就不可能设计出令中产阶层消费者喜爱的产品和服务，更不要说给中产阶层消费者一个与众不同的体验。试想一下，一个从来没有住过别墅的人怎么可能理解别墅生活的品质和感觉，又怎么可能设计出来让客户满意甚至愉悦的别墅？有人可能反驳说，没吃过猪肉，还没见过猪跑吗？可是，见过猪跑并不代表明白吃猪肉的滋味，从外面看和亲身经历完全是两码事，在这一点上，国人千万不要较劲，不能不信邪，狂妄自大只会把企业给毁了。

另外，要想从低端产品升级到中高端产品，整个企业从文化到制度都要进行调整，因为原有的体系是以低成本为宗旨，而未来是以高附加值为顶层设计的。比如说，过去优秀的采购人员就是帮助公司买到便宜的原材料，而且价格越低越好，未来则是通过采购优质优价的原材料提升企业的产品层次和质量，需要识货的采购工程师；过去人力资源部门的价值体现在可以用最低的薪水招到足够数量的蓝领工人，用较低的薪水招到水平一般的白领员工，从而降低用工成本，未来则是设法吸引社会上最优秀的人才加盟，创造更多附加值，懂得经营人心；过去很多公司的市场部门都是盯着看哪个市场的规模大就做哪个产品，未来则是把关注点放在中产阶层市场上，看什么样的产品能让中产阶层满意，能打动中产阶层；销售部门过去是从低端市场切入，未来则是从有影响力和辐射力的中心城市入手。

我们以运动服装为例。在大众化消费时代，运动服装品牌不需要做市场细分，只要玩命做广告，就能赢得大众的喜爱，但是到了中产阶层为主流消费群体的小众化时代，运动服装品牌逐渐被户外品牌、家居服装品牌、快时尚品牌替代，过去有一套运动服可以在各种场合穿，而现在运动服逐渐回归到它的功能属性，仅仅在运动的时候才穿。人们在家里可以穿家居服，出门旅游时穿户外服，外出购物逛街时穿快时尚品牌，原有的运动服品牌被那些针对某一个细分市场，或某一种特定用途的品牌挤压，这是市场细分的必然结局。所以我们看到了户外品牌的腾飞，家居服品牌的腾飞，还有快时尚品牌的腾飞，也看到了传统运动服装品牌的下滑。

这种状况与十几年前运动鞋市场的演变惊人地相似，过去一双运动鞋就够了，可以一鞋多用，这是短缺时代的特征，一种产品尽量多功能、多用途。但是随着消费水平的提高，开始出现了走路鞋、跑步鞋、健身鞋、篮球鞋、羽毛球鞋等一系列专用品种，把整齐划一的通用运动鞋变成了针对不同用途的专用运动鞋。所以企业要想升级换代，就要把握这种大趋势，给客户一个升级换代的理由，想办法做出比别人好的产品，卖出比别人贵的价格，再也不能靠低价格去竞争，否则是死路一条。

几年前我在重庆做咨询项目的时候，接触过当地一家做电焊条的企业，他们不是一味地跟在别人后面走，而是勇于创新，有效地解决了电焊条生锈的问题，在一个非常小的领域超越了跨国公司品牌，给客户带来了独到的价值，赢得了市场的认同。在这种情况下，企业不再是靠低价格去竞争，而是靠高价值去竞争，用户为了得到更好的产品，自然愿意支付更高的价格，这才是中国企业的出路所在，即根据中国国情进行产品升级，在某一个小地方超越跨国公司，不断提高产品的质量和层次，敢于跟跨国公司在产品质量上竞争，敢于把产品定位在跨国公司品牌之上，一旦下定决心，用不了几年就可以实现升级转型。

◎ 差异化转型：从大众化产品转向小众化产品

差异化有什么好处想必大家都清楚，比如可以避开正面冲突，可以提高产品的价格，可以降低竞争的强度，可以突出品牌的个性，容易被消费者认知和记住，等等。但是，如何做才能实现差异化转型呢？我将从战略与战术两个层面来讲转型的路径，没有路径则都是空谈。

在战略层面上，要设计与众不同的商业模式，有与众不同的品牌定位，与现有产品和品牌区别开来，也就是说要按照市场营销的逻辑去梳理企业的战略：首先是界定明确的目标客户群体，即企业为哪个小众化群体服务？为什么选择这个目标客户群体？这个群体目前存在哪些未被满足的需求？他们有什么独到的要求？竞争对手的产品在哪些方面存在不足？我们怎么做才可以帮助客户解决问题？如果企业能清晰地回答这些问题，就能走出一条差异化之路，就能给小众化市场带来独到的客户价值，就能创造新市场，激发新需求。我相信很多人听说过蓝海战略，但是绝大多数人却不知道如何实施蓝海战略，核心问题就是没有小众化思维。

要知道，差异化是实施蓝海战略的基础，但是产品差异化并不等同于蓝海战略。换句话说，仅仅在产品层面上进行差异化是远远不够的，蓝海战略不是跟别人抢市场，而是自己去做市场，去开辟新天地，这是实施蓝海战略的核心，一旦去抢市场就是正面冲突，就是红海之战。仅仅在产品形态、特点上做文章是不够的，蓝海战略讲究的是独到价值，是优、特、专，是针对某些特定的市场、特定的场合、特定的群体进行局部创新。消费者在意的地方要远远超越竞争对手，而消费者不在意的地方可以少下功夫，让消费者清晰地看到其独特的模式、独到的价值，并且用理性的语言与中产阶层进行平等对话与沟通。蓝海战略相对于现有的产品，必须有增加，有删除，有强化，有弱化，它是一种主动取舍，是一种积极的倡导和前瞻性的引导。这样才能让目标客户明白其价值，通过逻辑思维去说服客户，进而打动他们的心。当然，所有这一切均是基于对某些目标市场的深刻洞察，对某些应用场合的深刻理解。

从战术层面上说，要想实施蓝海战略，各级管理人员就要经常深入一线，定期走访最终消费者，观察他们的生活和工作，了解他们的消费需求，了解他们的痛点和痒点，知道他们试图解决问题的瓶颈是什么，了解他们对某些产品的希望是什么，从而掌握"未被满足的需求"，设计出理想的产品。其实，很多产品创意都是客户提出来的，只要经常跟客户在一起，他们会把使用某一类产品遇到的问题反馈给企业，只要进行科学的分析和梳理，就能找到产品创新的源泉，提出与众不同的产品概念。就拿瓶装饮用水市场来说，经过10多年的竞争，已基本完成了大众化市场的洗牌，涌现出了农夫山泉、娃哈哈、康师傅、乐百氏等几家全国性的大品牌，这些品牌靠着物美价廉的定位赢得了温饱型和小康型消费者的喜爱，市场份额不断上升，逐渐成为主导品牌，市场进入稳定状态。但是这些品牌的产品却不能满足中产阶层的需要，更不能满足某些小众化市场的需求。

于是随着消费水平的逐渐上升，针对高端消费群体的5100、昆仑山等饮用水品牌开始出现，凭着高几倍的价格逐渐占据一小部分高端市场。但是这些品牌存在两个非常严重的问题：一是没有跟理性的中产阶层说清楚，他们的水到底好在哪里。没有数据，没有证据，没有比较，他们的营销手段还在沿用大众化产品的模式，通过造势，做广告来拉动市场，在包装上做文章。这种做法适合大众化产品，却不适合高端的小众化产品。二是没有根据消费者的需求进行差异化处理，虽然价格上去了，但是功能、用途与以前的大众品牌没有本质区别，是在跟低端品牌抢市场，并没有开辟一个属于自己的蓝海市场。一个好的品牌不仅价格高，更重要的是有内涵。因此必须要告诉消费者产品好在哪里，价格高给消费者带来了什么价值，能让消费者产生什么优越感和自豪感。

现在，我们就以沏茶这个特定的应用为例来探讨一个尚未出现的小众市场。在中国，喜欢喝茶的人非常多，很多企业老板和经理人家里或办公室里都有茶具，来了客户可以用好茶款待，这比喝咖啡更有意义，一是更健康，二是更符合中国的传统文化。毕竟喝茶是中国人的传统，有文化的传承和基因在里面，能体现中国人的闲情逸致。每一个卖茶叶的人可能都会这样告诉消费者，茶的好坏一半取决于茶叶，一半取决于水，同样的茶叶用不同的水去泡，味道完全不同，可见，水的品质对喝茶的人来说至关重要。但是泡不同的茶该用什么样的水，对于普通消费者来说却是一头雾水，现在比较流行的有绿茶、青茶、白茶、花茶、红茶、黑茶，等等，泡它们需要的水肯定是不一样的。那问题就来了，用什么水泡绿茶最好？用什么水泡红茶最好？我们需要有人研究透彻，给出解决问题的方案。

换句话说，市场上存在小众化的泡茶专用水这样一个新的品类，如果哪家企业能深入研究各种茶的特性、成分、作用机理，请业内专家进行指导、试验，就可以开发出有技术含量的沏茶专用水，而且是绿茶专用水、青茶专用水、白茶专用水、花茶专用水、红茶专用水、黑茶专用水等。好茶叶的价格非常贵，好马要配金鞍，因此必须有配套的好水才行。具体说来，可以根据茶壶的大小，做成不同的产品规格，这样泡一壶茶用一瓶水，既方便又卫生，解决了桶装水二次污染的问题。当然也可以做成与茶具配套的智能化水机，根据茶叶的特点选择水，一个水机可以设计成多功能处理机，可以根据茶叶的特点，只要按一个按钮就可以出来相应的水。当然，还可以根据客户的需求进一步细分，有高档沏茶水、中档沏茶水、低档沏茶水，即使是低档沏茶水也比大众化的普通饮用水泡出来的茶效果好。我相信，早晚有一天中国会出现一批沏茶专用水的领导品牌。以此类推，还可以开发出很多针对其他用途的各种专用水。

其实，各行各业都存在小众化市场，只是大家的关注点目前不在这里，大家还是喜欢做量大面广的同质化产品，以为那样省事，没有风险，其实不然，很多事情都是先易后难，先难后易，看你喜欢那一种。不要以为市场规模大就有前途，很多隐形冠军都是在特定市场上做文章，牢牢地掌握控制权和主导权。要知道，市场规模大的另外一面就是竞争激烈，所以要想达到"不战而胜"的境界，就要学会走差异化之路，通过转型寻找蓝海市场。不过，开发小众化市场需要配套进行市场教育工作，即引导消费者，让消费者学会如何选择，如何鉴别，提高消费者的辨别能力和欣赏水平。这是很多企业不愿意做的一件事。但是，假如所有人都不愿意做基础工作，结果可想而知。所以，负责任的企业必须承担起教育市场的重任，通过理性沟通让大家掌握判别产品的技能，通过消费某一类产品来长见识，长学问，从而明明白白地消费，赢得忠诚的客户群体。

◎ 特区式转型：通过试验田降低整体转型的风险

为了降低企业整体转型可能带来的风险，也可以走另外一条相对稳妥的道路——特区式转型，就是在企业内部划出一块"特区"，或者在另外一个地方建立相对独立的"特区"进行试点，等试点成功之后再大面积铺开。上述两种方式各有利弊，在一起的话可以互相借力，很多基础设施不需要从头建，能节省一部分成本，但是老公司的价值观念和行为方式或多或少会影响"特区"的人，带来负面影响，一旦薪资保密工作不到位，很容易让老公司的人感到不公平；若在另外一个地方建立"特区"就会有更大的自主权，不用顾及老公司的一些制度，但是初期成本会大一些。不管采用两种方式中的哪一种，都必须坚持特事特办，给出不同的政策，采用全新的体制，事先做好顶层设计，规划好未来几年的发展道路，避免摸着石头过河的状况出现。

"特区"建立之后，需要在五个方面同时突破，才能确保总体战略顺利实施，这五个方面分别是：人、机、料、法、环。

人

"特区"必须用不同的人，即思想开放，愿意接受新兴事物，有闯劲，有追求，愿意冒险的人。要用不同的薪资待遇去吸引合适的人才，用不同的管理制度去激励他们参与其中。另外，要给这些优秀的人才创造一个相对干净而简单的工作环境，让大家专心工作，创造价值，逐步建立"特区文化"。当然，如果有可能最好聘请本行业、本地区最优秀的专家担任各种顾问，在世界范围内配置人力资源，通过外援和外脑迅速提高团队的技术水平和管理水平，减少试错成本，尽量避免走弯路。

机器和设备

就制造业的企业来说，"特区"的加工制造设备、检测仪器等硬件必须是世界一流的，没有金刚钻不揽瓷器活，在当今世界没有其他捷径可走，设备的精度和档次决定了加工制造的水平，而加工制造的水平决定了产品的质量。所以，特区最好走"小而精"的道路，这样可以减少固定资产的投资，只要有一条高品质的小型生产线就够了。我们要摆脱以前"求大"的观念，在核心技术、核心工艺等方面做文章，我们追求的是隐形冠军，而不是非要进入"世界500强"的大型企业行列。中国是一个不缺加工生产能力的国家，但却是一个高端制造业非常落后的国家。所以要改变这种状况就要起点高、定位高，掌握核心制造技术和工艺，同时把普通的加工工序外包，通过OEM等方式分包给不同的加工商，自己来完成最后的组装、检测、质量控制等工序。

原材料

既然是"特区",就不要再走低成本老路,而是面向日益壮大的中产阶层消费者,走优质优价的道路,选用当今世界最好的原材料和零部件,包括主料、辅料和配料,做出世界一流的产品,赚取高利润。只要有一批这样的"特区"企业成功了,就会产生辐射效应,就会带动一大批企业走优质优价的道路,从而带动整个产业链的升级换代。现在流行的"公开招标,低价中标"模式严重背离了当初的意愿,不但没有抑制采购腐败,反而扭曲了竞争机制。在价格这个唯一的要素驱动下,企业不得不在成本上做文章,大家为了追求低价格,只好在质量上打折,最后不得不走假冒伪劣的道路。随着整个产业链的价格传导作用和不断退化,最终产品的竞争力必然下降,而产品竞争力的下降反过来再一次推动价格的进一步下滑,导致恶性循环。

方法论

特区应当是高标准、严要求的典范,如果说过去的工作标准是三星级的话,那么特区的标准就应当是五星级的。引进世界一流的设备固然重要,引进国际一流的管理体系更重要,没有好的管理体系,再好的设备也发挥不了效益。这就是为什么同样的原材料、同样的加工工艺,原装的产品比我们组装的产品质量好。因为管理是决定效益的一个重要方面,有了好的管理体系才能发挥现代化先进设备的效益,才能调动员工的积极性,才能通过规定动作减少人为误差,才能让大家学会按照要求办事,慢慢养成追求极致、追求卓越、严谨认真的工作作风。可以说,中国的企业家不缺好想法,中国企业也不缺激励员工的动力,但是缺少完成高品质工作所需要的技能和统一的方法论。这是我在帮助企业转型的咨询过程中感触最深的一个方面。很多人习惯了按照自己的想法和理解去做事,时好时坏,没有统一的标准和规范，没有上升到方法论的层次，所以造成企业的产品质量不稳定，工作质量不稳定。

环境

除了自然环境、办公环境和厂区环境等硬条件之外，最重要的是搭建一个鼓励创新、包容失败的软环境，用制度来奖励创新，让勇于创新的员工得到肯定，让通过创新给公司创造价值的员工得到超值的回报，从而用榜样的力量来影响其他员工，让大家把关注点放在为客户创造价值上，千方百计地去创造有个性、有差异的优质产品。换句话说，谁能设计出令客户满意甚至愉悦的好产品，谁就能得到物质和精神两方面的满足。有了这样一种奖优罚劣的机制，公司就会吸引有创新意识的人才加盟，因为他们知道可以通过自己的努力获得回报。英国和美国的崛起在很大程度上是靠专利制度的实施，即通过专利制度保护创新成果，让大家把关注点放在创新上，而不是抄袭上，用法律来保护创新。遗憾的是，现在的中国，山寨产品充斥市场，人们以盗取别人的创意为荣，以为赚了便宜，其实葬送了中国人创新的动力，使得中国企业永远跟在别人后面，过着勤劳而不富裕的生活。

建立"特区"就是要打破传统的思维禁锢，让一小批有创新意识的人得以发挥自己的才干，成为先行者。因为多年来，在大环境的影响下，人们已经习惯了逆来顺受，习惯了凑合，习惯了"差不多"，也渐渐失去了较真、认真、追求极致的精神。这反映在企业文化里就是缺乏那种在产品上较劲，不达目的不罢休的执着精神，久而久之，大家都不愿意再奋斗而只顾适应环境了。所以，有理想、有追求的企业家和老板要想转型成功，首先要改变员工的思想和思维模式，而建立"特区"就是通过物理上的分隔来强化思想上的解放，让大家在一个相对独立的环境中转变思维方式，尝到思想解放的好处。

企业战略转型成功的两大标志

◎ 化解根本性矛盾，实现鱼与熊掌兼得

很多两难的问题最令企业老板和经理人头疼，因为想来想去好像都没有解，顾了这头顾不了那头，似乎是一个死循环，怎么也转不出来。其实不然，对于内部人士来说，也许靠自己的力量真的找不出解套的方法，但这并不意味着没有解套的方法。俗话说：不识庐山真面目，只缘身在此山中。

在我看来，战略转型成功的标志之一，就是找到两全其美的途径，化解困扰大家多年的根本性矛盾，疏通企业的经络，唯有这样企业才能轻装上阵，实现二次腾飞。

正是基于这种理念，10多年来，我一直通过管理咨询致力于帮助转型期的企业上台阶，使他们能够"鱼与熊掌兼得"。比如，在降低运营成本的前提下增加运营利润，在低投入的前提下获得高产出，在少花钱的前提下多办事，在少操心的前提下多享受，等等。这就是管理咨询的奥妙所在，也是衡量管理咨询人员水平的标准。

企业转型成功后，会在内部和外部两个方面体现出来，让人明显地感受到转型带来的变化。

一个转型成功的企业，从外部看应该符合以下几个点。

第一，该企业一定对所在行业的发展趋势及未来走向有深刻的洞察、清晰的认知。所以它能比其他企业看得更远，站得更高，能够告诉客户未来将何去何从，通过引导市场消费变被动为主动，始终走在行业的前列。到达这种状态后，企业就会进入一种良性循环。它可以

立足中国市场，基于对中国文化的深刻理解，加上对西方现代企业管理体系的掌握，实现中西合璧，从而超越跨国公司。这样的企业敢于把品牌定位在跨国公司之上，逐步摆脱过去那种被跨国公司牵着鼻子走的窘境，成为市场上受客户追捧的品牌，牢牢地掌握话语权、定价权和主导权。

第二，一定是客户导向的。他们愿意虚心听取客户的声音，把客户的批评当作改进的动力，在客户面前勇于承认错误，承担责任，以赢得客户的信赖。他们不仅有好的态度，还有好的方法：通过一套标准化的流程及时处理客户投诉，解决跨部门的内部协作问题，并将分散的客户投诉和反馈意见系统性地收集起来，进行分类整理，再将整理后的客户反馈意见及时转交给产品市场部门、研发设计部门，使客户投诉、批评、反馈成为公司开发新产品的依据，从而挖掘出产品创新的源泉，开发出有竞争力的产品，提高客户满意度。

第三，有清晰的差异化品牌定位。转型成功的企业有独到的客户价值，能给消费者一个非买不可的理由，从而彻底摆脱陷入同质化竞争的困惑，绝不一味地模仿、抄袭、跟随，既提高了品牌的影响力，又换来了更高的利润率，还能赢得客户的尊重。我坚信，一旦企业转型成功，今后就会坚持这样一个原则：看到别人做什么，自己一定不去做什么，自己要去做什么，就一定不跟在别人后面走，从而形成品牌的个性和基因，并基于选定的目标市场需求进行微创新，超越竞争，不战而胜。

第四，能让客户亲身感受到各级员工非常敬业，训练有素，充满激情和活力。员工的潜能被激发出来，他们会想尽办法解决各种突破问题，而不是把问题上交，体现出主人翁意识，会让客户由衷地感慨：为什么自己所在企业的员工达不到这种状态，为什么自己达不到这种工作状态。因为转型成功的企业有了清晰的战略，员工知道自己在企业战略中扮演的角色，明白了为谁而战，为什么而战，如何去做，必然会认真负责，不再推卸责任，不再寻找借口，不管遇到什么难题，都是站在客户的立场上去换位思考，替客户着想，为客户解决问题。

第五，让每一位员工都有优越感和自豪感。员工言谈话语之中会流露出来他们对公司的热爱和发自内心的认同，因为他们坚信公司有美好的未来，作为其中的一员感到很自豪。转型成功的企业不仅业绩好，更重要的是受人尊敬。不管在什么场合，面对什么人，员工都会非常自豪地主动向别人介绍公司，夸奖公司，以在这样的公司工作为荣。

第六，在研发设计上舍得下功夫。因为转型成功后，企业的目标市场明确了，可以做到精密制导，误打误撞的现象消失了，浪费减少了，所以利润会节节上升，渐渐地进入厚利经营的状态。表现出来的外在特征就是企业有足够的实力去进行前瞻性研究，开展细致的市场调研，不断提高产品的性能质量，把客户体验做足，把售前售后工作做到极致。另外，因为企业的利润丰厚，自然能够吸引一大批优秀的人才加盟，甚至可以把部分在外资企业做到一定位置的高管吸引过来，实现彼消此长。

一家转型成功的企业，从内部看应该符合以下几点。

第一，组织架构必定是以市场为导向的。即根据客户的价值链来设计企业的价值链，把方便留给客户，把复杂留给自己。换句话说，企业内部各个职能部门之间的协调要围绕客户需求做文章，变成真正的"外向型"企业，大家要把关注点放在帮助客户解决问题上面，而不是过分强调内部分工，并通过流程、方法、工具、制度来提高工作效率，强化规定动作，减少内耗，建立起以市场为导向的组织。

第二，一定是明确了"内部客户关系"的。即每个职能部门都清楚地知道谁是自己的上家，谁是自己的下家，哪些部门应当对自己负责，具体负责什么，我们对他们有什么话语权，自己部门需要对哪些部门负责，具体负责什么，他们对我们有什么话语权，从而确认"握手关系"，明确各自的承诺和履行承诺的"交付物"，并通过科学的考评体系来固化员工的行为，让大家为了自己的利益而乐于助人，达成团队合作。

第三，一定有一张简单明了的商业模式图。能用一张纸把企业的商业模式通俗易懂地画出来，让每一位员工明白企业的赢利模式是什么，企业的竞争优势在哪里，商业模式与众不同的地方在哪里，商业模式有生命力的原因是什么，几年之后企业将会达到什么境界，等等。让员工看到希望，看到未来，坚定不移地跟企业共同成长。

第四，员工的士气一定非常高。因为每个员工都明白：只要自己努力，就能得到自己想要的一切。这是因为一旦每个员工都有一份职业生涯规划，他们就不再浮躁，不再焦虑，而是静下心来努力奋斗。也许企业的薪水在同行业中不是最高的，但是员工的干劲却是最高的，员工的满意度和幸福感也是业界最高的，因为每个人的前途和命运都掌握在自己手中，所以积极性会很高，执行力会很强，从而达到动力式管理的境界。

第五，员工忠诚度高，流失率低。尤其是优秀员工的离职率很低，因为员工的利益与企业的利益是一致的，员工不需要奉献，员工不需要为了上司、为了公司而努力，他们只需要为了自己的利益而努力工作，这个简单的道理一旦说明白了，就会从根本上激发员工的主人翁精神，实现双赢。要知道，一旦员工看清了未来，有了远大的理想，就会摆脱浮躁，就会愿意一步一个脚印地努力攀登，从追求眼前利益转变为追求长远利益，企业就可以用明天的钱做今天的事。

第六，企业文化一定是积极向上的，是落实到行动上的，有具体的行为规范，并且为员工所信仰，而不是挂在墙上的口号。要知道员工的价值观一旦被引导到正确的轨道上来，并与普世的价值观相一致，大家就会在道德层面产生优越感，他们会为了自己的尊严而严格要求自己，约束自己，不会容忍自己"干坏事"，即使没有人看到，没有人知道也不会做不该做的事情,因为他们的"善心"被激发出来了,并相信善有善报。

第七,员工之间的人际关系会变得很融洽,很简单。因为一旦每个员工都有事可做,就没有心思也没有时间去"嚼舌头",大家的关注点就会放在努力创造价值方面,而不是钩心斗角,互相使绊,热衷于整人。可以说,转型成功之后,企业内部就会形成简单友善的人际关系,员工会心情舒畅,有归属感。

第八,责权利相匹配,并形成了一套民主决策机制。凡是与员工切身利益有关的事情,一定及早做调研,征求大家意见,并在决策方案形成后接受各级管理人员的质询,避免官僚主义导致的草草推出一个方案,朝令夕改。让员工感到被尊重,被重视,有发言权和知情权。

◎ 真正理解分配才是第一生产力

为什么很多企业老板抱怨招不到好员工,留不住好员工?因为分配制度不合理。如果一个企业财大气粗,这个问题不难解决,但是绝大多数企业都没有这个条件,都有竞争的压力,更关键的问题是绝大多数企业不会算这笔账,舍不得花高价请人才,不知道他们能给企业带来什么,更不知道如何管理这些人才,如何激励他们努力工作,结果只能招到二流的人才,做出三流的业绩,赚到四流的利润,陷入一种尴尬的恶性循环。

这个问题已经困扰中国企业多年,很多老板都觉得没有解决的办法,但实际上,任何事情只要愿意换位思考,都能找到解决问题的办法和途径。

要真正从思想意识上转变过来

要真正地理解分配才是第一生产力。如果你不舍得把财富与员工分享，只想找一些打工者帮你赚钱，那你就得什么事都自己管。这样做虽然赚的钱多一些，但是却非常辛苦，而且永远也做不大。老板需要计算一下，自己的成本是多少，找人做的成本又是多少？如果你想让员工（部下）敬业，就要给他们一个敬业的理由，如果你想让员工努力工作，就要给他们一个努力工作的理由，如果你想让员工承担责任，就要给他们一个承担责任的理由。而这一切一切的背后其实都是一个大道理，那就是分配机制。蒙牛乳业的创始人牛根生曾经说过这样一段经典的话：财聚人散，人聚财散。你要想把人才聚拢来，就要散财，你要想把钱聚拢在自己手上，人必然会散去，最后永远得不到大财，这是凝聚人才的硬道理。所以共同致富是分配制度转型的最终目标，将会从根本上改变传统的劳资关系，使大家成为利益共同体。

要学会使巧劲

即用明天的钱来做今天的事，把职业经理人变成事业经理人，在不增加当期成本的前提下打"时间差"，让经理人把目光放长远，让他们知道多少年之后自己能得到一个更大的回报，把只顾眼前利益转化为追求远期利益。而实现这个目标的推动力就是分配制度改革，即当一个职业经理人拥有了股权、期权，或者是分红权的时候，就变成了不同层次的事业经理人，因为他们会分享企业的成功，而且只有企业成功了，他们的股权、期权、分红权才会带来效益。企业越成功，事业经理人的回报也越大，这样形成良性循环。为了自己的利益，事业经理人一定会努力工作，否则，不管你付多高的薪水都很难留住杰出的员工，总有人愿意出更高的价码来挖人，所以必须给经理人戴上"金手铐"，当然不是强制他们戴，而是让他们自觉自愿地戴，争先恐后地戴。

要让员工（部下）看到希望

树立正确的榜样，让那些"三好员工"（业绩好，人品好，沟通好）成为受人尊敬的典范，让他们得到想要的物质财富和精神满足，成为其他员工羡慕的人，千万不要把榜样变成那种大公无私、舍己为人、勤劳奉献的"高、大、全"式的圣人，让人觉得高不可攀，难以达到，或者没有人愿意达到。其实，绝大多数员工都是有追求，有理想的，真正调皮捣乱的员工是极少数，只要员工觉得公司的分配制度是公平合理的，只要他们知道通过努力自己也可以获得认同，获得财富，就一定会心情舒畅地努力奋斗，积极向上，全力以赴。当然，公平是指机会均等，绝对不是大锅饭，因为平均主义的大锅饭是违背人性的，干好干坏一个样，是最大的不公平。真正的公平是把不同价值的员工区分开来，区别对待，让优秀的员工得到优待，得到令人羡慕的回报，从而鼓励其他员工跟上来，这才是公平的。

不要用自欺欺人的口号愚弄员工

一定要明白这样一个道理：善待员工就是善待企业，各级管理者必须善待自己的部下，让部下为了自己的利益而努力工作。很多年前曾经讨论过"主观为自己，客观为别人"这个话题，在当时的环境中，这个话题没有得到认同，而是被批判。其实，到了今天，我们不得不承认，能做到这一点已经很不错了，如果大家都做到了，中国市场上就不会有假冒伪劣产品，就不会有那么多骗子。当我们设置了太高的道德标准，而没有几个人能达到时，口号就变成了毫无意义的摆设，虽然大家都在喊，却没有人真信。要知道，激发活力靠的是利益驱动，如果某一天我们能把"正视利益驱动"这6个字当作"第二次解放思想"的标志，很多问题会迎刃而解，因为利益驱动带来的问题只能用利益驱动的方法解决。我们必须尊重每个人都有追求个人利益最大化的权力，鼓励大家致富，同时用严厉的制度来确保追求个人利益最大化的同时不伤害他人利益，不损害社会利益。

学会"从后往前看"

为什么很多有本事、有能力的人会不好好干？为什么很多有本事、有能力的人会跳槽？为什么跟自己干了很多年的部下会反目？为什么辛苦操劳一辈子，到最后却被知情的离职员工举报？所有这些都跟分配有关，如果企业早一点把分配问题解决好，很多问题就不会发生。如果大家学会了"从后往前看"，就不会爱财如命，而是把共同致富当作重要的分配原则，至少让管理层的员工感到受到了重用和尊重。

其实，很多人跳槽离职都不是因为薪水低。依据跨国公司所做的调研，首要原因是心情不舒畅，主要矛盾集中在与顶头上司不和，观点不一致；其次是分配不公，不是多少问题，而是公平问题；再次是心累，人际关系复杂，不能专心工作，很多人不怕身体累怕心累。

让各个阶层的人安居乐业

让自己过上好日子是每个人追求的目标，也是社会得以进步的原动力，关键是如何让各个阶层的人安居乐业。这里还是要回到小众化思维这个点上，看看每一个群体关心什么，在乎什么。对于富裕阶层来说，目前最担心的是安全问题，不知道哪一天，不知道谁看自己不顺眼就会来找麻烦，所以富裕阶层集体缺乏安全感，只有这批人有安全感了，才会在国内大胆地花钱，才能实现二次分配，而不是把钱转移出去。对于中产阶层来说，目前最关心的就是心情舒畅，在富起来之后能尽快乐起来，让自己过上有尊严的体面生活，不需要整天低三下四地去求人，看着有权人的脸色行事，活得轻松、有品质感。对于普通大众阶层来说，目前最关心的就是过上有保障的生活，不必为食品安全担心，不必为医疗、教育、就业问题担心，能过上稳定的生活，得到基本保障。也就是说，要做到让富裕阶层安心，让中产阶层开心，让大众阶层放心。

最后，既然我们一直在说分配是第一生产力，那么就有必要把分配的定义搞清楚。分配到底涉及哪些方面，不外乎每个人都关心的这几样东西：金钱、职位、福利、名誉、尊重、时间、培训等。在分配以上方面时，应坚持做到以下几点：

第一，分配金钱必须以业绩为导向，谁的业绩好，谁得到的金钱就多，这样大家才会去比业绩；

第二，分配职位必须以能力为导向，谁有能耐谁晋升，这样大家才会去比能耐；

第三，分配福利必须以贡献为导向，彻底破除大锅饭，看谁为公司作的贡献大，谁得到的福利就应该多；

第四，分配名誉必须以正直为导向，谁是公司认同的好人谁就应当得到荣誉，从而引导大家努力去争当好人；

第五，分配时间必须是以效率为导向，不鼓励加班，让大家把关注点放在提高效率上，而不是耗时间，谁在公司工作年限长，得到的带薪休假时间就越长；

第六，分配培训则是以需要为导向，根据职业生涯规划和工作需要来安排员工的培训。

20世纪90年代初，中国惠普公司为了留住优秀员工，为了让员工没有后顾之忧，在北京建造了员工宿舍，基本上每一位工作年限满两年的员工都能分配到一套住房。如何分配这些住房，这在当时是一个非常敏感的话题，做不好就会怨声载道，起到反作用。所以，公平、公正、公开是确保分配合理的先决条件。在众多员工和管理人员的参与下，首先明确了分配原则，即员工表现最重要，过去两年的表现得分加起来乘以3；其次是级别，因为不同的级别意味着不同的责任和价值，所以级别数乘以2.5；再次是工作年限，承认员工工龄意味着过去所做的贡献，所以乘以2。这样一来，每个人都能计算出来自己的总得分，然后按照得分高低的顺序来选房，一天时间就把所有的住房分配完毕，皆大欢喜。

所以说，分配是一个大问题，必须有非常明确的分配原则，在制定原则的过程中必须认真听取利益相关者的意见，不能是少数人为了自己的利益而出台一个令人失望的分配制度。

◎ 用"小众化思维"化解房地产行业的困局

最近几年，房地产行业一直在调整，因为一直采取的是"一刀切"模式，所以始终无法达到预期效果，甚至还没有在社会上达成共识。宏观调控的真正预期到底是什么？是让房价快速下降，还是缓慢下降？是稳定不变，还是缓慢上涨？当然大家都不希望看到的是快速上涨。但不管是哪种方式，都无法平衡政府、房地产开发商、消费者三者之间的关系，所以调控陷入了困境。那么有没有破局的办法？当然有。那就是用"顶层设计"的思维去化解矛盾，千万不能再走"摸着石头过河"的老路，否则后患无穷。

目前社会上关于房地产行业的争论甚嚣尘上，崩盘说、绑架说、续涨说，几乎没有一个专家能站在产业发展的高度作出完整的论述，给出解决问题的根本出路。为什么有那么多行业专家却找不出解困的办法？因为大家已经习惯了"大众化思维"，制定政策多是"一刀切"——不限制就完全放开，限制就完全控制，陷入了"一抓就死，一放就乱"的怪圈。换句话说，大家集体陷入了思维的误区，在"大众化思维"的漩涡里难以自拔，不管从哪里入手，必定是顾此失彼，找不到"标本兼治"的解决方案。大家都知道，不管是限购、限贷、还是限价，都是非市场经济的行为，只会让市场更扭曲。

近些年我们从媒体上看到的各种关于房地产的统计数据都是大众化的平均数据，请问发布各个城市的房子均价有意义吗？10万元一平方米的房子和1万元一平方米的房子，平均之后，就成了5.5万元一平方米，这样的数据有什么价值？就像发布"平均工资"一样毫无意义，大众化的数据毫无指导意义。如果大家都面对现实，不再搞自欺欺人的把戏的话，首先必须根据不同的类别发布相应的价格信息，进行小众化处理，这是"小众化思维"。类似的问题还有平均涨幅，平均降幅等等，凡是平均数据都是"大众化思维"在作怪。

那么解决问题的出路在哪里？我坚信中国的市场经济走到今天已经到了小众化时代，必须从建立"小众化思维"开始转变，千万不要再搞平均房价，至少应当分成四个层次分别统计和发布：保障性住房，政府必须100%控制价格，每年的涨幅参照通货膨胀进行微调；普通公寓，70%由政府控制，30%由市场调节，是政策指导下的宏观调控，每年设置上限和下限；高档公寓，30%由政府控制，70%向市场放开，是市场主导的价格政策，基本上由供求关系决定价格，政府收取较高的税费，房价没有上限和下限；豪宅别墅，完全市场化，谁愿意买必须支付高额的税费，没有限购，没有限贷，这样有钱人付出了较大的代价换来了舒适的生活。

这样一来，前两种住房就没有靠"炒房"来赚钱的空间和机会，因为回报不如银行的理财产品。温饱型消费者得到了物美价廉的保障性住房，小康之家得到了价格稳定的普通公寓，中产阶层得到了品质生活的高档社区，而富裕阶层得到了豪华奢侈的豪宅别墅。四种小众化群体各得其所，和谐相处。从豪宅项目拿到的钱应用于保障性住房建设，所以豪宅项目的价格应完全放开，因为政府可以得到足够的土地出让金和高额的税费，而豪宅价格高对99.999%的人来说毫无影响；高档公寓的价格则水涨船高，政府可以得到不错的土地出让金和高于普通公寓的税费。简单说来，可以按照以下原则执行。

保障性住房：定价100%由政府管控，底层消费者买得起，永不放开，永远限购，单身人士大于25岁才有资格申请，而结婚后两人之家才有资格申请。房地产商能赚到稳定的微利；银行能得到稳定的微利；

政府严格管控价格、防止任何投机行为、设置严格的购房门槛，可以赢得民心。

普通公寓：定价 70% 由政府管控，小康之家买得起（包括几代人赞助），适当限购，一家一套，价格适当管控，抑制过高期望值。房地产商能赚到稳定的中等利润；银行能得到稳定的中等利润；政府适当管控价格、防止价格大起大落和市场投机行为、设置一定的购房门槛，可以赢得民心。

高档公寓：定价 30% 由政府管控，中产家庭买得起，不限购，纯市场经济行为，可以是投资行为，但是要适当限制跨区域大量购买，抑制过度投机行为。房地产商赚到厚利；银行得到稳定的厚利；政府通过出让土地得到厚利。房价基于市场供求关系确定，政府对价格不作过多干预，设置较低的购房门槛，让想买好房的人能买得到。

豪宅：定价完全是市场行为，富裕家庭买得起，完全不限购，可以跨区域大量购买，纯市场行为，价格越高越好。房地产商赚到超额利润；银行得到稳定的超额利润；政府通过出让土地得到暴利、并将暴利转化为保障性住房的基金，不设置任何购房门槛，让任何想买豪宅的人都能买得到。

按照这种小众化思维，几个方面都会满意：不同的消费者买得到自己想要的住房；做不同项目的房地产商可以根据这种稳定的长效政策进行规划，也能赚到钱；银行根据不同的类别出台不同的贷款政策，化解资金风险；政府拥有调控的杠杆和稳定的收入，减少了压力，既有足够的资金，又能赢得民心。

可以说，一旦大家理解了"小众化思维"，困扰大家多年的难题就会迎刃而解，鱼与熊掌可以兼得。不管是政策的制定者，还是房地产开发商，都能在稳定的政策指导下静心研究每一个小众化市场的特点，形成长期稳定、健康发展的房地产市场，让不同层次的购买者有一个合理的预期。希望我这个外行的建议能引发房地产业内专家的反思，能用"小众化思维"去制订相应的战略,走上符合市场经济规律的企业发展道路。

免费模式的前世今生

◎ 免费模式:营销史上的一个"古老游戏"

据说,如今不说"互联网思维",都不好意思在圈内混,但说的人和听的人,到底各明白几分呢?而在互联网的发明地,也就是当今世界互联网的实际控制者——美国,从来不谈什么"互联网思维"。为了把复杂的问题简单化,我们不妨顺着国人喜欢的这种思维逻辑来探讨一下大家普遍关注的一个热门话题,到底免费是不是所谓的"互联网思维"的核心?免费到底能走多远?在哪些行业里可以运用免费模式?

首先,我想从自己的亲身经历谈起。

从1997年开始,我利用业余时间给一些刚刚起步的管理培训机构讲课,把我在跨国公司担任市场总监期间学到的知识和技能与大家分享,受到企业老板和经理人的普遍欢迎。后来,举办培训的机构建议我将这些课程做成光盘,让更多的人受益,于是在1998年出版了中国市场上第一套《市场营销战略与可持续发展》的培训教程光盘。为了扩大影响,培训机构把这套光盘拿到山东教育电视台,用免费的模式将母带送给电视台,这样电视台就得到了免费的节目。当初谁也不知道这样的节目是否受欢迎,因为是首创,是第一个在电视台播出的讲座类节目。没想到节目播出后,收到了意想不到的效果,先后重播10多次,改变了山东教育电视台的收视群体结构,为后来的《名家论坛》奠定了基础。对电视台来说,得到了免费的节目;对观众来说,得到了好看的节目；对我来说，得到了一个传播的舞台和途径，让许多中国企业老板和经理人认识了我和我的市场营销体系；对出版光盘的培训机构来说，电视台多次播出后，很多人找来买光盘，毕竟大家没时间天天在规定的时间看电视节目，于是这套光盘成为轰动培训市场的畅销品。这就是普普通通的免费模式，没什么大不了的，通过免费模式，所有的利益相关方都是受益者，大家各得其所。

所以不应神化免费模式，这是一个"古老的游戏"，早在几十年前就被市场营销人士广泛采用，只是国人对市场营销并不了解，也没有几个人研究免费模式，直到互联网时代，上网的人多了，客户基数大了，接触免费模式的人多了，免费才成为流行语，才开始被大家注意。为了进一步把这个看似神秘的东西简单化，下面不妨讲几个案例。

电视台的免费模式

几乎所有的电视台都是采用免费模式运作的，对观众来讲，不需要付费就能看到带有插播广告的电视剧、电影、综艺节目、新闻节目等内容，而埋单的是广告主（做广告的企业），因为人们在观看自己想看的节目的同时，被动地接收了来自广告主的广告，广告主借助电视台这个媒体和相关栏目，让更多的目标观众看到广告。另外，对于各类有嘉宾参与的节目来说，邀请嘉宾来做节目一般也是免费的（我去央视做过10多期嘉宾，最多给个车马费而已），因为嘉宾争着上节目，可以借助央视或其他省级卫视扩大自己的影响力，不给钱也毫无怨言，甚至争先恐后；这样就减少了电视台的运营费用，通过广告收入实现利润，类似于一种转移支付。

专业杂志的免费模式

对于各种精美的杂志来说（比如《时尚》杂志），采用的也是免费模式，即客户只需要花费很少的钱就可以得到一本远远低于成本的精美画册，之所以"赔本"卖杂志，是因为由广告主埋单，杂志社肯定是赚钱的。对客户来说也是合算的，他们在观赏精美画册的同时，接收到了来自厂家的产品信息、流行趋势，成为引导他们消费的重要信息，是大家获得国际时尚信息的一种途径。管理类杂志有很多采取赠送制，即在核实了企业老板和经理人的身份之后免费赠送杂志，这样就形成了一个社区、一个圈子，如果厂家看中了这个圈子里的人，就愿意在这类杂志上做广告，替客户埋单，从而形成良性循环。

航空公司的免费模式

航空公司的"常旅客"计划，其实也是一种免费模式。一个乘客加入航空公司的"常旅客"计划之后，就可以积累里程，积累到一定数额就可以免费兑换机票或商品。一般情况下，机票是由所在的公司或单位付账，而里程则成为乘客自己可以支配的"代金券"。通过这种免费模式，航空公司可以锁住经常旅行的高价值客户，让客户为了自己个人的利益而对某一家航空公司忠诚，因为尽量选择一家（或两家）航空公司，就可以把有限的里程集中起来，不断地升级，从普通卡到银卡，再到金卡和白金卡。这样一来，客户肯定是赚了，既得到了免费的代金券，又通过升级得到了各种增值服务，享受贵宾待遇；对于航空公司来说也赚了，既减少了市场宣传与推广的费用，又锁定了目标客户，所以免费是双赢的。

星级酒店的免费模式

很多星级酒店的增值式服务也属于免费模式，比如，不久前我入住的一家五星级酒店在床头放着一张卡片，上面写着每天免费熨烫衬衣两件，在迷你酒吧的台子上放着一个提示牌，说明所有迷你酒吧里面的食物和饮料都是免费的，桌子上的水果也是免费的。这些超值的免费服务在酒店并不多见，所以会给住店的顾客一种宾至如归的感觉，尤其是经常出公差的人更喜欢这种免费模式，毕竟房费不是自己掏钱结账，却能享受到超出预期的服务，以后再次出差时肯定首先想到这种酒店，从而增加了客户的黏性和忠诚度。当然，很多酒店普遍提供的免费矿泉水、免费无线上网、免费早餐等服务早就为人们熟知了。

培训公司的免费模式

为了吸引潜在客户来消费，培训公司的销售人员一般会采用试听的方式来邀约那些犹豫不定的客户，让客户免费试听。因为没有任何显性成本（只有时间成本），这样可以打消很多人对课程是否值得听的顾虑，当然也会有很多人抱着占便宜的心态听课，反正不交钱，听完就走人。通过这种免费模式，大家进入了课堂，听有关人员进行"销讲"，也就是为了推销后续的培训课程而做的销售型演讲。通过激情四射的演讲，极具煽动力的肢体语言，过度承诺的神奇效果，还有苦苦紧逼的客户助理，很多人被拖下水——在大家积极踊跃埋单的氛围里一般人很难抗拒。有些善于"销讲"的大师，可以通过催眠术和令人感动的故事，一场收到上千万元的报名费，而收到上百万元的报名费则是非常正常的。

旅行社团的免费模式

过去曾经非常流行的旅行社免费团或低价团其实也是变相的免费模式，他们以低于成本价的极低价格吸引游客的眼球（这一点只有中国人容易上当，因为中国人太多了，总有那么一批人喜欢占便宜，而不去理性地思考自己会付出什么代价）。有些低价团的团费连付机票钱都不够，更不用说酒店住宿和餐饮了，那么旅行社从哪里赚钱？记住他们不是活雷锋，他们没有理由亏本，所以唯一的解决之道就是"扎店"，把旅游团变成购物团，旅行社的导游带着游客到一些定点商店去强制购物，通过拿商店的回扣获利赚钱。当然现在这种玩法已被禁止，因为涉嫌欺诈，侵害消费者利益。不过，美国却始终有这样的玩法，比如你在洛杉矶报名参团去赌城拉斯维加斯，旅行社会用免费（或低价）大巴送你去，给你 20 ~ 50 美元的赌场代金券，还管你一天（或两天）的住宿。这看起来是亏本买卖，但是却始终可以坚持下去，因为有人埋单，那就是赌场。对于赌场来说，绝大多数人去了不可能不赌，也不可能把代金券用光了就算了，所以赌场能从其他方面把钱收回来，其中一部分人赚便宜就认了。这种玩法不是强制性消费，所以游客并不反感。

微软公司的免费模式

Windows 系统刚刚进入中国市场时，大多数人都是用盗版，包括 Office 软件，但微软公司一开始并没有严厉地封杀，而是采用睁一只眼闭一只眼的方式有意纵容盗版扩散，尽管表面上喊一喊，打一打盗版，但只是虚张声势，等绝大多数人都接受了 Windows 系统，习惯了使用 Office 软件，等把竞争对手赶出了中国市场，让其没有任何生存的空间，微软公司获取了中国市场的垄断地位，成为绝大多数人的唯一选择。于是微软公司开始搞"正版计划"，首先从政府机构和大企业入手，通过正版计划迫使一大批机关和企业把过去省的钱吐出来，要不然会面临法律的制裁，所以这是一种以时间换空间的免费模式。如果在早期严厉打击盗版，微软就不会形成市场的垄断地位，就没有了后续的生意。这也是国内目前如火如荼的打车软件上演残酷竞争的一个原因。软件不仅免费，甚至倒贴，很多人看不懂软件公司图什么，其实道理很简单，他们就是在寻求垄断，因为一旦形成垄断，就可以剥夺消费者的选择权，那时就由不得消费者了。众所周知，中国的消费者"太精明"，往往为了自己的眼前利益而忽视长久的成本，更不会思考一旦被某一家公司垄断的后果是什么，到头来一定是聪明反被聪明误，等明白过来的时候已经晚了。

苹果手机的免费模式

随着苹果手机开启的智能手机时代，各种免费的 App 应运而生，人们面对免费的 App，几乎没有招架之力。对于厂家来说，免费可以带来知名度和客户基础，通过免费下载相当于实现了传统企业的广告宣传，当然比传统企业的广告更进一步：一可以精确定位，二可以快速传播，三可以亲身体验。过去传统的广告宣传仅仅是让客户知道某一个品牌，或者某一个产品，但是免费下载却可以让更多的人拥有一个初级版的软件，这样就远远超过了传统企业"硬广告"的效果。不过这种玩法仅仅在"比特时代"才能做到，毕竟，数字化产品一旦开发出来就没有后续费用了，大家下载时对厂家来说并不产生额外的费用。不像"原子时代"，只要你做出来一个物理上存在的产品，就一定会有费用发生，而且做得越多成本越高。当消费者习惯了某一个免费的 App 之后，App 就成为客户生活中的一个组成部分，就可能带来延伸价值，厂家既可以推送其他广告，捆绑其他服务，也可以通过免费获得的客户数据赚钱，还可以提供升级版的收费 App，把要求更高的客户转到收费的产品上，自然给企业带来利润。小米手机更是把一些在苹果手机上必须收费的 App 及一些加密的软件解密后免费送给客户，从而赢得了客户的"尖叫"。不过这种玩法仅适用于软件行业，其他行业很难模仿。

海底捞的免费模式

闻名全国的海底捞也是免费模式的实践者。去过海底捞的人都知道，他们可以提供免费的美甲服务，免费的擦鞋服务，还有各种免费的瓜子、小吃等等，让客户觉得来了海底捞可以占很多便宜。其实羊毛出在羊身上，这里免费，那里收费，通过一些免费项目吸引客户，增加服务的价值，再通过产品销售把免费的成本收回来。当然，海底捞的这种玩法能否持续下去，主要取决于中国的人口红利到什么时候结束，只要海底捞始终能招到来自贫困地区的低成本员工，就可以保持价格竞争力。大家都知道，海底捞的产品与其他企业相比并没有什么不同，而服务水平也只比其他企业稍微好一点。海底捞之所以会成功，得益于老板对人性的理解，他是洞察人性的高手，知道消费者内心深处最需要什么，最想占什么便宜，最渴望得到什么关怀。尽管消费者自己根本没有觉察，但是面对这样的"知己"，他们是很难抗拒的。

诸如此类，免费模式的例子数不胜数，再比如药店里的各种义诊，茶叶店和点心店的免费品尝，免费擦油烟机的小贩，推销美容用品的免费检测，保险公司的免费联欢活动，直销公司的免费培训，都是打着免费的幌子招揽客户。成功学为什么能在中国大行其道？因为很多国人喜欢不劳而获，希望走捷径，希望马上赚钱。于是出现了迎合这种心理的各种培训，什么管理秘籍，投资秘籍，功夫秘籍，微营销秘籍，投入10万元，回报1000万元等，让人听了馋得流口水，于是一大批人抱着一夜暴富的心态走进了各种变形成功学培训的大门，接受洗脑，接受催眠。很多人被洗脑之后心甘情愿地替朋友出钱参加培训，不断地扩大这个圈子，通过"老鼠会"的方式形成金字塔式的利益分配机制，再通过欺骗后来者的方式实现自己赚钱的目的。虽然传销被法律明令禁止，但是仍然有很多企业通过变形的方式打"擦边球"。其实，这个世界上根本没有什么捷径，唯一的捷径就是走正道。

◎ 免费模式的本质：搭配与组合管理

现在我们探讨一下免费模式背后的逻辑和理论基础，因为只有上升到理论才能够真正明白其内涵，才能够学习，掌握，复制，甚至超越。早在20多年前，我还在跨国公司担任职业经理人的时候，大家就经常谈论这样一个话题,那就是 Portfolio Management,即搭配与组合管理。我初次听到这个概念时很难理解,不知道是怎么回事,汉语里很难找到一个对等的简单词汇,后来通过简单的类比,逐渐理解了这个概念的含义。最初这个概念被应用于投资领域,投资者为了降低风险,尽量选择不同的投资组合,即把鸡蛋放在不同的篮子里,这样东方不亮西方亮,避免赌注下在一个领域而导致全军覆没。这种思维模式后来延伸到了现代化大企业的商业模式变革,即从整个公司的角度来看机会,看未来,看运作,让不同的分部(事业部、工厂、子公司等)在市场上扮演不同的角色,而不是要求每一个分部,每一条产品线,每一个子公司都赢利,因为不同的分部、不同的产品线和不同的子公司扮演着不同的角色,并形成互补和呼应,从而实现互相借力(Leverage each other)。有些业务是为了产生利润(比如高档产品),有些业务是为了带来客流(比如试用产品),有些业务是为了带动销量(比如中档产品),有些业务是为了营造壁垒(比如低档产品),有些业务是为了树立品牌(比如顶级产品),有些业务是为了吸引眼球(比如免费产品)。

惠普公司的搭配与组合管理

2000 年以前,惠普曾经是搭配与组合管理的典范。那个时候惠普的仪器业务与计算机业务、打印机业务形成互补,包括客户互补、技术互补、管理互补,有些客户最初是从仪器业务产生的,由于建立了良好的客户关系,客户认同了惠普的产品、服务和人员,很容易接受惠普的其他产品,沿着"T"型扩张的横轴发展。而 HP Lab(惠普实验室)则是兼顾几个业务,从最尖端的军工技术入手,很多技术首先是用在军用的精密仪器上,然后向民用计算机延伸,实现了技术互补,而惠普在业界最负盛名的培训体系也是这种玩法。由于惠普的仪器业务在市场上占据着绝对垄断的地位,所以竞争压力会小一点,节奏会慢一点，有充足的时间去研发高品质的培训课程。但是仪器业务在公司中的比例并不大，人数也不够多，如果把研发费用仅仅摊派到仪器业务上，就会非常昂贵。有了计算机业务和打印机业务的人数优势，就可以分摊成本，这样对于竞争激烈的计算机业务来说，可以得到高品质低价格的课程（比如当年我参加过的新产品定义），自然就比仅做计算机业务的公司有优势。据我所知，绝大多数惠普的培训课程都是由仪器业务的人员开发的。那个时候，惠普流行一个口号：The power of one，The best of many，意思是说既有大公司的力量，也有小公司的灵活。遗憾的是卡莉进入惠普之后发动了"惠普文革"，彻底改变了惠普的基因和传统，背离了"惠普之道"，公司不断地分拆、兼并，竞争优势荡然无存，到头来把好端端的一家闻名世界的卓越企业带进了沼泽地。

宝洁公司的搭配与组合管理

宝洁公司的多品牌战略也是搭配与组合管理的一个典范，通过多个品牌同时运作，分别覆盖不同的客户群体，每一款产品侧重于满足一个特定的目标客户群体需求，有一个特定的诉求和价值点，从而形成错位竞争，各具特色，不管你被哪一个概念打动，总会在宝洁家族里选择一款产品；而且一旦某一款产品出现问题，不会直接影响到其他品牌。其实，多元化经营的奥妙就是实现不同业务之间的互补和联动，所以这种多元化经营称为相关领域多元化。但是国内大企业的多元化往往不是从搭配与组合管理入手的，很多企业都是看到什么行业赚钱就去做什么，这些年房地产企业赚钱，大家纷纷进入房地产领域，看看当今中国最著名的实体企业，有几家没有搞房地产？不是说不能搞房地产，关键是这些公司的房地产业务与现有的业务有什么联动？有什么关系？可以说，欧美企业的多元化基本上都是相关领域多元化，而日韩企业的多元化则是大财团模式，是非相关领域的多元化，互相之间没有联动，后者会形成一个一个的巨无霸，但是却没有明显的核心竞争力。

苹果公司的搭配与组合管理

苹果公司也是搭配与组合管理的高手，iPhone、iPad 是硬件，如果没有 iTunes、iCloud、苹果 App 商店的支撑，很难建立竞争优势。现在大家看到的是苹果公司的硬件很赚钱，其实苹果公司最赚钱的是软件和服务，因为软件和在线服务基本上没有后续成本。当年，我在苹果公司担任中国市场总监时，下面有一个部门就是专门为开发软件的公司和个人服务的，叫作开发商支持部门，他们的任务就是为有兴趣在苹果公司平台上开发软件的个人和公司提供技术支持和服务，以及认证。一旦这些公司开发出好的产品，双方就可以分成，既满足了客户的需求，丰富了苹果公司的产品线，设计者也得到了实实在在的利益。可以说，苹果公司的成功是生态系统的成功，是生物链的成功。关于生物链的话题，早在 2000 年，我的《不战而胜》一书中就有描述，只可惜在中国这样一个轰轰烈烈的市场上，大家喜欢赶时髦，喜欢追星，难得有人可以静下心来好好打基础。

你看懂 BAT 的玩法了吗

目前在中国市场上嚷嚷得比较凶的互联网新星，还没有哪一个建立起了自己的生态系统，甚至还没有开始往这个方向走。如果非要说有"互联网思维"的话，我认为那就是基于 O2O 的生态系统建设，即放长线钓大鱼，不追求一时一事的成功，而追求竞争优势的建立。我相信 BAT（百度、阿里巴巴、腾讯）目前的努力方向就是打造各自的生态系统，把缺少的元素一个一个地加上。不过，大家在这方面都比较低调，你没有听到腾讯和百度大肆宣传"互联网思维"，但是他们却紧锣密鼓地朝着打造生态系统的道路前进着。也许很多人看不懂他们的意图，但这对这些公司是好事，让别人都看懂就麻烦了！一个企业在没有强大到让别人没有办法追赶之前就大肆炒作，只会给自己招来杀身之祸，很多新兴的互联网公司生意还没做多大，就开始嚷嚷、炒作，把自己打扮成明星，忘记了夹着尾巴做人，我相信等待他们的结局就像当年曾经红极一时的央视"标王"一样。

◎ 中国企业的隐忧与希望

"互联网思维"新装下的倒退

与搭配与组合管理的理念正相反，中国的很多大企业好像正在走上另一条道路。最近一段时间，很多知名的大企业家开始谈论并推广"内部公司制"，美其名曰形成内部创业机制，希望每个人都站在老板的立场看问题，形成一套完善的内部市场化机制。表面上看这种玩法没有什么不对，但是很多人没有想清楚这样做的前提条件和边界条件是什么，过于理想化，过于简单化，更没有做过周密的"顶层设计"。所以，等该制度运行一段时间之后就会暴露出很多问题，很可能把大家变成自私自利、不管不顾的"小老板"，从此以后没有人关心公司的长远利益和总体目标，只关心自己的局部利益，这样一来就通过制度的力量"把好人变成了坏人"。尽管这样做的初衷是希望让管理者有企业家思维，让他们自负盈亏，有责任感和主人翁精神，但是结果往往事与愿违。就像改革开放之初的"包产到户"一样，内部公司制可以解决"大锅饭"的问题，但是负面影响是失去了宏观控制和管理，让大家重新回到"小农经济时代"。尽管大家为了自己的利益会努力工作，但是由于不同分部、不同产品线或事业部的目标不同，矢量不一致，久而久之，这种分散式玩法会使大公司丧失优势，无法实现协同作战。

打一场战役，而不是一场战斗

这一点我从军队打仗的角度来说明一下，同样的道理，采用搭配与组合管理，有些部队在某场战役中扮演正面进攻的角色，有些部队扮演佯攻的角色，还有一些部队是迂回包抄，或者一些部队深入敌后袭扰，当然也有可能让一些部队坚守阵地，掩护大部队转移，就像电影《集结号》中的那支部队一样。如果要求每一支部队都打胜仗，每一个部队都各顾各的利益，大家想象一下会是什么样的结局？那样的仗能打赢吗？要知道战争不是一场战斗，必须从长计议，要进行总体布局与规划。未来战争一定是协同作战，而不是各自为战。一旦形成系统性的作战计划，就需要进行沙盘演练，电脑兵棋推演，还需要进行不同兵种的实战演习，需要蓝军与红军对抗，以确保万无一失。

阿里巴巴等企业的"蓄水池"

目前，中国市场上弥漫着一股令人焦虑、令人纠结的气氛，好像不谈"互联网思维"就过时了。谈"互联网思维"没什么，就怕一叶障目，这与当年很多大企业动不动就谈"触网"一样。翻开10年前的报纸就会发现，当年那些红极一时的大企业家都在谈"触网"，可是10年过去了，我们也没有看到他们"触网"，还是在做表面文章。到底什么是"互联网思维"？好像没有人说明白，反正我看到的是回归，或者是纠偏，把一家企业该做的基本工作做好，懂得善待客户，懂得善待员工。很多人看不懂互联网大佬BAT的玩法，更不懂那些整天炒作"互联网思维"的小企业怎么赚钱，也不知道风险投资是怎么运作的，因为与传统的企业没有可比性。比如，我们用百度搜索并不花钱，我们用微信发消息也是免费的，我们在淘宝网买东西比去实体店便宜。这一切的背后都指向同一个逻辑和理论体系，那就是搭配与组合管理。有些业务仅仅是为了带来流量，因为有了流量和客户基础，他们就变成了媒体，而一旦成了媒体，就拥有了话语权，就会往生物链的上游转移。我坚信，过不了几年，大型的互联网公司都会成为比大型电视台更强大的媒体。前面已经分析过电视台是怎么运作的了，这里不再多说。众所周知，在中国，银行的业务是最赚钱的，因为中国市场的利贷差（银行贷款利率与存款利率的差值）是发达国家的3倍，发达国家一般控制在1%左右，而中国市场目前是3%，所以只要不傻，做银行就一定稳赚不赔。看看中国目前最赚钱的前20家公司是谁就不难理解这个道理，中国的几家大银行已经成为世界上最赚钱的银行，赚钱之多甚至到了让他们自己都觉得不好意思的地步。当然这样的结果和副作用是加大了实体经济的负担，把实体企业赚的钱统统给了银行。明白了这个道理，自然就会理解几个互联网大佬最终惦记的是什么，那就是成为互联网金融企业。目前，阿里巴巴已经形成了沉淀资金的"蓄水池"，只要政策一放，就会成为比现有银行更有竞争力的新型银行。要知道，银行在整个商业生态环境中位于最上游，就像自然界的高级动物一样，拥有主导权和话语权，所以是"兵家必争之地"。

搭配与组合管理的自然生态

理解了搭配与组合管理，很多玩法就很容易看懂了，不管什么行业的企业，只要明白了这个道理，就可以通过互联网提高运营的效率，很多过去做不到的事情由于有了互联网，尤其是移动互联网而变得简单。通过局部的免费模式把目标客户吸引来，然后积累客户信息，形成大数据，再通过大数据赚钱。在国外因为有严格的制度和法律规范，没有人敢随便泄露别人的隐私，所以靠大数据赚钱也是合法的，不会伤害消费者的利益。比如可以根据某家企业的要求向特定的群体推送某种信息（特定的年龄段、特定的收入段、特定的地域、特定的人群等），这些信息始终在大数据拥有者的可控范围内，任何企业都无法拿到客户名单，所以可以持续下去，细水长流。反观中国的现状，我们每天都会收到无数骚扰电话和广告短信,因为我们的个人隐私信息通过某些存款的银行、某些买保险的保险公司、居住地的小区物业公司、买车的4S店、提供电话服务的运营商等各种渠道转卖给了各类企业,成为这些企业进行市场宣传的数据库,近年"315晚会"曝光出来的一些事实已经到了触目惊心的地步,所以保护个人隐私在信息日益发展的中国是一件难事。

拒绝忽悠,且行且"免费"

最后,再以自己为例来说明一下我是如何践行搭配与组合管理的。我现在的主要工作是做咨询、做培训,帮助中等规模的成长型企业从成功走向成熟。要想让客户主动找上门来,首先必须奠定自己在行业里某个细分市场的龙头地位,靠什么实现这一点呢?通常是写书、出光盘、上电视。这三种工作都很辛苦,都不赚钱,甚至赔钱,但是不能不做。在中国,由于信息不对称,很多人不具备起码的分辨能力,很容易被那些擅长忽悠的号称包治百病的培训师和咨询师迷惑。所以要想出类拔萃,在嘈杂的环境中脱颖而出,就要靠实力说话,而实力的具体体现就是写出有独到见解的书和文章,让明白人看了之后产生共鸣。毕竟写书不像忽悠那么简单,有没有内涵,有没有真功夫,读者一看便知,这是那些只会忽悠的人不敢玩的游戏,很多人望而却步。所以写书、出光盘、上电视是一种免费模式,属于市场开发行为,之后就会带来公开课的培训需求;通过大型论坛结识更多的企业老板和经理人,让他们通过论坛亲身体验,了解一个人是不是既会说,又会做,既有高度,又有深度,还可以落地。如果确认无误,接下来就是企业内训,进行近距离的互动,到一家企业内部进行深入的交流沟通,解决一些表面问题,属于治标的范畴。当然,要想彻底解决企业系统性的根本问题,达到治本的效果,一定要通过管理咨询。这样一来,各个要素之间就形成了良性互动,不需要做任何广告,就可以实现客户盈门。所以说，免费不是"互联网思维"，大家只需要回到企业经营与管理的原点，把该做的事情做好，把中国很多传统企业忽视的事情做起来，就能完成纠偏的动作。我坚信，过度的炒作只会让人更浮躁，最初是忽悠别人，到头来一定是把自己也忽悠了。

第五章

配套：企业转型需要管理体系全面升级

■企业转型是一项系统工程，不是一个一个的点，而是整个链条、整个体系的问题。同时，转型是一项非常艰巨的任务，没有足够的勇气和动力是很难完成的，没有足够的耐心和毅力也是不行的。

管理升级必须落实到各个职能部门

◎ 人力资源部门

人力资源部门要从权力型向服务型转型，把工作的重点放在营造健康向上的企业文化方面，通过梳理企业的价值观念和行为准则，形成让员工普遍认同并喜欢的职业道德规范和行为准则。通过设计长期、中期、近期相结合的激励措施来激发员工的工作热情和动力；通过人性化的制度、友好的环境、平等的沟通，建立幸福企业，把员工满意度当作人力资源部门的首要任务，一切围绕员工满意来开展工作，因为"没有满意的员工，就没有满意的客户"；通过为每一位员工设计职业生涯规划，让大家从入职开始就能清晰地看到未来和希望，知道努力能换来什么，从而在内心深处激发员工的主人翁意识；通过营造一个公平竞争的环境达到赏罚分明的目标，不要把绩效考评当成作秀，要推动企业的绩效导向文化；通过完善的培训体系为公司批量制造人才，储备优秀人才，以配合公司业务高速成长的需要；通过推动知识管理，把知识当作企业最重要的资源进行管理，就像财务部门把资金当作重要的资源来管理一样。未来的竞争是人才竞争，而人才竞争的核心是团队竞争，团队竞争靠的是知识管理，即如何把个体智商转化为组织智商，把局部优势变成整体优势。

◎ 财务部门

财务部门要从控制型向指导型转型，一方面为企业老板服务，实现有效管控，另一方面则是帮助各个部门做好年度和月度预算，做好实施计划，并按照"计划内预算内""计划外预算内""计划内预算外""计划外预算外"四种情况分类处理。让所有管理者都清楚游戏规则，不要总想着绕过去，或者破坏规则。当然财务部门很重要的一项工作就是为各级管理人员服务，定期提供财务报告，让大家清楚地知道自己所管辖的部门本月实际花费、本月计划目标、本月实际偏差、本年度至今实际花费、本年度至今计划目标、本年度至今偏差等，成为各级管理人员的得力助手，给大家提供服务和指导，便于各级经理对部门费用做到实时掌控，及时调整。另外，财务部门需要积极介入产品创新体系，为市场部门和研发部门服务，提供产品成本核算服务、投资回报分析，在新产品定义阶段就早早介入，给出简单易用的模板，便于项目组成员进行财务分析，确保有足够的利润空间。总之，财务部门要通过高品质的服务来实现有效管控，把管控藏在服务当中。

◎ 采购部门

采购部门要从节约型向增值型转型，采购部门要明白自己不是花钱的部门，而是赚钱的部门，他们的水平在很大程度上决定了企业的利润率，是很有技术含量的关键岗位，是需要高超谈判技巧的核心部门，企业对采购人员的要求甚至高过对销售人员的要求。遗憾的是，很多企业对采购工作的理解存在偏差，他们并没有把精兵强将调到采购部门，一般是选用老板比较信得过的、可靠的人做采购工作，这样做的本意是为了防止采购腐败，但是却很难奏效，只能是让自己信得过的人去腐败,而不是从根本上解决问题。

在这方面,中国企业不妨借鉴跨国公司的做法,通过引进专业人才来实现高品质的采购,通过严格的规章制度来分解权力,把贸易采购、技术采购、经济采购分开,形成互相制约的机制,按照"TQRDEC"的原则去进行供应商选择、评估。要知道供应商监控是非常复杂的一项工作,做好了就能提高产品的质量和竞争力。当然,采购工作绝不能是价格导向,必须是价值导向,要想清楚选择什么样的原材料可以让自己的产品卖一个好价钱。云南白药牙膏的成功就是一个非常好的案例,通过选用优质原材料,给客户与众不同的体验,从而卖个好价钱,获得高利润,赢得忠诚的客户群。

◎ 研发部门

要从抄袭型向创新型转型,不应再走抄袭、模仿、山寨的老路,这个世界其实很公平,如果企业不在产品创新上做文章,而是整天跟在别人后面走,不可能赢得忠诚的客户。表面上看抄袭、模仿、山寨最省力气,最容易做到,但是这样做无疑是"自废武功",会从根本上削弱企业的竞争力,让有创新意识的研发人员失去舞台,最后企业剩下的都是一些会抄袭、会模仿的高手。很多人以为创新意味着高投入,这其实是一种误解。在没有实力进行核心产品的发明创造之前,中国企业可以把关注点放在局部领域进行"微创新",即根据客户未被满足的需求去进行微小的创新。在西南地区有一家生产电焊条的企业,根据西南地区酸雨严重的特点,在电焊条里加入防酸雨的成分,成为更有价值的产品,从而赢得了竞争,比跨国公司的产品还受欢迎。可以说,创新需要资金,但更需要毅力,需要执着、坚持,不轻易后退,追求把产品做到极致的精神。当然这一切均取决于企业老板的追求。大家都喜欢苹果公司的产品,但是如果没有乔布斯不近人情的苛刻,如果没有乔布斯追求极致的偏执，今天也不会有那么多人用苹果公司的产品。

◎ 生产部门

要从加工型向制造型转变，关注点放在加工工艺流程设计、模具设计、质量控制等方面，侧重于产品设计到大规模生产的转化。要抓住试产这个关键环节，成为出色的实验工厂和小批量生产车间。一旦制造工艺流程定型，就可以通过外包的方式去加工生产，把附加值低的部分外包。我坚信中国企业早晚也要走OEM这条路，不是你给别人做OEM代工，而是别人给你做OEM代工。当然，这里所说的OEM不是目前中国企业普遍采用的那种完全委托加工模式，而是要对代工企业有严格的要求和规范，有定期的监督检查机制，就像军代表一样，有驻厂人员进行质量把关，从而确保别人代工的产品达到设计质量要求。当然要做到这一点，其前提条件就是要有严格的加工工艺和标准化的检测流程，形成标准化文本，并且自己已经完成了小批量生产这个环节，避免把不成熟的产品、不成熟的工艺转给OEM加工商，确保产品质量达标。

◎ 销售部门

从关系型向顾问型转型，从过去的乞求型销售中解脱出来。很多销售人员都是忍辱负重，为了拿到订单，陪吃陪喝陪玩，该做的要做，不该做的也要做，于是很多销售人员变成了保姆，帮客户接孩子上学放学，帮客户换煤气罐买东西，给客户安排各种旅游娱乐消费，等等。销售人员要想赢得客户的尊重，一定要成为专业顾问，即在客户心目中是专家，要懂得客户的行业、技术，了解客户的客户，了解客户的疾苦。要做到这一点就要从源头上保障，比如说客户是电子行业的，销售人员最好也是学电子出身，如果客户是医疗行业的，销售人员最好也是学医学的，唯有这样才会有共同语言，才会赢得客户的尊重，知道怎么做可以帮助客户成功，解决客户最头疼的问题。

◎ 市场部门

从促销型向战略型转型。很多企业的市场部并没有发挥市场部的核心职能与关键作用，普遍扮演着打杂、配套的角色，主要做一些市场宣传活动，打广告，协助销售部门搞一些促销活动等。但是未来的市场部应当发挥其战略引导的作用。

首先是帮助老板做战略规划，成为企业的"总参谋部"，制订各种"作战"方案，绘制战略地图；其次是帮助研发部门指明研发方向，扮演"特种部队"的角色，明确未来几年企业建立竞争优势的关键点是什么，产品的基因是什么，从而提升产品的竞争力；再次是帮助销售部门提升战斗力，给销售队伍指明大方向，比如重点关注哪些目标市场、哪些重点行业，同时作为后勤部队给销售队伍提供"弹药"，比如竞争分析、成功案例、应用指南、十问十答等；最后是扮演"空军"的角色，进行大面积覆盖，通过各种媒体和手段让更多的人了解企业的产品，对品牌形成偏好，成为企业忠诚的客户。有了独立于销售部的市场部，企业才能两条腿走路，省时省力，才能发挥杠杆效应，才有可能以小搏大。

◎ 质量部门

从事后型向事先型转型，传统的质量管理部门侧重于事后检测，即产品制造出来之后进行质量检测，或者原材料买来之后进行质量检测。这种事后检测的模式往往会误事，因为等到发现问题的时候已经晚了。所以质量部门的任务是防患于未然，即强化过程控制，通过对过程的控制来完成质量保障。因此，质量部门要对技术、采购、生产、客服等职能有深刻的理解和认识，知道在哪些环节容易发生问题，能帮助各个职能利用质量管理工具及早发现问题，解决问题。通过标准化的流程设计、检查站设计、合理化建议活动、客户投诉处理制度等手段来强化质量意识。要知道，质量不是检测出来的，而是设计出来的，质量部门要把工作重心前移，要在市场调研、研发设计阶段增强质量意识，走先慢后快的产品开发道路，从源头上提高产品质量，提高产品竞争力，培养员工精益求精的意识，最后在企业内部逐步形成追求极致的企业文化，把小事情做好，做到极致，而不是遇到困难就折中凑合。

总之，企业转型是一项系统工程，不是一个一个点的问题，而是整个链条的问题，只在某一个点上做文章是无济于事的。这就是为什么很多企业请了咨询公司帮助企业进行转型，却总是达不到预期效果，因为大家往往把关注点放在一个方面，有人以为转型需要从绩效考评体系入手，有人以为转型需要从培训员工入手，有人以为转型需要从企业文化入手，有人以为转型需要从战略入手，结果公说公有理，婆说婆有理。在我看来，不管从哪一个方面入手，都要进行系统性设计，把整个链条梳理好，让各个职能清楚地知道自己在企业链条上的位置和作用，以及对企业的价值，唯有这样才能确保企业转型顺利完成。

当然，转型是一项非常艰巨的任务，没有足够的勇气和动力是很难完成的，没有足够的耐心和毅力也是不行的。

用系统的员工培训体系为转型做支撑

一家企业要想转型成功,就要在提升员工业绩的三要素上做文章:动力、能力、方法论。动力来自愿景,知道企业会往哪个方向走,会成为一家什么样的企业,让员工看到未来,看到希望,看到自己努力工作的前景和回报。一家没有愿景的企业可能会赚钱,却不可能走得远,因为大家没有共同的理想和追求。能力来自专业训练,来自培训,来自上司的指导和培育。即让每一位员工具备做好本职工作的技能和本领,而不是在理念上做文章,要实实在在地教会大家如何去做,比如如何做演讲,如何谈判,如何做计划等等,树立"先培训、后上岗"的理念。方法论一般来自经验的提炼、外脑的咨询,是成功人士在多年实践中总结归纳出来的流程、工具、方法等。有了方法论,就可以提高组织智商,减少重复劳动,少走弯路,少缴学费,让普通人做出优秀的业绩,不再让员工摸着石头过河,用规定动作代替自选动作。

◎ 警惕"浅思维"培训误导员工心态

目前,中国市场最火的两类培训都是基于成功学演变而来的:一类是针对那些刚参加工作不久,看不清未来,既没有明确追求,也没有明确方向感的年轻人,他们需要励志,需要榜样,需要激情,所以应运而生了很多专门做这类激励式培训的公司,他们的培训老师很快就能把大家的激情调动起来,让大家像打了鸡血一样亢奋;另一类是针对那些已经赚到第一桶金之后感到迷茫的老板,他们在完成了资本的原始积累之后迷茫了,困惑了,不再有激情,不再有梦想,不知道活着到底为什么，灵魂没有归宿了，所以有些公司专门做这一类人的培训，美其名曰"灵魂按摩师"，专门对那些处于迷茫状态的老板进行抚慰。

不过，我的一位朋友曾经说过这样一句话：**几乎所有的成功人士都没有上过成功学的课，几乎所有沉溺于成功学的人都没有取得成功。**当然，这里所说的成功不是很多人理解的有钱，而是受人尊敬，活得有意义、有价值，是一批有社会影响力，对社会有贡献的人。不过在一些行业中，成功学还是很有市场的，比如培训界、保险界、直销界、医药界等，因为这些领域竞争非常激烈，员工压力非常大，所以，很多企业不得不借用成功学的一些手段来激发员工的斗志。但是这种模式不可能持久，员工玩命干上一两年后就开始迷茫，因为总也无法接近目标，等到绝大多数员工发现根本不可能实现自己的目标时，只有选择离职。于是，这些行业陷入了一种怪圈，极少数人爬上去，大多数人逃出去，过两年换一批人，新来的人继续被进行洗脑式培训，进入下一个循环。

要知道，那些看似热闹的"浅思维"培训是不可能从根本上解决问题的，中国企业想靠这些东西征服世界是永不可能的。一个人要成功，需要有天赋、知识、技能，除此之外，更重要的是思维方式。成功学能把人的激情调动起来，却不可能教大家方法论，更没有走向成功的路线图。看看今天中国的培训市场就不难发现，培训圈越来越娱乐化，尽管风趣的演讲，学员听着比较轻松，比较容易接受，但是却不能本末倒置。一个讲师不在内容上做文章，不是把自己多年的工作经验上升到理论，而是东拼西凑"玩花活"，在表现形式上做文章就麻烦了。过去在企业里做到一定位置之后才有资格出来讲课，但是现在，任何人只要接受过一段时间的训练，按照编剧写好的剧本，按照导演的指令就可能做培训师。而那些听课的人也不问讲师的出处，不管他们是否有足够的管理经验，于是中国出现了10万人的培训大军，很多公司用工业化的方式批量制造讲师，用制造业的模式经营培训公司。可是大家只要稍微想一想就会明白其中的问题：假如生病了你会找那些从来没有学过医，也没有任何实践经验的人给你看病吗？

于是，中国的培训市场出现了"八仙过海，各显神通"的局面，各种江湖派别应运而生，比如格言派、幽默派、激情派、煽情派、历史派等。不管是哪一种模式，讲师们所说的都是正确的理念，所以不会有人怀疑，但是有些却是"永远正确的废话"。大家听到的是一些经典的总结和道理，或者是在某一个点上的突破，即抓住大家感兴趣的一点来做文章，单一维度、单一话题，你不能说它错，但是很多人忽视了这些点正确的前提条件和边界条件。尽管大家听了感觉有同感和共鸣，但是回到自己的公司却不知道如何运用。因为学到的是概念而不是方法，讲师谈论的是应该做什么（What），而不是如何做（How）。当然这类培训对唤起人们的学习热情，对那些没有任何经营管理知识的人来说，还是有意义的。

◎ 健全适合企业特征的培训体系

要知道，企业的经营管理靠的不是一个点，而是一套系统，仅仅在某一个点上做文章尽管可以在短时间内见效，却不可能持续，有些点的小问题解决了，却导致了系统性的大问题，就像吃"大补丸"一样，虽然解决了某些特定的问题，在短时间内有效，却可能带来长期的隐患，伤害了企业的根基。这就是为什么我要一再强调培训体系。尽管每一堂课看起来是针对某一个点去做文章，但是若干个点串起来，就能形成一个完整有效的系统，但是要注意不同课程之间的衔接关系以及先后顺序。

所以，追求长远事业的企业家和老板不要被表面繁荣迷惑，要让培训成为企业转型的推手，为企业打好基础，批量制造人才，而不是想着找捷径，投机取巧。我坚信，优秀的企业一定有优秀的员工，而优秀的员工是靠培训训练出来的。所以好的企业有健全的培训体系，给不同层次的员工提供不同的培训，如新员工培训、老员工培训、新经理培训、老经理培训、公共培训、高管培训等。这是中国企业必须走的一条健康之路，也是20多年前跨国公司刚刚进入中国时所做的事情，更是今天的中国企业应该做的事情。虽然我们的企业已经能造出达到国际标准的合格产品，但是大多数企业都无法造就达到国际标准的合格人才。

除了上述基础类培训之外，企业还需要有另一大类培训，那就是职能类培训，如市场营销、销售管理、人力资源、财务管理、采购管理、生产管理、研发管理等等，这些培训是针对某一个特定职能的员工进行专业训练，以掌握从事专业工作必备的技能。同时专业培训是助力企业转型的关键，很多企业的职能部门过去都把管控当作工作目标，是为老板服务的，于是站在老板的立场上出台了很多令员工反感、令其他部门反感的政策，这个问题不解决就会阻碍中国企业的转型。而培训是一种手段，可以通过讲师的影响力来改变员工的思维模式、行为模式，让大家把关注点从过去的管控改为服务，通过服务来实现管控，让大家高高兴兴地接受服务，接受监督。

坦率地讲，中国企业在经营管理领域与跨国公司至少有20年的差距，很多人可能不认同这个结论，觉得今天很多欧美企业都不行了，不值得中国企业去学习，其实不然。中国企业与跨国公司所处的历史阶段不同，早晚有一天我们的企业也会面临欧美企业今天面临的困惑，也会出同样的问题。中国人之所以出现这种浮躁、狂妄，是因为绝大多数人都是在外面看跨国公司，根据媒体报道去臆想，并没有在跨国公司真正工作过，他们并不了解跨国公司，更没有深入跨国公司内部进行调研，所以得出了很多不切实际的结论。

第六章

沉淀：文化转型，打造智慧型企业

■企业文化转型，是企业转型的最后一步，也是临门一脚。如果企业文化不转型，不配套，再好的战略战术也会功亏一篑。

当企业战略转型、管理部门职能转型完成后，就需要把很多共识沉淀与固化下来，成为大家日常工作与生活的一部分，逐步升华为每个人自觉自愿遵守的行为准则和价值观念。这是企业家和高级经理人在做公司顶层设计时，应当追求的最高境界，也是智慧型企业基业长青的根本保证。

变口号文化为行为文化

企业文化到底是什么？不同的人可能有不同的看法和理解，也没有绝对的对错之分。以我在惠普这样一家以企业文化著称的跨国公司的亲身经历，我对企业文化的理解主要涉及五个要素：价值观念、行为准则、决策机制、沟通方式、人际关系。这些要素与很多国内企业理解的那种口号文化有着本质的不同。

所以在我看来，企业文化的转型首先是要从虚伪、虚假的口号文化转变为务实、落地的行为文化。把打造智慧型企业当作奋斗目标，把受人尊敬当作成功的标志。

◎ 理解企业文化的内涵

我曾经看过很多客户公司的企业文化手册，这些手册的共同特点就是：做得很漂亮，老板很喜欢，员工不认同。为什么这么说？因为很多企业都是在没有深刻理解企业文化的定义和内涵这个大前提之下，就开始做企业文化手册了，结果只是根据老板的偏好，提炼出很多动听的口号而已。所以企业文化的转型首先要从理解企业文化的内涵入手。

价值观念

价值观念也称为一家公司的是非标准，即什么样的人是"好人"，公司提倡什么，反对什么，包容什么，在乎什么。这些条款绝不能是假、大、空的口号，必须变成一条一条非常细化、简单易懂的内容，让每一位员工都明白，都接受，都喜欢。比如公司对撒谎的态度，对守时的看法，对加班的态度，对信任的理解等等，凡是涉及对错的内容都需要有明确的界定，这样才能让大家放心大胆地往前走，而不去猜，不去悟，明明白白写清楚，从而把正能量激发出来，把员工的潜能释放出来。

行为准则

行为准则是一家公司内部的行为指南，即公司认为大家在做事的时候，必须遵循哪些基本原则。比如说到做到，履行承诺，没有任何借口；比如做事之前认真准备，先慢后快，考虑周全；比如换位思考，方便他人，助人为乐；比如从后往前看，做好计划，做好预算；比如遇到问题首先要自己想解决方案，再去征求上司意见，而不是简单地把问题上交；比如不能把自己的工资告诉别人，不鼓励攀比，有义务保密，等等。这样才能让每一个员工都明白公司期望他们怎么做事，做到什么水平才满意。

决策机制

决策机制是体现一家公司领导力的关键要素，即公司的每一项决策是如何制定的，各级管理人员和所有员工有什么样的知情权、参与权、质询权。是自上而下还是自下而上，是"决策前独裁，决策后改动"，还是"决策前民主，决策后独裁"，这是完全不同的两种决策机制，前者就是大家习以为常的朝令夕改，后者则是体现权威和严肃的军令如山。决策机制能看出一家公司的各级领导是否以身作则,是否愿意接受监督,是否有平等心态。

沟通方式

沟通方式是体现一家公司人性化管理水平的标志,是践行以人为本的具体表现。公司有哪些正式的、定期的沟通;有哪些非正式的、定期的沟通;有哪些非正式的、不定期的沟通。公司有没有"广播机制",定期向大家传递信息,大家对公司所发生的事情是否有知情权?这些都取决于公司是否有完善的沟通机制,能上传下达,既能让高层管理人员掌握基层员工的心声,又能把高层的决策毫不失真地传递到基层。当然,员工不看各级管理人员怎么说,而是看各级管理人员怎么做,就像父母对待孩子一样,身教胜于言教。

人际关系

人际关系是决定一家公司的员工是否有幸福感的关键所在,如果员工之间的关系非常友好,大家会觉得工作是愉快的、有趣的,每天都愿意到公司上班;如果员工之间的关系是竞争性的,那么大家为了自己的利益就有可能相互防备,各自为战,喜欢看别人的笑话;如果员工之间的关系是敌对的,那么一定是尔虞我诈,互相拆台,各种匿名信满天飞,人心惶惶,人人自危。所以营造健康的企业文化可以让员工开心、舒心、放心。

◎ 把理念落实到行为,才是文化

不过,企业文化建设不像很多人想得那么简单,如果还是采用摸着石头过河的方式自己去探索很容易误入歧途,做出一个"四不像"的企业文化。记得当年帮一家民营企业做企业文化咨询的时候,就遇到了类似的问题，过去在老板的主导下，他们公司曾经形成了一个企业文化手册，但是却无法落地，存在很大争议，于是我和他们公司的所有高层管理人员一道用了几天时间共同探讨企业文化的内涵，按照上面说的几个要素一条一条地梳理，很快就达成了共识，形成了可以操作、可以落实的企业文化。

其实，文化转型就意味着向上升华，向下沉淀。所谓向上升华就是把很多理念上升到信仰、尊严、自律、善心的高度；所谓沉淀就是把很多理念落实到行为、准则、标准、纪律的深度。最后，企业文化要用文字描述出来，用故事表达出来，用图像展示出来，以便于大家理解。

总之，企业文化是潜移默化形成的潜规则，而不是大张旗鼓形成的明规则。它们不是靠张贴在墙上发挥作用，而是靠深入员工的内心深处发挥作用。企业文化通过管理人员一代一代地传承下去，公司提拔什么样的人就意味着公司喜欢什么样的人。如果会拍马屁的人被提拔上来，那么大家就会明白拍马屁是公司提倡的美德；如果敢送礼的人被提拔上来，那么大家就会明白要想升官必须多送礼，送好礼；如果有真才实学，有突出贡献的人被提拔上来，大家就会明白唯有靠贡献才能换来晋升。

创建激发员工创新热情的宽松环境

为什么中国企业喜欢做同质化产品，而不会做差异化产品？为什么我们习惯于抄袭模仿，而不喜欢创新？这些问题是有深刻的文化背景的。几十年来，我们一直提倡集体主义，批判个人主义，我们从小到大都是在"向某某学习"中度过的，久而久之，我们习惯了"跟着别人走",失去了自己的判断和主见。特别是经过几次运动之后,有思想、有个性的人越来越少,人们的棱角逐渐被磨平了。直到新时代的到来,从"80后"开始提倡"我的地盘我做主",张扬个性成为这一代人的主流,中国企业从大众化走向小众化才有了可能。

◎ 创新必须有高额回报

那么如何才能激发出中国人的创新意识呢?只有一个办法,那就是利益驱动。没有足够的利益去驱动,没有人愿意冒险去创新,毕竟创新是有风险的,需要付出多年的努力,需要付出辛勤的汗水,需要承受巨大的压力,所以创新必须有回报,而回报机制越简单、实用,办法越具体、透明,效果就越好。一句话,让给企业创造巨大业绩的创新型人才得到高额回报,从而鼓励其他人去创新,用榜样的力量去影响他人。100多年前,西方用专利制度保护创新,激发了人们的创新热情,带动了工业革命和市场经济的繁荣。中国社会也到了尊重创新,尊重专利的时候了,如果纵容一些人抄袭模仿,纵容一些人破坏制度,这样是很难营造出鼓励创新的氛围。

在我看来,中国最具创新意识的行业是中餐,因为中餐是中国人发明的,没有可以抄袭模仿的对象,加上中国人的传统文化是民以食为天,喜欢享受美食,所以中餐业充满生机。可以说,在没有可以抄袭模仿的对象时,中国人就会去创新,我们每年都会吃到富有创新意识的新食品,每年都会涌现一批富有创新意识的新企业、新品牌。所以说中餐业的营销水平是中国各行各业当中最高的,他们不是靠打广告忽悠消费者来消费,而是靠实实在在的美味食品来吸引客户,通过口碑效应去传播。这样的营销才是其他行业要借鉴学习的模式。

◎ 员工迫切需要"跨界学习"

这些年我一直从事管理咨询和培训,有些企业在邀请培训师做培训的时候,都会有这样的要求,希望老师能讲他们所在行业的案例,表面上看这样的要求无可厚非,其实这种要求折射出了企业领导或人力资源总监思维的误区。

要知道,培训师不可能熟悉各行各业,绝大多数人都没有能力根据客户的要求做定制。提出这样的要求本身就是无理的,也是无知的。因为邀请外部培训师来培训员工的目的是为了扩大员工的视野,改变传统的思维模式。但是为什么企业还会提出这样的"无理要求"呢?

首先,这是急功近利的思想导致的。企业希望通过培训,让员工马上改变思想,改变做法,把老师讲的东西马上用在实际工作上,而本行业的案例最直接。要知道,培训既涉及思想观念的转变,又涉及工作技能的提升,不可能马上见效,就像人吃饭一样,需要时间去消化吸收。

其次,抄袭模仿的思维模式在作怪。实际上,这种要求讲本行业案例的思维模式就是拿来主义,而企业真正应该做的是鼓励员工思考,把老师讲的与本行业、本企业的实际结合起来,进行加工、创新,形成自己的套路。记得我去泸州老窖做培训的时候,就是教他们如何实施蓝海战略,而培训的最后一个环节是让他们分成6个组,每个组根据自己学到的理念,根据行业特征,用蓝海战略的思维设计出独一无二的蓝海产品。这样做的效果非常好,短短两天激发出来的创造力都是惊人的。

再次,行业内的案例往往都是过来人的经验之谈,还上升不到有理论依据的经典案例。所谓案例并不是随便讲一个故事,而是要有严谨的逻辑、坚实的理论基础,还要有多年实践验证的结果做支撑,经得起推敲。即把一个看似简单的故事，上升到一定的高度和层次，启发人的思考，并从中悟出深刻的道理，能吃透背后的逻辑。所以，案例不应当侧重于"术"，而应当侧重于"道"，不是仅能在某一个行业实施，而是具有普遍意义。

创新来自质疑，来自对现有产品、现有服务的不满，来自发掘消费者未被满足的需求。所以，企业员工迫切需要"跨界学习"，即把其他行业行之有效的做法嫁接到本行业，并根据本行业的特点进行"微创新"，从而实现 A + B = C。别忘了中国那句老话：他山之石，可以攻玉。

◎ 从压力式管理到动力式管理

当然，员工有了创新意识和创新能力，其社会价值就会大大提高，毕竟中国社会缺少这样的人才。接下来的问题就是如何才能留住这些创新型员工，尤其是那些非常优秀的好员工？我们不妨站在员工的立场来换位思考，他们为什么选择在一家企业打工？他们想通过这个工作机会学到什么，得到什么？企业能否给他们搭建一个平台，让他们施展才华？所以未来10年，中国企业必须懂得一个道理，那就是：人心需要经营。就像经营业务一样，要把经营员工的人心放在重要位置去抓，要懂得关怀员工，培养员工，随着中国的人口红利逐渐消失，这个问题越来越突出。

要知道，优秀员工流失带来的显性损失是可以计算出来的，而隐性损失却计算不出来，比如培训新员工需要时间，企业需要指定专门的人进行新员工培训，管理层面试新员工需要成本，员工去了竞争对手那里会泄密，员工流失会动摇军心，让留下的人不安心，等等。这些隐性成本往往比显性成本高很多倍。

随着相对自我的"80后""90后"员工逐渐成为企业白领队伍的

主力群体，老板们要想激发这些年轻人的主人翁精神，就必须理解他们的思维模式，学会为他们的前途着想，学会给他们一些充足的理由让他们去努力奋斗。懂得如何用动力式管理来取代压力式管理，让员工发自内心地为自己的利益而忠诚。

我一再强调这样一种概念：市场经济讲究的是利益驱动。当然这里的利益不仅仅是钱，还有其他很多方面，而且每个人在不同阶段关心的利益也是不一样的，要因人而异。每个管理者都应当清楚自己的部下最关心什么，最在乎什么，必须给每一位员工做一份职业生涯规划，让大家清楚地看到未来，即通过自己的努力，5年后自己能做到什么位置，能获得什么收入，能过上什么样的生活。这就是我反复强调的"从后往前看"。学会了为员工利益着想，就会赢得忠诚的员工。

努力摆脱官场文化的深刻影响

几千年来，中国的官场文化根深蒂固，一代传一代，渗透到了社会的各个角落，企业也不例外，尤其是国有企业更带有浓厚的官场色彩，就连草根起家的民营企业也逃脱不了向官场文化靠拢的宿命，只有外资企业没有受到中国官场文化太多的影响。

可以说，官场文化就是中国的"酱缸文化"。中国企业如何摆脱官场文化的熏染，从这样一个"酱缸文化"的影响下逐渐淡化、脱离出来，是文化转型的重要环节，更是决定企业转型升级成功与否的关键。接下来，我将从7个方面进行分析并给出解决问题的建议。

◎ 不搞"一把手"政治

由于长时间的封建社会影响，很多人都喜欢特权，喜欢集权，一旦拥有了权力，就希望自己一个人说了算，所以"一把手"文化在中国非常盛行。几乎所有的人都围绕着"一把手"转，看"一把手"的脸色行事，大家见到"一把手"就会专拣他爱听的说，因为没有人希望得罪他。要知道一个人再聪明也会犯错，假如一个企业领导不能从他的员工那里听到真话，那么他犯错就是迟早的事。另外，很多企业的制度和政策都是用来约束员工的，老板和高管可以例外，这无疑是一种特权思想的体现，员工嘴上不说，但心中必然不服。

解决这个问题的办法就是老板有意识地听取不同意见，做市场调研，听取员工的意见，而且是通过多种途径去听取员工的意见。比如遇到重大决策，必须请一些人站在反对派的立场上思考，以提出各种挑战，就像军事演习的红军和蓝军一样，要有对抗，有人成心挑毛病，才能共同进步，才能考虑周全。一般来说，决策前征求大家的意见，得到的往往是支持和认同，即使有错误，只要勇于承认，认真改进，同样会得到大家的支持。反之就会形成"上有政策，下有对策"的状况，得到的将是消极对抗和阳奉阴违。

◎ "执行力"不等于高压政策

很多人喜欢高高在上，一旦拥有了制定政策和设计制度的权力，就采取强制执行的方式来推进，强迫大家接受。很多企业的职能部门为了讨好老板，设计了很多约束性强的政策和制度，想方设法限制业务部门的自主权。前几年，"执行力"之所以在企业流行，是因为老板们喜欢三个字，把执行力理解为听话、服从。更有甚者，把军事化管理拿到企业中来，要求员工像士兵一样听话、服从，以为这就是"执行力"。很多老板喜欢对员工训话，让员工无条件服从，有些顺从的员工慢慢地习惯了，变成了听话的小绵羊，一切按照上司的指令去做事，反正由上司承担责任，没有积极性和主动性。另外，一些有思想的人则感到很压抑,心累,不痛快,轻者牢骚满腹,重者忍不下去了就跳槽。

解决这个问题的出路就是平等相待,虽然不同的人在职位上有差别,但是在人格上一律平等,不能发号施令,不管是什么样的政策和制度,在出台前一定要听取大家的意见,尤其是听取不同的意见、反对的意见,反复推敲之后再发布。在企业内形成一种质询的文化,所有职能部门都有义务征求大家的意见再出台各种政策和制度,而只有那些得到绝大多数员工认同的政策和制度才会被发自内心地执行。

◎ 淡化"权力意识"

中国式决策大多是自上而下的,这种决策机制的前提是建立在一系列假设上面,即假定上级比下级聪明,假定上级比下级更了解情况,假定上级比下级更贴近市场,假定上级比下级更有专业知识,假定上级比下级更无私,假定上级比下级更忠于老板。

事实真的如此吗?只要一个一个地看看这几个假设就知道几乎是不可能的。因为在一家企业里往往是官越大,离市场越远,离客户越远,就算有时去见一下客户,那也是在下级经理的陪同下,很难听到客户真实的声音,而且一级一级从下面传递上来的声音往往是报喜不报忧。

"民主集中制"是提倡了很多年的非常好的理念,但是在中国却没有真正地落地。什么时候民主?什么时候集中?这才是问题的关键。如果企业真正做到决策前民主,决策后独裁,就会让各种制度得以推行。只可惜很多企业都违背了这个理念,决策前不够民主,决策后不够独裁。

要知道自上而下的决策命令很容易导致员工阳奉阴违,做事情缺乏积极性和主动性。职能部门为了强化管控不断添加人手,这些人手为了体现自己的存在价值，就要想方设法给其他职能部门和业务部门布置各种"作业"。尽管一份"作业"不算多，但是10几个人都拿出各自的表格来要求填写的话，做汇报就会变成一项非常艰巨的任务。于是，业务部门不得不想对策，招几个人专门用来对付职能部门的"作业"，如此一来，又加大了企业的成本。

另外，我在给企业做咨询的时候，经常有人反映职能部门权力过大，过分重视管控而忽视服务。所以，我曾经帮助一些企业实现这种转型，即用制度来引导大家明白"帮别人就是帮自己"，让职能部门的角色逐渐从管控转化为服务，并通过服务来实现无形的管控，这才是高明的做法。再就是，在企业里最好建立"内部客户制度"，让大家知道谁是自己需要服务的客户，业务部门有权力评价职能部门，给职能部门的员工打分，这样职能部门的服务意识就会在利益的驱使下逐渐形成，要想考评得高分，就要把业务部门服务好，就要帮助业务部门解决实际问题，既不能越位，也不能缺位。我们一再提倡团队意识，互相补位，顾全大局，但是我们却没有给大家一个充分的理由，即如果我这样做对自己有什么好处。一旦明白了好处，不用别人说，他们会主动去做。

◎ 避免短期机会导向

现在整个社会都非常浮躁，大家急功近利地捞钱，很多企业围绕着销售业绩转，就像官员围绕着GDP转一样，人们只关心一个销售指标，而忘了均衡发展，也不管这个指标是靠牺牲什么换来的。实际上，经营指标固然重要，但是健康指标也非常重要，否则经营业绩上去了，企业的健康水平下来了，长此以往，企业就失去了可持续发展的动力。如果管理人员为了自己的利益仅关心在短时间内做出业绩，就可能以牺牲或伤害企业的长远利益为代价。要知道，考评标准决定行为方式，一旦考评体系是短期的，各级管理人员的行为必然也是短期的。

解决问题的出路是改变考评标准，用均衡发展的思想来设置长短结合的考核指标，既有短期的业绩指标，也有长期的健康指标，比如员工满意度、客户满意度、合作伙伴满意度、应收账款比例、员工离职率、员工向心力、员工离心力、内部审计得分、领导力调研得分、新产品在业务中的占比、产品合格率、原材料成品率，等等。这些指标展现出来的是一个企业的健康水平，一旦某一项指标恶化，就意味着有问题，有风险。

◎ 凡事不能"一刀切"

从小到大，我们都处在"向××学习"的氛围中，把成为别人当作自己的追求，这种文化体现在官场上就是整齐划一，不管什么事情都"一刀切"，希望所有人按照一个模式去思考，按照一种方式去行事，从而忽略了社会的多元化特性。

解决这个问题的出路就是正视多元化需求，用不同的产品和服务满足不同消费群体的小众化需求。因为，尽管"一刀切"的文化在大众化时代是没有问题，甚至胜过发达国家的，它可以在短时间内把一个行业、一个市场迅速地炒热，但是，随着整个社会从大众化转向小众化，各行各业都必须做出调整。比如中央电视台的春节晚会，如果有了小众化思维，就可以同时开 12 台晚会，让不同的人根据自己的喜好去选择，小品晚会、舞蹈晚会、体育晚会、相声晚会、主旋律晚会、儿童晚会、老人晚会等等，当然为了兼顾家庭聚会、团聚的习俗，每隔 1 小时可以统一休息 10 分钟，让大家聊天，吃东西。市场经济的重要法则之一就是给消费者选择权。一个多元化的社会需要多元化的思维和多元化的解决方案，不能要求客户按照同一个标准、同一种模式去消费，要让消费者按照自己的喜好去选择。

◎ 允许员工犯错，但不允许撒谎

当今中国的主流文化是可以说谎，但不可以犯错。所以一旦出现问题，大家首先想到的是掩盖事实，想方设法蒙混过关，实在压不住了再找各种理由去解释，为自己开脱，在各种证据面前实在无法抵赖了才不情愿地承认自己"考虑不周""认识不足"等减轻责任的理由，而不是发自内心地反省，实实在在地认错。中国人对于说谎话的人过于宽容，过于健忘，只要避过了风头就像什么事情都没有发生一样，换个地方接着混，接着骗。而且，我们对犯错过于苛刻，过于计较，不管是谁，一旦真的认错，得到的往往是惩罚，而不是宽恕，更不是赏识，所以大家都害怕犯错，不愿意创新，因为创新就有风险，一旦因积极创新而犯错，换来的往往是批评和训斥，而不是包容和理解。

解决这个问题的出路就是建立责任文化，不管什么事情都要有一个100%的责任人，不能出现问题之后再去找替罪羊，而要事先说明，一旦出现问题，谁负全责。其实，一旦责任明确了，很多问题就可以避免，因为当事人知道无法推卸责任，就会采取预防性措施，避免某些事情的发生。当然，人非圣贤，孰能无过，总有一些问题无法避免，那就要勇敢地承担责任。另外，中国企业迫切需要转变价值观念，要容许犯错，不容许撒谎，唯有这样，企业内部才会有正气，员工渐渐地也就不用撒谎了。

◎ 反对口号文化，根除空谈弊病

中国企业普遍喜欢挂横幅、挂彩旗，到处都是标语、板报、宣传栏，以为这样做可以改变员工的心态，让员工积极向上，但是结果往往事与愿违。因为很多口号既没有明确的定义，也没有明确的指引，不疼不痒的毫无实际意义。所以员工的应对一般都是左耳进，右耳出，或者你说你的，他干他的，既不对抗，也不认同。

解决这个问题的出路是培养真诚、务实的企业文化氛围，不管什么事，一定要亲切待人，平等沟通，不要喊口号，而是做实事，用行动来影响别人。人们看事情通常不是看你怎么说，而是看你怎么做。所以，说得再好也没有用，员工关心的是管理层如何做。可以说，企业文化不是张贴在墙上，而是深入每一个员工的骨髓，企业文化建设不是轰轰烈烈地搞运动，而是润物细无声地渗透，是让每一个员工发自内心地接受、同化，成为某种程度上的信仰、行为规范和自律。

误入歧途的绩效考评体系

◎ 绩效考评的目的是什么

这些年精细化管理开始深入人心，企业老板越来越重视绩效考评，总希望通过引入科学的绩效考评机制来提高团队战斗力。这种想法无可厚非，但结果往往事与愿违。我所了解的企业里，有很多曾经被绩效考评带进死胡同，需要费大力气才能让他们重新走上健康发展的道路。究其原因，主要有两个：一是大家在没有真正弄懂"绩效考评"的定义之前，就按照自己的一知半解盲目地实施所谓的科学考评；二是在"误人子弟"的咨询公司怂恿下，被理想化的绩效考评体系误导，可能提供绩效考评体系的咨询公司自己都不用这个"药方"，甚至完全凭想象、搬着书本知识炮制出这么个"药方"。结果，貌似科学、公平、公正的绩效考评在实践中走向了反面，考评变成了束缚员工的枷锁，最终让很多老板和各级管理者失望。遗憾的是，老板和高管却不知道哪里出了问题，总以为是自己的团队管理水平低，于是陷入越努力越麻烦的泥潭无法自拔。这不是个别现象，而是普遍现象，值得大家深思！

为了让更多的企业少走弯路，我将从绩效考评的起点（原点）开始讲。这是西方企业的管理哲学：当你迷路时请回到原点。

首先，我们来看看绩效考评的定义。1986年我进入跨国公司，每年我的顶头上司都会给我做一份详细的表现评估（Performance Evaluation）。从字面上看，与目前大家所说的绩效考评稍有差异（因为"绩"和"效"都是关注结果，即成绩和效果），我们那时侧重的是表现，既考评结果，也考评过程。换句话说，是根据每一项工作的结果去评估员工的表现，找出背后的原因，比如导致某种结果背后的思维方式、行为方式、工作方法、工作流程、判断标准与沟通模式等是否正确。通过这种方式去改变员工做事的过程和习惯，让他们不要想当然地做事，要明白为什么那么做，知道如何才能达成更好的结果。因为我们坚信只要过程正确，就一定会有好的结果，这也是西方企业的管理哲学，而管理科学和管理体系一定是基于管理哲学去设计的。

其次，我们来谈谈实施表现评估的目的是什么。在说明之前，老板和管理层必须先回答一个简单的问题：绩效考评是为了给员工带来动力，还是为了给员工施加压力？这是截然不同的两种管理模式。**如果是给员工带来动力，那么我们信奉的理念就是：没有满意的员工，就没有满意的客户；如果是给员工施加压力，那么我们信奉的理念就是：今天工作不努力，明天努力找工作**。所以企业老板和高管一定不要急于引进绩效考评体系，不要以为只要引入绩效考评体系，很多问题就会迎刃而解。就像很多企业迷信IT系统一样，总以为只要把计算机系统建立起来，让信息流动起来，困扰老板的很多问题就解决了，抱着这种想法做事的人往往会失望。绩效考评也好，IT系统也好，都是工具，决定其效果的是使用工具的人是否真的理解其内涵。

就拿我曾经工作过15年的惠普公司为例,2000年以前,惠普公司一直提倡"惠普之道",践行"惠普之道"。因为从上到下大家都非常认同"惠普之道"。"惠普之道"是一种假定"人性善"的管理哲学,基于这种管理哲学,惠普的表现评估就是为了激发员工努力工作的动力。作为一名在惠普工作过15年的老员工,我对此深有感触,相信现在的年轻人("80后"和"90后")也会像我当初一样,喜欢在一家人性化管理的公司里施展自己的才华,能得到同事和上司的认可,能在一个向善的环境中完善自己,提高自己。可惜的是,惠普在卡莉的带领下,一步一步地背离了"惠普之道",用很多记者的话说:卡莉发动了一场浩浩荡荡的"惠普文革",把一家在《追求卓越》《基业长青》《从优秀到卓越》这三本书中被当作最成功典范的惠普公司带进了沼泽地,难以自拔。包括我们当初使用的表现评估表格和模式也被废止了,惠普开始追求短期业绩,看重一时的结果,渐渐地背离了可持续发展的道路。

但惠普公司当年所提倡的管理哲学,以及当初与之配套的管理科学、管理体系依然是非常先进的,直到今天,很多国内优秀企业还未达到这样的水准。我们不要总是以结果论英雄,不要总想着把当今世界上最优秀的企业当作自己学习的标杆,毕竟中国企业与优秀跨国公司在管理体系方面存在30年左右的差距,所以大家一定不要头脑发热,取得了一点成绩就飘飘然。中国企业要想走向世界、征服世界,就应该静下心来好好学习20多年前优秀跨国公司刚刚进入中国市场时的做法。因为中国企业今天所处的发展阶段、所遇到的许多问题,都可以从30年前的美国企业找到对应,看看他们当初是怎么解决问题的,就知道我们今天的问题如何解决,这是一种借力前行的思路,可以少走弯路,少缴学费。

当然,学习别人绝对不是抄袭,而是借鉴。

向谁学习?这也是企业必须考虑的问题。首先,一家企业必须选择与自己的管理哲学一致的学习对象，即双方的信仰是一样的，理念是一致的，这样才门当户对，不至于出现根本性矛盾；其次，选择有完整管理体系的对象，即在管理哲学一致的前提下，去学习那些已经上升到理论的管理体系，这样才能为我所用，科学地复制；再次，选择行业特征基本一致的管理实践，即某些企业经过多年的试验证明行之有效的最佳管理实践，而不能把某些成功企业的经验，或者某些企业家个人的成功管理经验拿过来就用。大家一定要懂得管理经验必须上升到管理实践才有意义，而管理实践唯有上升到管理理论才能持久，才能跨行业应用。

遗憾的是，中国人似乎已经习惯了非黑即白式的思维逻辑，反思和质疑能力较差。如媒体说一个人好，就什么都好；说一个人坏，就什么都坏；某个人一旦犯错，就会说早在多少年之前就知道这个人不是好人，并拿出足够的事实作为依据。其实，好人有坏的一面，坏人也有好的一面，没有哪个人是黑白分明的，就看从哪个角度去评判了。而我们要学习的恰恰是各种人好的一面，千万不要听说或知道哪家公司目前的业绩很好，就跟风去学习、模仿，这种急功近利的心态会把企业带入泥潭。看看最近媒体的报道就不难发现，一批知名的企业家和高级经理人排着队去小米公司取经，类似的一幕10多年前就曾经有过，那时大家也排着队去一家企业学习，那家企业就是海尔。人们总是渴望从榜样那里取到真经、拿到灵丹妙药。

◎ 绩效考评从哪里入手

管理者对直接部下负全责

首先必须明确一个观念，绩效考评不仅是人力资源部门的事，而且是所有管理者的事。人力资源部门仅仅是向管理者提供统一的模板，教会大家如何使用绩效考评的工具，如何回答员工关心的问题，如何给员工做辅导、做沟通。所以人力资源部门扮演的角色是管理者的教练。每一个层级的管理者对直接部下的绩效考评承担全部的责任，并根据过去一年的观察对部下进行评价。这就要求每一位管理者承担起应有的责任，不管给部下打多少分，不管在每一个小科目上如何评价部下，都要负责任。尽管管理者可以通过360度反馈体系征求他人的意见，但是大家的意见仅仅作为参考，或者是验证管理者的判断。在员工心目中，这份考评顶头上司说了算。如果一家企业连最起码的责任文化都没有，绩效考评就会成为走过场的空谈，肯定是骗人的把戏。而现在的"80后"和"90后"最讨厌"虚伪"，那些为了做考评而考评的走形式、走流程的玩法很令他们反感。

绩效考评的内容程序

作为一名管理者，应该每年给直接部下做出一份非常详细完整的绩效考评报告，这份报告主要包括四部分：

上年度工作任务的完成情况。需要针对上一年度岗位职责上列明的所有工作任务一项一项地去评判，最好有具体的案例做支撑。

定性分析，针对各项技能指标进行评判。比如判断能力、技术水平、专业知识、产品知识、团队合作、决策能力与沟通能力等10多项，主要是帮助员工照镜子，让员工知道自己离标准还有多大差距，最好有具体的案例做补充。

下一年度个人发展计划。根据与员工沟通时得到的信息，指导部下制订下一年度的重点改进计划，即在哪些方面要有所突破，需要参加什么培训，需要其他人提供什么帮助等等。

员工个人意见。与上司面对面沟通后，在理解了上司的观点和背后的逻辑之后，对上司的评价给出自己的意见，一旦员工有不同的看法，就会启动越级申诉程序。所以，各级管理者一般都会尽力避免把自己的观点强压给部下，而是努力做到以理服人，让部下心服口服。

具体说来，我们会用一天的时间在家里给某一位部下做这份考评报告，以免在办公室受到日常工作的干扰，没法集中精力认真做，同时也让部下感到上司对这项工作的高度重视。很多企业都在喊人性化管理、以人为本，却不知道怎么落地，其实每年给员工做一份详细的考评报告就是人性化管理的具体体现。这样一来，如果我有 10 名部下，那么每年就有 10 天时间待在家里给部下做评估，当然不是在同一个月。考评报告写好之后，需要与部下进行半天的面对面沟通，针对报告里面提到的每一句话、每一个细节进行详细的解释，让员工明白为什么这么写，如果员工对某句话有不同的看法，则需通过沟通进行适当的调整或修正，直到双方都能接受，避免出现冲突。有了这样一种制度，上司对部下的得分有 100% 的话语权，员工一般不敢跟上司较劲；同时上司也不能胡来，因为还有一个越级申诉程序可以制约管理者滥用职权。这种模式给了管理者一个受到约束的权力，也给了员工一个表达自己观点的通道，实现了相互制约。

实施绩效考评的合理频率

很多企业在没有把管理哲学想清楚之前，就匆匆忙忙引进复杂的绩效考评体系，表面上看逻辑合理、设计严密，但是这种每个月进行考评和打分的做法严重地挫伤了大家努力工作的积极性。由于时间紧，每个人都是围绕着绩效考评这个指挥棒转，凡是考评里有的指标就认真做，凡是考评里没有的指标就视而不见，事不关己高高挂起。一旦出现"掉链子"的问题，大家都有充足的理由证明给上司看不是自己的错。每个人在错误的考评体系指导下会变得越来越自私，这是正常现象，人出于本能一定会自保。企业引入绩效考评体系之后，往往会陷入一个怪圈：大事没人管，小事天天抓，管理者把精力用在抓考勤、抓纪律等方面，而忽视了帮助员工提升工作质量、提升工作效率，忘记了为部下着想、帮部下成长的责任，到最后整个企业甚至会变得人心惶惶。我已经亲眼看到过许多企业引入绩效考评体系之后走上了一条不归路。以至于有这种说法：要想让员工不痛快，也让老板不痛快，就实施每月一次的绩效考评。在此，我诚挚建议：**那些实施了绩效考评而出现混乱的企业必须悬崖勒马，尽快回到原点，从为了考评而抓员工的小事到为了公司的目标和发展而抓大事。**

所以说，绩效考评不能太频繁，一旦每个月都考评，就背离了绩效考评的初衷。当然企业实施每个月都考评的制度肯定是有原因的，只是企业这一急功近利的需求，催生了一大批迎合客户需求的咨询公司，他们为了显示专业水平，设计了非常复杂的表格、公式、计算方法等，每月公司各级管理人员都要动用大量的人力物力进行统计分析，久而久之，大家的关注点变成了做表面文章，把有限的时间用在了做统计和考评上，而不是用在本职工作上，到头来企业的工作效率大大下降，员工满意度下滑，企业变得越来越"内向"，从而失去对外部市场变化的敏感。最终将绩效考核做成了一种自欺欺人的游戏。要知道，经理人的核心工作是经营人心，即帮助部下照镜子、找差距、定目标、做方案，对部下的成长和结果负责。人是有血有肉有感情的，不是机器，不可能用完全客观中立的方式进行所谓的科学考评，越想科学考评，就越容易误入歧途。考评的最终目的是什么？是激励，是激发员工内心深处的上进心，让他们清楚地知道自己的短板，要想达成自己的职业目标，必须在哪些方面改进自己、提高自己。

考评体系设计要因人而异

考评体系设计一定要因人而异，看企业用在什么人身上，管理白领员工与管理蓝领员工的方法是完全不同的。对于白领员工来说，主要是"管心"，因为公司用的是员工的脑袋，希望给白领员工提供一个宽松舒适的环境让他们安心做事；对于蓝领员工来说，主要是"管人"，因为公司用的是员工的手脚，所以要给他们提供一个多劳多得的公平环境督促他们努力干活。在这里需要强调一下,"做事"与"干活"是完全不同的两个概念。"做事"是按照员工自己的意图去达成目标,而"干活"是按照上司的指令去达成结果。前者是主动的,后者是被动的。做事的人有相当的自主权和灵活性,而干活的人则必须严格按照流程和方法去做。过去几年,很多企业都在学习"海底捞管理模式",但是海底捞的玩法一般适用于管理来自偏远地区的农村孩子,而不太适合追求自我、讲究生活品质的城市孩子。所以,一家企业在决定学习与借鉴之前,一定要先搞清楚前提条件和边界条件,不能盲目地引进其他企业的做法,哪怕是非常成功的做法。很多管理制度和方法都是有边界的,不是每家企业都可以照抄的。

◎ 实施绩效考评的前提条件

首先,是否有正直的责任文化。必须明确绩效考评是一种主观评价,是上司根据自己的观察对部下在过去一年中各个方面表现的综合评价,所以上司必须对每一段评价承担全部责任,摆事实、讲道理,让部下口服心服。部下离职直接影响上司的考评得分,尤其是优秀员工的离职甚至会断送上司的职业前程。签字不是一种权力,而是一种责任,意味着签字后一旦出现问题,签字人必须承担责任。作为一个经理人,一定要明白"责权利"的对等,首先是责,其次是权,最后才是利。让员工快乐工作,让公司成为员工向往的地方。

其次,是否有动态的岗位职责说明书。根据某一个岗位与其他部门(职能)的握手关系,把相互承诺写清楚。这是很多咨询公司都不会做的一件事。我看过很多咨询公司给客户做的静态岗位职责说明书,普遍存在两个问题:一是岗位职责是孤立的,只写了应该干什么,却没有写如何做,何时做,做到什么程度算优秀,更与其他部门无关,即缺乏握手关系;二是岗位职责描述的往往是一个部门(职能)的职责，而没有落实到人，这样很难提高执行力，因为每个人都不清楚自己对哪些事情负责，一旦没有做好，就是部门的事，不是个人的事。

近年来，我帮助过几个客户完成了动态岗位职责书的设计，发现一些咨询公司给企业做的岗位职责描述普遍存在这样的问题：一是提供的多是静态岗位责任书，缺乏与相关部门的握手关系设计，所以难以落地；二是所描述的多是部门的职责，而不是这个部门里某个岗位人员的职责，所以难以落实到具体的人，自然无法追究责任；三是给出的多是相对宽泛的职责范围和工作内容，没有具体的动作，所以即使知道了该干什么，也不知道从哪里入手，更不知道如何才能做好；四是提供的部门职责多没有清晰的可以量化的考核标准和考核周期，所以看似科学的考评最后成了漂亮的摆设。

第三，是否有明确的教练定位。企业是否建立了明确的经理人辅导制度（每周一次，每月一次），并通过"师傅带徒弟"的方式，手把手地教部下做事，成为真实反映部下水平和表现的那面镜子，通过平等的沟通让部下认清自己，知道自己离"理想中的自己"有多大差距，从而激发部下的上进心。要知道一个员工水平的高低是衡量其上司水平的关键，唯有善待部下、善待员工的管理者才是优秀的管理者。所以我们说管理是一种服务，是通过别人把事情做好。要想让部下积极主动地做事，并严格要求自己，就要把他们"伺候"好。因为上司有"育人"的职责，需要把部下培养成出色的员工。

第四，是否有科学的薪资体系。如果没有科学的薪资体系做后盾，绩效考评就会失去意义。换句话说，考评的结果必须与每个人的收入直接挂钩，会决定员工下一年加薪的幅度。这样才会形成公平的激励机制，做到奖优罚劣。我们一再强调：管理的真谛到底是什么？就是把员工的个人利益与公司（部门）的总体利益挂钩，形成矢量（既有大小又有方向的量）一致性，只要员工为了自己的利益而努力工作就足够了。这是真正的以人为本！

第五，是否有职业生涯规划。员工入职后是否能看到自己的晋升通道？即如果他努力工作的话，下一个台阶是什么？未来5~10年可以获得什么回报？这就是我们所说的个人发展计划，让每个人看到未来和希望，知道自己的努力会换来什么，知道可以到达的层级是什么。通过不同岗位的级别设置和晋升标准设计，让员工为了自己尽快晋升而努力争取得高分。

第六，是否有配套的培训体系。绩效考评的结果让员工看到了差距，那么如何缩小差距，尽快提升自己呢？最有效的方法就是培训，尤其是以提升员工技能为目的的培训课程，让员工掌握做事的方法、流程和工具，而不是很多企业热衷的那种理念培训、心态培训。员工培训一般分为新员工、老员工、新经理、老经理、公共培训等多种培训，要根据不同阶段员工的需求，根据行业特点和企业特点进行个性化订制，从而设计出一套让员工欣喜的培训体系。

第七，是否有严格的行为规范。绩效考评最可怕的事情就是只看结果，不看过程，一旦企业形成了以结果说话的文化（包括很多企业推崇的狼性文化），就会走向反面。因为考核标准决定行为方式，一旦员工知道公司是以结果论英雄，那么自然选择的就是不择手段、不惜代价去换取结果，哪怕那样做会伤害公司的核心利益。所以为了避免这种行为的发生，公司必须先有完善的职业道德规范（经营业务准则），即让员工看到"高压线"，形成威慑力，知道公司不可逾越的红线在哪里。

第八，是否有完善的监控体系。很多企业不是没有规范的制度，而是有章不循，于是制度成了摆设，只要一个人在公司掌握着一定的资源，有一定的存在价值，就敢跟上司和公司叫板——他知道你拿他没办法。所以要想让监控体系发挥作用，就要有保障措施，通过内部审计，员工越级申诉制度，防止某些管理者滥用职权。不过制度无情，处理必须有情，也就是员工一旦触犯了制度，就要毫不留情地处理，但是处理的方式要温和。我们常说，公司可以辞退一个人，却不可以否定一个人，这是人性管理与人情管理的本质区别。

◎ 为什么实施KPI考评发挥不出效益

近些年，很多企业尝试引入KPI考评体系，希望通过这样一个工具来改变员工的心态，让大家迫于KPI考评的压力而努力工作。可是现实非常残酷，大多数引入KPI考评体系的企业并没有达到目标。为什么看似完美的KPI考评却发挥不出效益？问题出在哪里？其实，推动KPI考评的主要目的是防止"掉链子"，所以，其关注点是部门与部门之间的交接点，即那些"三不管"的地方。通过KPI考评体系设计，让每一个部门为了自己的利益而承担起应有的责任，逐渐树立起帮别人就是帮自己的理念，相互配合，相互补位，形成更好的团队合作。一旦违背了这些原则，与握手关系脱离，KPI考评就会驱使大家走向"各人自扫门前雪"，凡是有KPI考评的工作，大家就积极地去做，不择手段地争取高分，即使做一件事情对公司的长远利益有伤害也在所不惜；而没有KPI考评的环节则视而不见，最后变成了"事不关己，高高挂起"。所以企业一定要慎重实施KPI考评体系，否则会适得其反。那么，实施KPI有哪些前提条件呢？

首先，企业里是否有明确的握手关系。谁是谁的内部客户？上下游之间是否都知道自己对其他部门和同事承担什么义务，应当定期向其他人提供什么服务？这样才能通过KPI设计把大家的关注点从不管不顾别人，变成为了自己的利益而尽量帮助别人，防止"掉链子"，以确保公司的整体利益。

其次，是否有清晰的跨部门流程。实施KPI考评之前需要把各项工作的流程梳理清楚，哪些部门参与，分别扮演什么角色，有哪些控制节点，需要输出什么内容等等。企业有了标准化的流程才能让普通人根据规定动作去做事，而不是自由发挥，并通过 KPI 考评其结果。

第三，是否有定期的节点检查和控制措施。有了流程和制度还不行，必须进行定期的检查和辅导，防止部下跑偏。这就要求各级管理人员在任务布置下去之后，经常过问部下的工作，掌握进度情况，及时提供帮助和支持，确保任务按时、按质、按量完成。

第四，是否有 360 度反馈制度。360 度反馈制度在跨国公司是一个非常简单而实用的制度，每年管理者给直属部下做年度考评之前，都会发出 6 份调研表（希望从别人那里得到反馈的几个问题），分别是与部下同级别的同事两位，部下的部下两位（如果部下是管理者的话），与自己同级别的同事两位，这样就可以从三个不同的维度来观察一个人。通过这种制度可以让管理者验证自己对部下的认知，以便做出相对准确的判断。这里需要强调一下，很多企业把 360 度反馈变成了 360 度考评，通过"群众评议"这种计划经济时代的"群众运动"来决定一个员工的绩效得分，这与 360 度反馈的初衷背道而驰。实际上，这种"群众评议"是一种推卸责任的做法，同时助长了"老好人"文化，管理者自己不愿意得罪人——就会把打低分的责任推卸给其他人——不是我不想给你高分，而是其他人不给你高分。

其实，360 度反馈绝对不是量化的科学分析，千万不要被那些"误人子弟"的咨询公司误导，以为这样做是科学的。其实，360 度反馈是让管理者通过 6 位反馈者的眼睛来验证自己的判断，最后给员工的绩效考评一定是管理者自己承担 100% 责任的主观评价，只不过听取了其他人意见而已。通过 360 度反馈这种制度可以在企业中树立一种"帮别人就是帮自己"的企业文化，让每个员工知道要想得到自己上司的认可，不仅要把本职工作做好，还要在可能的情况下尽力帮助别人，因为每个人都不知道哪块云彩会下雨，上司会找谁做 360 度反馈，对部下来说也是不确定的。在这种情况下，通过制度设计让员工明白帮助别人对自己有好处，他们自然会为了自己的利益而主动帮助别人，所以自然会形成相互配合的团队文化，减少扯皮推诿的行为。

◎ 经营人心从哪里入手

必须进行定期的检查和辅导，防止部下跑偏了。绩效考评的终极目标是经营人心，是为了调动员工的积极性，让员工有主人翁精神，为了自己的事业而对企业忠诚。那么如何赢得员工的忠诚呢？公司需要给员工提供4个机会：做事的机会，学习的机会，赚钱的机会，晋升的机会。

首先，是做事的机会。现在的年轻人不喜欢上司发号施令，不愿意被动地工作，而是喜欢按照自己的主观意愿和节奏做事，在目标清晰的前提下，自己能够做主。越来越多的"80后"和"90后"讨厌在上司的压力之下"干活"，即按照上司的要求去做每一件事，没有话语权和主导权。一旦员工处于被逼无奈地"干活"状态，久而久之，积极性和主动性就会丧失殆尽，工作变成了一种负担，一种为了生存而不得不做的事情。为了让员工努力做事，除了动态岗位职责说明书之外，还需要通过实施目标管理让员工自己掌握进度和时间安排，并在布置工作时多说两句，让员工清楚地知道自己的任务是什么？应当做什么？什么时间完成？做到什么样是杰出，什么样是优秀，什么样是良好，什么样是及格？

其次，是学习的机会。员工进入公司后，不能让他们自生自灭，而是要在知识、技能、思维方式、价值观念、行为准则，甚至穿衣、礼仪等多方面进行全方位培训，教会他们在企业里如何做人做事。毕竟中国的大学基本上没有履行"育人"的职责，只是灌输知识，应付考试，完成了"教书"的任务，而"育人"的工作只能由用人单位来完成。像当年的中国惠普公司，每个新员工入职不久就要参加新员工培训，两年之后是老员工培训，如果晋升到管理层，则有新经理培训和老经理培训,还有很多公共培训。虽然企业培训员工会花费大量的人力、物力,但是通过培训,可以让员工对公司的文化、制度、目标、战略、技术、产品、服务等产生认同,从而对企业有归属感。所以,培训一方面让员工掌握了工作技能,另一方面也达到了"洗脑"的目的,让员工逐渐掌握各种规定动作,变得越来越聪明。

第三,是赚钱的机会。对于企业来说,要想得到优秀的员工,就要给出有竞争力的薪酬,因为雇用什么档次的员工,决定了产出什么样的产品,得到什么样的回报。如果你希望雇用大学生中最顶尖的1%,你要付出的薪水大概在当地平均薪水的2.5倍左右;如果你希望雇用的是大学生中前10%的人,你要付出的薪水大概是当地平均薪水的2倍左右;如果你希望雇用的是大学生中前30%的人,你要付出的薪水大概是当地平均薪水的1.5倍左右;如果你希望雇用的是居于中间部分的大学生,你要付出的薪水就是当地的平均薪水;如果你希望雇用的是大学生中最差的30%,你要付出的薪水可以比当地平均薪水低20%左右。请记住那句老话:一分钱,一分货。

有人可能会说,给员工这么高的薪水,企业就没有钱赚了。这是很多企业老板的思维误区,以为给员工薪水多了就亏了。要知道,一个月薪万元的优秀员工,比一个月薪3000元的普通员工创造的价值可能要高5倍以上,只是很多企业不知道怎么算这笔账,不明白这个道理而已。万元的月薪不是白给的,是员工创造了价值之后才给的。我坚信,在市场经济的初级阶段,分配是第一生产力。这是大家不愿意谈、不敢谈的一个敏感话题,当今中国企业界出现的很多问题都和分配不公有关。一个企业家只有把分配问题想透彻了,解决好了,才能激发员工的主人翁精神。不知道大家是否认同这样一个观念:**人跟人的脑袋是不一样的,价值也是不同的。对于企业来讲,没有一流的人才,就不会生产出一流的产品,也就不会获得一流的业绩和回报。**

第四,是晋升的机会。不管是哪个层次的员工,在进入一家企业之后，都希望有一个清晰的职业生涯规划，即清楚地知道自己努力工作会换来什么，知道自己能达到什么水平，做出什么贡献，掌握什么技能，经过多长时间就可以晋升到下一级，福利待遇随之会有什么样的提升。据我所知，目前给员工做职业生涯规划的企业少得可怜。大家想一下，如果企业对员工不关心、不体贴，怎么能奢望员工对企业忠诚呢？当然，这里要强调一点，升级不等于升职。毕竟一家企业里的管理岗位是有限的，所以企业要设计科学的级别体系，包括管理线和技术线两条晋升通道，让每一位员工有"奔头"，只要表现不错，每隔两年基本可以升一级。有了这样的机制，企业就不用担心员工不好好干活了。

总之，只有企业同时提供了上述4种机会给员工，员工才有可能为了自己的长远利益而对企业忠诚，才会有主人翁精神，才会努力奋斗。可以说，企业提供的是一个平台，一个让员工施展才华的平台，这个平台搭建好了，自然会吸引大批优秀人才加盟，也就是所谓的筑巢引凤。只有价值观和行为方式比较一致的优秀人才团队，才能实现企业家的梦想。

附录一　企业短板诊断工具——经营管理水平测试系统

什么是企业经营管理水平测试

这是一套涉及企业经营管理层面的全方位审核评估系统，目的是让所有利益相关者参与测评，让所有利益相关者从全局看问题。如果某些小项不适用于某个行业、某个企业，高层管理团队首先要对测评要素进行局部修改和调整，并征得员工认同，以确保测评的针对性和实效性。

为什么要进行经营管理水平自我测试

照镜子、找差距，发现企业经营管理领域的短板和被忽视、被遗忘的角落，学会客观地看待企业现状，通过对标理性地分析企业现状，可以及时发现问题，为彻底解决问题奠定基础。

企业内部哪些人应当参与自我测评

老板必须进行自我测评，得出完整的平均分，高管团队成员必须全员参与，每个人独立做出自己的测评，再将所有高管的各项测评结果进行平均处理，得出高管团队在各个小项上的平均分。

选取部分优秀的中层管理人员和部分基层核心员工参与测评，要求每个人独立做出自己的测评，并将中层管理人员的测评结果和基层核心员工的测评结果进行平均处理，得出各个小项的平均分。

企业外部哪些人应当参与经营管理水平测试

邀请关系密切的大客户、长期合作伙伴、重要供应商、重要经销商的相关人员参与测评，用第三只眼睛看企业，站在外部视角评价企业现状。

如何进行企业经营管理水平自我测试

要求每一个参与测评的人根据自己的主观印象,以及自己对企业现状有限的了解对各个小项进行客观打分。

测评结果出来后如何用于管理升级

(1) 找出所有小项当中得分最低的6个小项指定专人进行深入的调研分析,做出分析报告,给出解决问题的建议和方案,设定一年的提升目标(比如从2.5分到3.5分),并在一年后再次进行测评,重点检查这6项的改进效果,根据改进幅度大小,对当事人进行奖励。这样每年找出6个短板,每年及时采取措施解决问题,循环往复就可以从根本上逐步提高经营管理水平。

(2) 对照老板得分与高管平均分进行分析,找出差距最大的6个小项,通过对话、沟通、交流达成共识。

(3) 对照高管与中层管理人员的平均分进行分析,找出差距最大的6个小项,通过对话、沟通、交流达成共识。

(4) 对照中层管理人员与基层核心员工的平均分进行分析,找出差距最大的6个小项,通过对话、沟通、交流达成共识。

通过测评,可以用省力的方式发现问题,解决疑难问题,并在以下4个方面取得突破:

・建立理性互动的沟通平台,让老板和高管逐渐养成一个习惯,在决策前听取员工的合理化建议,让员工献计献策。

・激发核心员工的主人翁精神和参与热情,学会用集体的智慧发现问题、分析问题、解决问题。

・用利益驱动的机制使学习型组织落地,寓教于乐,把有意义的东西用有意思的方式展现出来,让大家乐于参与。

・逐步形成一套企业经营管理方面的知识管理系统,提高组织智商,减少重复劳动,避免组织失忆。

12个企业经营管理水平单项评分表

企业经营管理水平单项评分（1）-销售管理

参　数	简　介	1分	2分	3分	4分	5分
销售漏斗运用	销售团队运用销售漏斗跟踪检查订单					
销售预测精确	销售预测精度与销售人员的业绩挂钩					
销售人员素质	销售人员均接受过正规的专业训练					
销售渠道质量	销售渠道规划合理，监控措施到位					
业绩提成计划	通过利益驱动的制度来鼓励销售人员					
预防串货制度	有严格的规章制度和串货处罚措施					
销售指标设计	基于市场、竞争、历史，合理设置指标					
市场信息反馈	及时将各地的市场动态反馈给市场部					

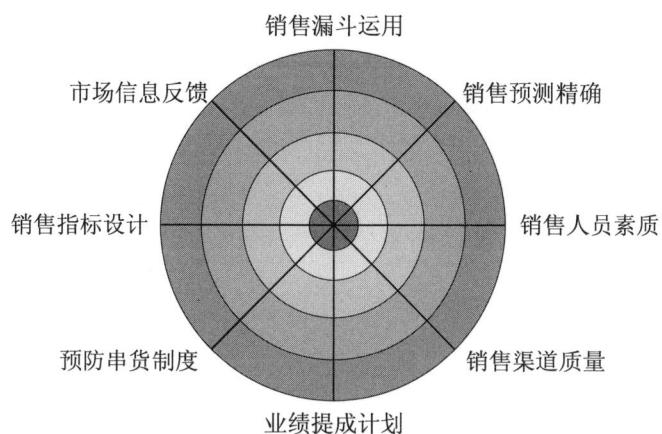

填表说明：

　　5分：与同行业竞争对手相比遥遥领先

　　4分：与同行业竞争对手相比略有优势

　　3分：与同行业竞争对手相比基本相当

　　2分：与同行业竞争对手相比略有劣势

　　1分：与同行业竞争对手相比远远落后

企业经营管理水平单项评分（2）－品牌定位

参　数	简　介	1分	2分	3分	4分	5分
VI设计理念	VI设计体现了品牌的文化和内涵					
品牌定位口号	品牌有通俗易记、差异化的定位口号					
产品促销活动	每次产品促销活动都有主题、有考评					
独到价值诉求	站在客户立场上提炼出来独到客户价值					
品牌出处故事	能清楚地告诉目标客户品牌源自哪里					
产品外观形象	产品外观形象与品牌的定位风格一致					
战略一致性	品牌定位与公司战略保持高度一致					
品牌延伸维护	品牌的延伸有明确的规范、边界和审核					

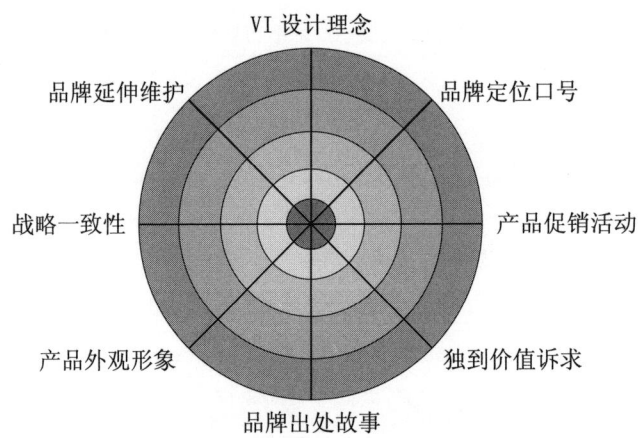

填表说明：

5分：与同行业竞争对手相比遥遥领先

4分：与同行业竞争对手相比略有优势

3分：与同行业竞争对手相比基本相当

2分：与同行业竞争对手相比略有劣势

1分：与同行业竞争对手相比远远落后

企业经营管理水平单项评分（3）-市场营销

参　数	简　介	1分	2分	3分	4分	5分
统一说辞设计	为每个产品提炼出来统一的销售说辞					
样板市场开发	有成功的样板市场来打消客户的顾虑					
销售工具开发	为销售人员提供非常实用的销售工具					
销售渠道培训	定期对销售团队成员进行系统培训					
市场调研分析	定期对选定的目标市场进行调研分析					
产品定义体系	有完善的新产品创新流程和产品定义					
竞争对手分析	对主要竞争对手有深刻的理解和掌控					
口碑营销传播	能充分利用口碑效应来传播品牌优势					

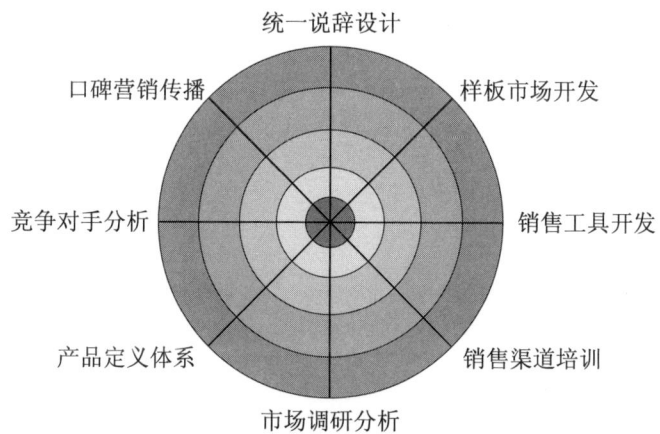

填表说明：

5分：与同行业竞争对手相比遥遥领先

4分：与同行业竞争对手相比略有优势

3分：与同行业竞争对手相比基本相当

2分：与同行业竞争对手相比略有劣势

1分：与同行业竞争对手相比远远落后

企业经营管理水平单项评分（4）-客户体验

参　数	简　介	1分	2分	3分	4分	5分
客户利益导向	基于利他的理念来设计产品和服务					
人员素质形象	有一支训练有素、专业敬业的员工队伍					
产品展示体系	从感性和理性两个角度向用户展示产品					
公司网站设计	有一个体现公司特点、简单实用的网站					
客户参观路线	有标准化的客户参观路线和介绍用语					
公司领导形象	公司领导形象有专业设计人员指导咨询					
客户回馈机制	有完善的客户沟通体系和信息反馈机制					
客户投诉处理	有完善的客户投诉处理与跟踪检查体系					

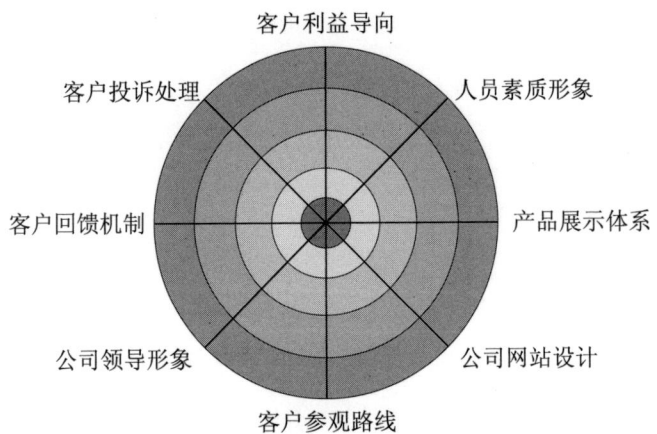

填表说明：

5分：与同行业竞争对手相比遥遥领先

4分：与同行业竞争对手相比略有优势

3分：与同行业竞争对手相比基本相当

2分：与同行业竞争对手相比略有劣势

1分：与同行业竞争对手相比远远落后

企业经营管理水平单项评分（5）-领导艺术

参　数	简　介	1分	2分	3分	4分	5分
公司远大理想	员工清楚地知道老板的远大理想与抱负					
管理团队素质	有一支训练有素、团结一致的管理团队					
团队执行力	基于利益驱动原理来提高员工的执行力					
战略规划设计	企业上下认同战略规划与设计的价值					
老板个人情商	老板懂得如何凝聚人心，经营人心					
授权审批制度	公司有明确的授权、审批、监督制度					
平衡计分卡	公司善用平衡记分卡来兼顾效率与稳定					
科学决策机制	公司通过决策委员会来减少决策风险					

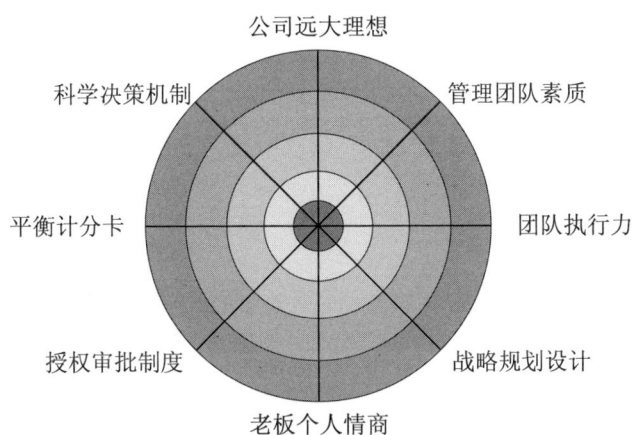

填表说明：

　　5分：与同行业竞争对手相比遥遥领先

　　4分：与同行业竞争对手相比略有优势

　　3分：与同行业竞争对手相比基本相当

　　2分：与同行业竞争对手相比略有劣势

　　1分：与同行业竞争对手相比远远落后

企业经营管理水平单项评分（6）－采购管理

参　数	简　介	1分	2分	3分	4分	5分
技术采购把关	有专业的技术人员参与供应商筛选工作					
材料品质检测	有标准化的流程进行来料品质抽样检测					
供应商审计	有严格的规范定期对供应商进行审计					
战略联盟体系	与主要供应商建立互利战略联盟					
供应商筛选	按照综合考评体系对供应商进行筛选					
安全库存制度	公司有严格、规范的安全库存制度					
采购成本控制	通过减少元素来实现规模经济采购效益					
物料编码体系	有一劳永逸、简单实用的物料编码体系					

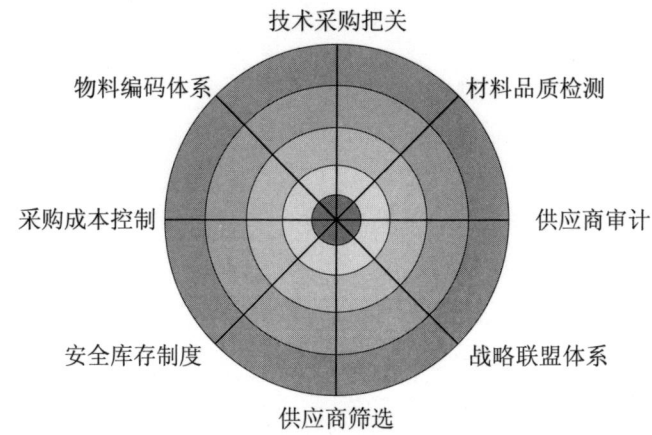

填表说明：

5分：与同行业竞争对手相比遥遥领先

4分：与同行业竞争对手相比略有优势

3分：与同行业竞争对手相比基本相当

2分：与同行业竞争对手相比略有劣势

1分：与同行业竞争对手相比远远落后

企业经营管理水平单项评分（7）－研发设计

参　数	简　介	1分	2分	3分	4分	5分
模具设计水平	根据品牌定位选用高品质的模具设计					
设计奖励制度	根据产品销量对主设计人员进行奖励					
检测与试产	研发团队对新产品检测和试产负全责					
产品研发流程	根据产品定义、按照标准化流程设计					
产品平台规划	通过平台设计来提高质量、缩短周期					
生产制造支持	指导生产部门按照设计要求安排生产					
项目管理体系	有完善的项目管理体系监控开发进度					
专利技术申报	善用专利技术来保护创新，建立壁垒					

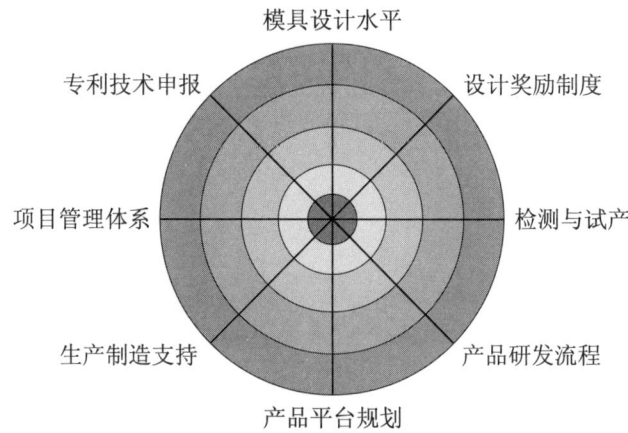

填表说明：

　　5分：与同行业竞争对手相比遥遥领先

　　4分：与同行业竞争对手相比略有优势

　　3分：与同行业竞争对手相比基本相当

　　2分：与同行业竞争对手相比略有劣势

　　1分：与同行业竞争对手相比远远落后

企业经营管理水平单项评分（8）－生产制造

参　数	简　介	1分	2分	3分	4分	5分
仓储物流管理	有现代化的仓储物流管理体系做支撑					
外包生产管理	有专职人员负责产品的外包生产协调					
小批量试产	积极配合研发部门进行新产品试产					
产品合格率	用利益驱动机制来提高产品合格率					
现场5S管理	在生产制造区域全面推进5S管理体系					
加工工艺文件	所有产品的加工工艺均有标准化文件					
安全生产管理	有严格的规范和制度确保安全生产					
生产计划安排	根据订单组织安排生产计划确保交期					

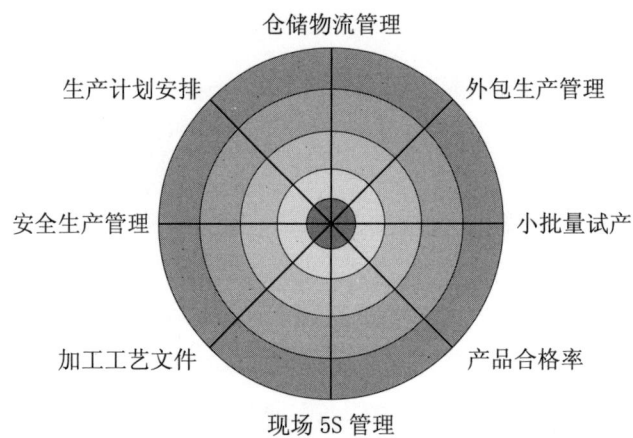

填表说明：

5分：与同行业竞争对手相比遥遥领先

4分：与同行业竞争对手相比略有优势

3分：与同行业竞争对手相比基本相当

2分：与同行业竞争对手相比略有劣势

1分：与同行业竞争对手相比远远落后

企业经营管理水平单项评分（9）－员工激励

参　数	简　介	1分	2分	3分	4分	5分
公司政治氛围	公司内部没有帮派体系和复杂的人际关系					
企业愿景规划	每一位员工在入职时都清楚企业的愿景					
员工晋升通道	公司有科学的员工晋升通道和级别体系					
员工满意度	每年进行员工满意度调查及时发现问题					
交流沟通途径	通过制度确保最高层能听到员工心声					
薪酬福利制度	用富有竞争力的薪酬福利制度留住员工					
职业生涯规划	各级管理人员帮部下完成职业生涯规划					
兼顾工作生活	公司提倡工作与生活两不误，限制加班					

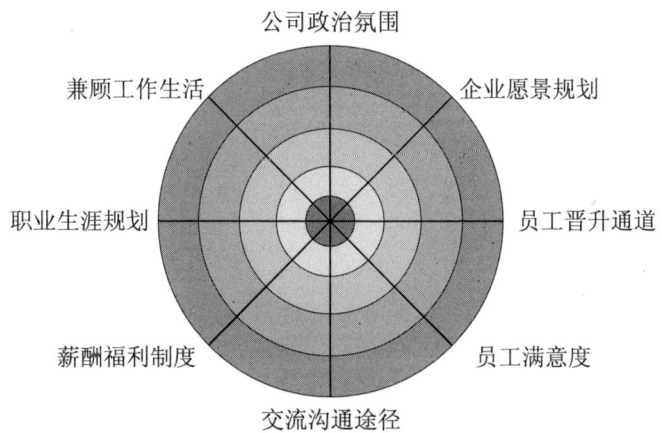

填表说明：

5分：与同行业竞争对手相比遥遥领先

4分：与同行业竞争对手相比略有优势

3分：与同行业竞争对手相比基本相当

2分：与同行业竞争对手相比略有劣势

1分：与同行业竞争对手相比远远落后

企业经营管理水平单项评分（10）－人才管理

参　数	简　介	1分	2分	3分	4分	5分
岗位责任书	每位员工均有明确的岗位责任书					
员工招聘流程	面试小组成员遵循严格的规范和流程					
员工退出壁垒	基于利益驱动来建立员工退出壁垒					
标准工作流程	各个职能均关注标准化的工作流程					
员工培训体系	针对各个层次的员工均有系统的培训					
管理梯队建设	公司实施管理梯队建设和接班人计划					
年度考评制度	所有管理者每年都给直接部下做考评					
交叉评比制度	用严格的制度进行交叉考评，防止偏袒					

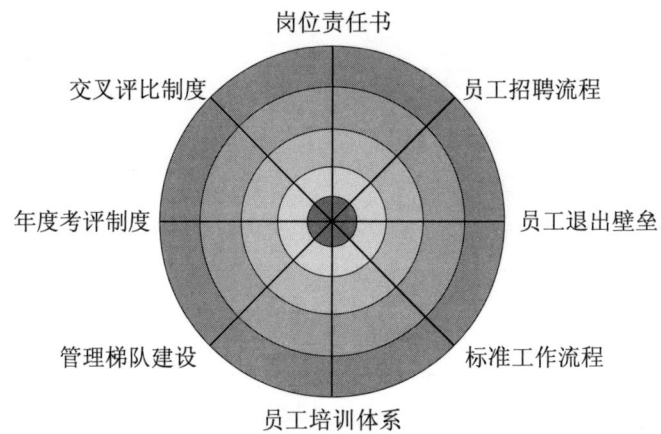

填表说明：

5分：与同行业竞争对手相比遥遥领先

4分：与同行业竞争对手相比略有优势

3分：与同行业竞争对手相比基本相当

2分：与同行业竞争对手相比略有劣势

1分：与同行业竞争对手相比远远落后

企业经营管理水平单项评分（11）－运营管控

参　数	简　介	1分	2分	3分	4分	5分
质量管理体系	推行严格的质量管理体系，确保工作质量					
职业道德规范	所有员工均签署严格的职业道德规范书					
EHS 管理	公司在各个环节强化环保健康安全管理					
应急预案设计	预见到可能发生的各种意外并做好预案					
知识管理体系	用知识管理减少重复劳动，避免失忆					
内部审计制度	推行严格的内部审计制度，确保健康运营					
信息系统管理	建立完善的信息化系统，提供决策的依据					
研发记录本	通过科研记录本防止技术人员带走技术					

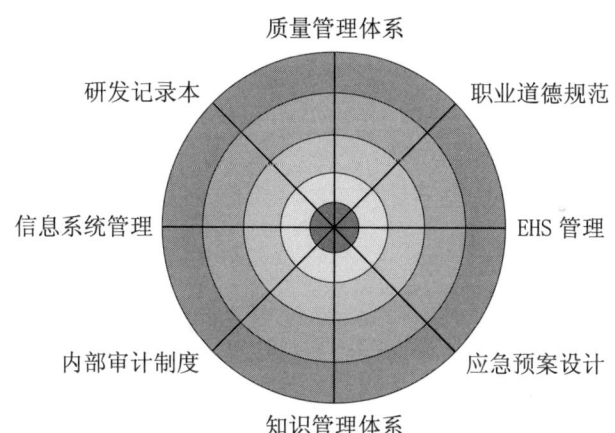

填表说明：

5分：与同行业竞争对手相比遥遥领先

4分：与同行业竞争对手相比略有优势

3分：与同行业竞争对手相比基本相当

2分：与同行业竞争对手相比略有劣势

1分：与同行业竞争对手相比远远落后

企业经营管理水平单项评分（12）- 财务管理

参　数	简　介	1分	2分	3分	4分	5分
利润规划设计	根据品牌定位对公司的利润率做出规划					
固定资产管理	对公司各种固定资产进行合理规划					
产品定价原则	建立标准化的模板便于业务部门定价					
成本核算体系	通过完善的成本核算体系指导业务部门					
管理报表制度	每月给各级管理人员提供财务管理报表					
审批矩阵设计	每年发布一次管理人员签字权限矩阵表					
现金流管理	通过预警机制确保公司拥有足够的现金流					
融资渠道规划	根据业务发展规划进行多渠道融资					

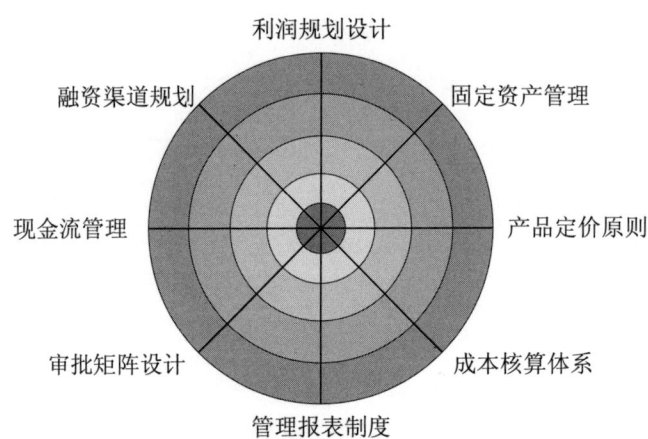

填表说明：

　　5分：与同行业竞争对手相比遥遥领先

　　4分：与同行业竞争对手相比略有优势

　　3分：与同行业竞争对手相比基本相当

　　2分：与同行业竞争对手相比略有劣势

　　1分：与同行业竞争对手相比远远落后

企业经营管理水平测评总表图示

参　数	综合定性评价	平均得分
品牌定位		4.0 分
销售管理		4.5 分
市场营销		3.0 分
客户体验		3.5 分
领导艺术		4.0 分
采购管理		2.5 分
研发设计		3.5 分
生产制造		4.0 分
员工激励		3.0 分
人才管理		3.5 分
运营管控		3.0 分
财务管理		2.5 分

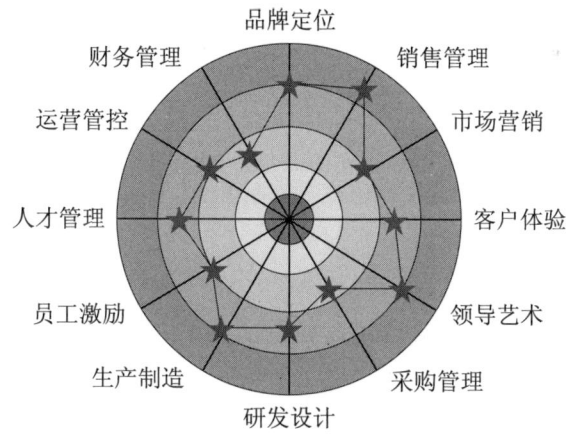

附录二　读后感

"顶层设计"让企业从迷失到清晰
——《赢在顶层设计》读后感
河南新恒顺房地产公司总经理　李文哲

　　所有的创业者都想成功，所有的企业家都想把企业做强做大，做成百年老店。但现实情况却是创业者成功的比例只有百分之几，据美国《财富》杂志报道，在中国，中小企业的平均寿命只有2.5年。严峻的现实让人们不得不冷静思考并努力探索成功的奥秘到底是什么？基业长青的秘诀到底在哪里？

　　新恒顺也和许许多多成长中的民营企业一样，经过几年的艰苦创业，从生存期进入发展期之后遇到了瓶颈。创业初期钱没有现在多，员工素质没有现在强，但是思路却很清晰，心无旁骛地一步一个脚印地往前走，稳扎稳打，企业发展比较顺利。如今条件比过去好，实力比过去强，企业运行反倒不如前几年顺畅了，突然间市场变得陌生起来，表面看机会很多，当企业做选择的时候却感到危机四伏，缩手缩脚，无从下手，面对市场竞争不知道该怎样应对，公司管理层陷入了迷茫。

　　为了寻找解决问题的方案，我们也和许多企业一样到处参加学习、培训，虽然观念上有所收获，但是仍然没有找到从根本上解决问题的途径。企业怎么发展？生产什么样的产品才能和竞争者形成差异化？人才瓶颈怎么解决？组织混乱如何理顺？……各种各样的问题不断困扰着公司管理层。

　　2013年9月，我去上海出差，在机场偶然见到了高建华老师的新书《赢在顶层设计》，由于几年前曾看过高老师的光盘和书籍，受益匪浅，这次见到新书出版就立即买了一本，读后心里顿时豁亮起来，大有如获至宝的感觉。我立即向董事长赵国民推荐，董事长看后也赞不绝口，立即决定公司管理层人手一册，好好学习。高老师以他深厚的理论功底和丰富的实践经验从全新的视角向我们诠释了企业如何才能基业长青；针对企业常见的 8 大难题怎样破解；面对日益加剧的市场竞争，企业怎样运用小众化思维重新定义自己的客户，摆脱恶意竞争的魔咒。

随着经济全球化和中国改革开放的不断深入，市场这只看不见的手正日益发挥出强大作用。随着经济体制中的一些深层次矛盾不断显

新恒顺地产总经理李文哲与高老师合影

露出来,转型已经成为上至国家下至企业不得不面对的现实。可是,中小企业如何转型?转型的关键是什么?企业转型应该从哪里入手?转型中,企业的各个管理部门又该怎样转变传统的思维方式和做法?这些都是困扰中小企业老板和管理层的难题。高建华老师在书中告诉我们,企业转型的依据是消费主体及消费趋势的变化。

企业转型最重要的是企业一把手的转型,企业一把手要在经营理念、经营模式、经营策略、利益诉求、领导作风、决策机制、管理模式等方面进行全新思考和革命性改变,企业转型才能成功。企业转型要紧紧围绕"企业战略转型"这个关键点展开。战略转型就是要站在未来看现在,理清企业要想在未来取胜现在需要做些什么?怎么做?书中告诉我们企业战略规划的4项基本原则,坚持4项基本原则就抓住了战略规划的"纲",就容易理解和掌握什么是战略规划,为什么要做战略规划以及怎么做战略规划。

当然,企业转型是一项系统工程,企业的每个部门都必须根据企业战略规划进行部门的管理升级,企业必须先统一思想,统一步伐,形成一盘棋的思想,否则,战略规划做的再好也只能停留在文件层面,很难落地。各个职能部门已经习惯了自己熟悉的做法,让他们从根深蒂固的观念中解放出来,接受全新的思维绝非易事。因为人们早已习惯了"权力""管控""模仿""抄袭"等行为,而对于"服务""指导""增值""创新"等新的理念和做法基本上停留在概念阶段,并不知道该如何做。

可以说,《赢在顶层设计》给了我们一把金钥匙,让我们得以叩开企业通往未来成功的大门,掌握指导行动的理论和实际操作的技能。这是一本难得的好书,是一本无论是老板还是管理者都能从中获益的宝典之作。它能帮助广大企业在迷失中找到方向,在浑沌中理清思路,在实践中得到方法。希望中国出现更多像高建华老师一样的专家学者,为艰难前行中的中小企业多写一些《赢在顶层设计》这样的好书。

中国企业家必读的一本实战教科书
——《赢在顶层设计》读后感
九好集团董事长、总裁　郭丛军

与高建华老师相识，是在两年前的一次国内企业界高层领导研讨会——创新商业模式研讨，当时的会议由九好集团承办，邀请了部分专家学者，高建华老师也应邀出席。我发言时介绍了九好集团的创新商业模式，以求大家论证，并获得提升和完善。大家的意见出乎我的意料，有不解，也有质疑，但是高建华老师仅三言两语，便将九好集团的创新商业模式及内核要义表述得一清二楚，一张图既简单又明确，令我敬佩。会后，我专门约他畅谈、求教，他给我的指导颇多。之后我力邀高老师作为九好集团的顾问、企业的兼职高管，定期为九好集团咨询、指导，开始了长期合作，给予我诸多帮助。

《赢在顶层设计》截稿前，他还谦虚地和九好集团的高层管理人员讨论有关内容，足见他求实、求真、严谨的作风。书出版后，我结合实际拜读多遍，真是醍醐灌顶，感觉它是当前形势下中国企业家必读的一本实战教科书，深入浅出，实操性极强。

过去两年中，在高建华老师的指导和亲自参与下，九好集团明确了商业模式，梳理了5年规划，研究确定了实现千亿九好目标的6个路径方法，以及资源配置，调整了组织结构，落实到每一年的实施计划……九好的后勤服务托管平台交易规模也在每年翻番，2012年25亿元，2013年接近50亿元，今年向百亿元目标冲刺，5年后的目标是达到千亿元。

九好集团的商业模式是为客户量身定做行政后勤解决方案并对方案执行监管，服务范围涵盖后勤管理的9大类20多个项目，解决客户后勤管理烦恼，让客户不增成本，专心做专业；同时九好集团还为供应商提供营销管道，遵循服务标准，提高服务水平和档次，节省营销成本，扩大市场占有率。该商业模式是实现互惠互利、三方共赢的一个合作平台，不仅提高了客户和供应商的运行效率，也为社会经济环境实现透明、清洁，杜绝经济运行中的灰色行为，减少腐败现象创造了条件。

再读《赢在顶层设计》，感触最深的是以下几点：

第一，"转型失败的8大共性"是企业经营者避免犯错误的一面镜子。这面镜子要经常照一照，照自己、照企业，照清了问题，解决的办法就易找，就好下手，经营者工作的目的性和重点就明确了。这几年，我在"企业战略""团队协作""内部管理""企业文化"4个方面下了功夫，收获比较明显。

第二，"企业家转型的10个方面"是企业经营者聚焦思维、思考问题、解决问题的基本方法。10个方面的问题，从"指导思想"到"工作模式"，从"宏观"到"微观"，高低、深浅结合，指导我们以理性、科学、严谨的思维模式来策划和组织团队开展工作，将团队对事业的追求、对工作的热情、对成功的渴望与科学的态度、科学的方法、客观的认识结合起来。只要认识到位、方法到位，成功就不会远。

第三，"6个宏观要素"是企业经营者经营企业牢牢把握的6个精髓。书中讲的是转型要素，在我看来不仅仅是转型，而是作为一个企业经营者应该具备的基本功。

"前瞻性预判"告诉我们要时刻把握社会经济发展的脉搏或脉络，既要埋头拉车，更要抬头看路；"从后往前看"告诉我们要以目标为导向，针对目标找差距、找方法、找资源；"系统化思考"告诉我们遇到问题不要被表面现象迷惑，从根本上找原因，对存在的问题要釜底抽薪；"方法论支撑"要求我们在实战中要注重方法和过程的正确性，过程无效或方法不正确却想得到预想的结果，那是"运气"，不是"必然";"数据化分析"要求我们摒弃"差不多文化",科学的决策机制和有效的运营管控,必须用量化的语言沟通,不说永远正确的废话;"科学化分解"要求我们对目标、指标及各项任务做出仔细认真的可行性研判及资源分析,实事求是地分解,落实到单位、部门、岗位,这是一家企业是否有执行力的前提和基础。经营者往往说员工的执行力不强,问题大多可能出在这里。

第四,"战略规划4项基本原则和6个问题"是企业制定战略规划的操作手册。书中提出"战略规划是一套内外沟通的文件"的观点,通俗、新颖、内涵深刻,不同于一些咨询公司的说法。特别是战略制定的7个阶段(步骤),完全就是一本实操手册的提纲,文句不长,但句句点中要害。虽然我们在做的时候也是这么做的,回头再读再思,

九好集团董事长、总裁郭丛军

感到提升空间很大，有的环节还需要补课。我们深深地感到，这是企业经营者"顶层设计"应当下大功夫的必修课。正如书中所说"战略转型是企业转型的关键"，而企业转型要从企业家转型做起。我们牵住了这个"牛鼻子"，企业经营就会事半功倍！

第五，"管理体系全面提升"是第五章的论述。篇幅较短，主要讲了各职能部门在转型中的任务和员工培训两个老话题，指出了当前各职能部门在新形势下存在的"通病"和如何转变，如何在企业的战略、目标、实施、评价、保障、管控、激励等方面发挥应有的作用，提出了高老师的看法及转变的指导思想，也包括一些工作方法，对实际工作的指导意义很强，需要经营者关注，更需要部门负责人对照。

另外，在员工培训方面，高老师一针见血地指出当前培训行业普遍存在的"浅思维"问题，只谈该做什么，不谈如何做，结果培训时大家群情激昂，回到岗位却不知如何做，所以解决培训效果问题需要从三要素——动力、能力、方法论入手。在企业文化方面，高老师在书中提出了变"口号文化"为"行动文化"。另外，不要把"想法和梦想"当作战略，企业的成功需要有必然的逻辑等也都值得企业经营者深思。

站在未来看现在

——《赢在顶层设计》读后感

杰牌控股集团有限公司董事长　陈德木

2013年，杰牌走过了四分之一世纪；2014年，杰牌迈入了二分之一世纪。2014年是杰牌"六五"计划的第一年，是打造"百年杰牌"具有里程碑意义的重要一年，面对中国齿轮行业低端市场产能过剩、高端市场依懒进口的机遇和挑战，我们全面实施了以营销战略为核心的企业5年战略规划，通过5年战略规划和年度实施计划，以实现"业绩倍增、行业龙头、隐形冠军"等5年战略目标任务。战略转型赢在顶层，接通地气，说到做到，杰牌的转型、升级与再造源自高建华老师的企业5年战略规划辅导和站在未来看现在的战略思想。

业绩倍增计划：实现业绩倍增是公司持续发展的需要。2012年10月中旬在杭州首次遇见高老师，谈到西方商业理论是创造客户价值、利他主义等观点，当时对我触动很大，尤其在高建华老师成为我的良师益友后，我们有更多的机会深入交流。战略就是站在未来看现在，我们梳理了公司新价值链，客户价值导向、服务价值导向；定义了公司新组织机构，以销售为龙头、以技术为生命；明确了公司新组织成员，外服务市场、内服务现场。为此，我们把原营销中心拆分为销售事业部和市场部、产品中心，分别负责客户开发、市场开发和产品开发工作，通过"市场分析、竞争分析、用户分析"等工具应用，我们锁定了行业和产品，制定了5年业绩倍增计划和年度主题工作。

行业龙头计划：实现行业龙头是公司市场竞争的需要。工业品销售行业第一，根据选定的细分行业包括"最终用户和主机客户"等目标客户，由市场部、销售事业部、产品中心联合进行市场分析、竞争分析、用户分析，包括产业链、生产线、传动链分析。我们将有意识地遵循新价值链原则——客户价值导向、服务价值导向，找到行业客户各岗位的痛点、痒点、兴奋点，关注和解决客户未被满足的需求，为行业客户提供个性化整体传动解决方案。

隐形冠军计划：实现隐形冠军是公司永续经营的需要。杰牌提出了"不争500强，争活500年"，为此，我们根据选定的行业和客户，进行完整的产品策划与设计，包括核心产品、外围产品、外延产品；明确了公司经营宗旨，通过客户价值导向的差异化技术创新，向高端装备制造业企业提供可靠耐用、节能环保、美观智能、国际一流的核心传动设备和快速响应的管家式服务，以配合主机企业向最终用户提供整体传动解决方案，让最终用户实现安全、可靠运营。与此同时，杰牌能成为目标客户心目中值得信赖、值得尊重的亚洲传动专家。

移动互联时代，我们将按照"难以模仿、轻资产、放大效应"和"互生、共生、再生"的要求构建杰牌传动生态圈，以实现"绿色传动、传动世界"和"亚洲传动专家"的企业使命和愿景。站在未来看现在，我们不仅要有5年的目标和规划，同样要有5年的耐心和信心。感谢高老师，愿《赢在顶层设计》让更多的中国企业站在未来看现在。未来任重而道远，未来赢在顶层设计！

杰牌控股集团董事长陈德木与高老师合影

清晰定位，系统制胜

——《赢在顶层设计》读后感

北京猫王家具有限公司董事长　白剑锋

"高建华老师每天都在琢磨企业高管层琢磨不清的那些事儿。"这句话是自从2003年高老师为猫王家具公司做营销战略咨询开始到现在，我们公司很多管理人员挂在嘴边的口头禅。

一晃10年过去了，当初高老师与我们猫王高管成员一起走市场、访客户，下到一线工厂了解生产情况。2003年，遇上了有惊无险的"非典"疫情，高建华老师的团队在人心惶惶的情况下毅然决然地对市场环境进行摸底调查，经过6个多月的努力工作，拿到了第一手资料，对公司做了全面分析，为猫王家具制定了今后的战略发展规划。猫王家具正是沿着这条路坚定地走下去，度过了发展历程中第一个艰苦卓绝的5年，逐渐在行业里崭露头角，小有名气。

目前，家具行业很多企业的定位不明，好像什么都在做，但又没做出什么特色。相比这类家具企业，猫王家具显得与众不同，我们不是"大而全"，而是"优、特、专"：优——在于产品的质量过硬；特——在于独特的功能、独特的设计方案，让顾客感受到空间的价值；专——猫王家具23年来专注于钢木领域，成就了家用、商用两个市场的高增长业绩。多年来，猫王家具始终坚持差异化的品牌之路，连续14年参加广州国际家具展并获得设计大奖，赢得2014年年度中国优秀家具品牌推荐等殊荣，这些荣誉源于明确的战略定位，猫王人更清楚自己的发展方向了。

如今，读了几遍高老师的新著《赢在顶层设计》，回望猫王家具的发展历程，切身体会到这是本启发我再思考的好书。书名开门见山地指出，高管层对经济环境的观察和洞悉切实关乎一家企业的命运。本书以超凡的战略思维直逼事物本质，尤其"战略规划：清晰定位，系统制胜"和"战略转型的 7 种途径"这两个章节提供了新的思考方向及有效方法，使我受益匪浅。当初，制定"优、特、专"路线是我们从实践中走出来的路，现在看了高老师的《赢在顶层设计》，使我对这条路的认识上升到理论和战略的高度，坚定了猫王家具沿着这条路一直走下去的信念。

多年前，高老师的著作《不战而胜》曾在企业界反响强烈，书中着重论述了企业应该做大蛋糕而不是分割蛋糕的观点，正和孙子兵法中"和胜"高于"战胜"的战略思维如出一辙。此次，新著《赢在顶层设计》又提出了"合"能赢能大，"独"会小会死的道理，这给企业高管层敲响了急迫转型升级的警钟。

在我看来，顶层设计就是"企业带头人的计划"，他们打算用什么设计手段做出招人喜欢的事和物，从而改变企业的增长方式和生存环境。这种改变源于企业高管层创新，即设计者的知识和技能带来的增长转型和服务升级，将转变过程中确定下来的系统、制度和模式，逐

猫王家具公司董事长白剑峰和高老师合影

步升华为每个人自觉遵守的行为准则和价值观念。把个人价值和企业价值合二为一使企业活得滋润，最终成为永续经营的高尚型企业。

技术创新着力，设计创新着眼。发展之初，猫王家具专攻技术，先后申请了近百项国家专利；发展至今，我们为满足不同客户的需求强化了产品设计。可以说，猫王家具是个技术设计并重的家具公司。进入 21 世纪的第二个 10 年，猫王家具考虑到了新的市场环境和经济格局，正从顶层设计的高度对公司进行大变革。我们重新修订了服务宗旨，在专业化的前提下，强调致力于多元化服务市场，提供定制化设计解决方案，为客户创造空间功效，使猫王家具成为可靠的供应商的服务定位。

这仅仅是从公司文化角度进行的第一次变革，读了几遍高老师的《赢在顶层设计》，我对顶层设计有了新的全面认识，为猫王家具今后发展积累了更多理论素材。若干年后，等到猫王家具做得更强更大时，我们会继续考虑战略转型，到时候，我就又多了一本理论指导书，也会再次请高老师莅临指导，为猫王家具的发展献计献策。

顶层设计，纵览全局
——《赢在顶层设计》读后感
上海伊舍服饰有限公司董事长 罗春萍

两年前，在一次课程学习中，其他企业的朋友说有一位在企业战略规划方面非常有造诣、能帮助企业解决实际问题的老师值得认识一下。一次偶然的机会，在朋友推荐下，我与"空中飞人"高建华老师机场相见，在见到高老师的一刹那，高老师的职业素养和亲和力立刻感染了我。高老师给我的感觉不仅仅是在惠普公司、苹果公司多年的高管经验以及给国内几十家知名企业做咨询的成功经验，更让我惊喜的是，高老师对服装行业也很有见解。

经过几次谈话，我对高老师倡导的顶层设计理念的理解不断加深，于是我邀请高老师来公司给予我们帮助。在高老师手把手的指导下，公司管理团队对顶层设计思维模式的认识实现了从疑惑到逐渐理解，最后非常认可。于是我们在公司经营中开始引入顶层设计的方法论，即无论做什么都是从后往前看。顶层设计就像我们的"导航仪"，指导我们始终以客户需求为始，往后看市场、营销、生产、采购、设计等各个环节，发现不足，有的放矢，并予以系统性地解决，改变了以往头疼医头、脚痛治脚的局面。可以说，顶层设计让我们把每个环节都看得明白、弄得清楚，真正做到了看清本质，真正达到了事半功倍。

顶层设计的核心是基于目标的"从后往前看"。首先，顶层设计以一种系统性的规划，以未来为始，画出一张清晰地反映企业现状和未来路径的脉络图，指导企业管理团队在错综复杂的内部状况和外部环境中看清问题本质并有效解决；其次，顶层设计通过从后往前看，帮助企业看清未来目标实现中自身、市场、客户、竞争格局的优势和劣势、机遇和挑战，指导企业有的放矢地进行资源配置；最后，顶层设计通过利益驱动的方法，将全员统筹到企业的未来获益中，很好地处理了员工和企业之间的关系，使老板、管理层、普通员工都在企业运营中保持目标高度一致。

可以说，高老师的顶层设计理念，颠覆了我以往的思维方式，让我能够看清很多事情的本质，处理问题更直接有效。以往，我看问题、处理问题习惯于从起点到终点，从 A 到 B；现在，我学会了从 B 看 A，能很容易地发现 A 到 B 过程中的着力点，彻底改变了多年习惯的"摸着石头过河"。现在，顶层设计让我们做到了系统性地前瞻，能够指导企业基于目标，站在未来看现在，规划企业未来发展的"剧本"。

高老师的《赢在顶层设计》，除了激发大家在思维模式方面进行转变以外，更充满了方法论，从思想到理念、从模式到策略、从领导风格到决策机制，提出了很多新思维、新策略。愿高老师的《赢在顶层设计》能让更多的企业家学会以终为始的思维模式和方法论。我坚信，谁能率先掌握这种思维和方法论，并付诸行动，谁就能把握未来，成为未来市场上的佼佼者。

伊舍服饰公司董事长罗春萍与高老师合影

后记

其实，顶层设计无处不在，每个人都用得上，比如大家都听说过的职业生涯规划，就是一种典型的顶层设计。我们需要根据自己的爱好、追求、梦想，首先设定相对模糊的长远目标，至少要明确往哪个方向努力，然后是路径设计，即通过什么样的方式和手段可以达成目标。就我个人而言，我有两个梦想：第一个梦想是通过我的管理咨询，帮助一些有潜力的品牌企业成为具备国际竞争力的优秀企业，能在将来的某一天走出国门，靠着出色的产品走向世界，征服世界，而不是停留在贴牌生产，赚小钱上；第二个梦想是建立一所有体系、有价值的实战商学院，致力于改变中国培训市场的混乱现状，让更多企业走上正路，不再被那些所谓的成功学大师误导、忽悠、洗脑。

当然实现梦想不是一件容易的事，需要付出毕生的努力，我从2003年创业到现在已经10多年了，依然在努力奋斗，我相信只要我不放弃，坚持下去就一定会有结果。毕竟中国企业不可能永远停留在游击队阶段，必须成为训练有素的正规军。我的经营理念就是走与众不同的道路，绝不跟在别人后面走，更不赶时髦，不跟风炒作，而是按照自己的顶层设计，一步一个脚印地往前走。

其实，写书是一件很辛苦的事，需要花费大量的时间和精力，就算成为畅销书，也很难赚到钱，但是没有书不行，一本好书可以奠定一个人的江湖地位，把经验上升到理论，得到企业界、学术界的认同，从而让大家信服和喜欢。

虽然讲课既考验智力，也考验体力，但是作为一个老师，不讲课不行。一个好老师不仅要会做，还要会教别人，很多优秀的运动员无法转化为教练员，就是因为没有上升到教练的层次。通过讲课可以让企业家和经理人近距离感受到那种气场和氛围，对转变企业家和经理人的思维模式非常重要。

咨询，是一个慢工出细活的过程，需要深入企业一线，与管理层进行深度互动。一个只讲课不做咨询的出色讲师，很快会变成一个演讲家，每天重复过去那些故事，第一次听很有意思，第二次听就觉得乏味了，第三次听就要吐了，这样的演讲家很快就out了。因为中国市场竞争激烈，日新月异，不做咨询无法与时俱进，做咨询方能精准地掌握此时此刻中国企业正在面临的挑战和困惑。所以说，每一项工作都有其独到的价值，缺一不可，这就是顶层设计的系统化思维，不要在一点上做文章，而是把若干点有机结合起来，形成互动和支撑。

我是中国培训界最长寿的讲师，第一代明星讲师到目前只剩我一个仍然活跃在市场上，因为我不着急，也不跟风；我是中国咨询界最独特的咨询师，我不替客户做方案，而是采用授之以渔的方法论，教会企业高管团队如何做，培养造血机制；我是中国企管类畅销书作者中的另类，用客户的话说就是与学院派教授相比有实战经验，与实战派经理人相比有理论功底，我的书没有华丽的文采，都是接地气的通俗语言。